John Wareham ist gebürtiger Neuseeländer. Er hat auf drei Erdteilen gelebt und gearbeitet und ist jetzt in New York zu Hause. Er hat zahlreiche Artikel in so unterschiedlichen Publikationen wie *The New York Times, The Journal of the Conference Board, Nation's Business, The Wharton Magazine* und *Playboy* veröffentlicht. Er ist Autor des Bestsellers *Secrets of a Corporate Headhunter.*

Dieses Buch wurde auf chlor- und säurefreiem Papier gedruckt.

Vollständige Taschenbuchausgabe Januar 1995
Droemersche Verlagsanstalt Th. Knaur Nachf., München

Titel der Originalausgabe „Anatomy of a Great Executive“
Einzig berechtigte Übersetzung aus dem Amerikanischen
von Dr. Mara Huber
Umschlaggestaltung Schlotterer & Partner, München
Druck und Bindung Elsnerdruck, Berlin
Printed in Germany
ISBN 3-426-79009-2

5 4 3 2 1

John Wareham

Der Plus-Minus-Manager

Welche Qualitäten
brauchen Führungskräfte?

Knaur®

Über Plus-Minus-Manager

Die [illegible] und Gefangene [illegible] Dar[illegible] zeug[illegible] [illegible] ichtig [illegible] man seine „Ma[illegible] die wirklich [illegible] Eigen[illegible] ten [illegible] ten. [illegible] und der [illegible] des Wirt[illegible] system[illegible] ein [illegible] seiner [illegible] zu [illegible] und m[illegible] [illegible] Unterneh[illegible] m[illegible]

A[illegible] Bewohn[illegible] anhan[illegible] „Plus-Minus" [illegible] werden. Beispiel[illegible] ein Profil Schritt für Schritt [illegible] wird. Daten[illegible] [illegible] abgeschätzt und [illegible] erstellt. [illegible] die dazu erforder[illegible] erhalten, [illegible] ergebnis[illegible] wer[illegible] [illegible] ben.

[illegible] zeigt [illegible] Entscheidung[illegible] Kreativität förder[illegible] Druck [illegible] bring[illegible] Plus-Minus-Manager [illegible]

Frei[illegible], im [illegible] 1993 Der Verlag

Vorwort

Die meisten Menschen sind Gefangene im Käfig ihrer eigenen Überzeugungen. Um einen Manager richtig einzuschätzen, muß man seine „Maske“ erkennen und die wirklich wichtigen Eigenschaften bewerten. Dabei gilt es, anhand der Lebensgeschichte und des Wertesystems des Bewerbers ein Modell seiner Psyche zu formulieren und mit dessen Hilfe sein Verhalten und seine Eignung für das Unternehmen zu ermitteln.

Die entscheidende Frage: „Kann und wird er die zu bewältigende Arbeit leisten?“, kann im persönlichen Gespräch mit dem Bewerber anhand des dargestellten „Sieben-Punkte-Planes“ geklärt werden. Beispiele zeigen, wie ein Profil Schritt für Schritt aufgebaut wird. Dabei werden Informationen interpretiert, das Portrait abgerundet und eine endgültige Beurteilung erstellt. Ihre Chancen, die dazu erforderlichen Informationen zu erhalten, verbessern sich erheblich, wenn Sie die „Zehn Gebote für ein gutes Bewerbungsgespräch“ berücksichtigen.

Dieses Buch hilft Ihnen auch, sich selbst besser zu beurteilen. Es zeigt Ihnen, wie Sie wichtige Entscheidungen treffen, Ihre Kreativität fördern, Anpassungsprobleme bewältigen, Leistung unter Druck erbringen – kurz, wie Sie ein Plus-Manager werden.

Freiburg, im Frühjahr 1993 — *Der Verlag*

Inhalt

VORWORT 5

TEIL I:
DIE ANATOMIE EINES GROSSEN MANAGERS 9

Warum man Plus-Manager nicht auf Anhieb erkennt 11

Die sieben Irrtümer, die 80 Prozent der Fehleinschätzungen bewirken 19

Nr. 1: Der Irrtum vom sofortigen Durchblick 21
Nr. 2: Der Irrtum der vielen Augen 23
Nr. 3: Der Irrtum „die/der ist okay" 24
Nr. 4: Der Irrtum von der Perfektibilität des Menschen . . . 25
Nr. 5: Der Irrtum vom fortgesetzten Erfolg 26
Nr. 6: Der Irrtum von der objektiven Auskunft 28
Nr. 7: Der Irrtum vom „wissenschaftlichen" Test 29

Die zehn Elemente, aus denen die Anatomie eines Plus-Managers besteht 31

Element 1: Die Maske 33
Element 2: Energie 44
Element 3: Werte und der psychische Vertrag 47
Element 4: Bewußte und unbewußte Ziele 56
Element 5: Intelligenz 68
Element 6: Arbeitsgewohnheiten 77
Element 7: Fähigkeiten im Umgang mit Menschen 85
Element 8: Anpassung 105
Element 9: Gesamtstil der Persönlichkeit 118
Element 10: Lebensabschnitt und Grundrichtung 133

Große und weniger große Manager einschätzen . . 147

Die gesammelten Informationen deuten und das Puzzle des Manager-Profils zusammensetzen . 187

TEIL II:
DER WEG ZUM PLUS-MANAGER 221

Die fünf Schritte zu wirklich bemerkenswertem Erfolg 223

Schritt 1: Grundziele 226
Schritt 2: Arbeitsgewohnheiten 232
Schritt 3: Fähigkeiten im Umgang mit Menschen 243
Schritt 4: Allgemeine Intelligenz 249
Schritt 5: Emotionale Anpassung 255

ANHANG: SCHLÜSSELINDIKATOREN 263

Danksagung 309

Stichwortverzeichnis 311

Teil I

Die Anatomie eines großen Managers

Ich habe es mir zur Aufgabe gemacht,
die Anatomie zu lernen und auch zu lehren –
nicht nach Büchern,
sondern durch genaues Untersuchen;
nicht nach den Meinungen von Philosophen,
sondern nach den Fasern der Natur

William Harvey
1578–1657

Nichts kann einen Mann bewegen,
der nach Stunden bezahlt wird;
wie süß erscheint das Fliehen der Zeit
seinem ruhigen Gemüt.

Charles Dudley Warner

Warum man Plus-Manager nicht auf Anhieb erkennt

Die vier entscheidenden blinden Flecke, die zu ruinösen Fehlern bei Einstellungen und Beförderungen führen

Warum man Plusfaktoren nicht auf Anhieb erkennt

[illegible]

Bekenntnisse eines gescheiterten Gründers

1964, kurz nachdem ich meine Praxis für Personalbewertung eröffnet hatte, rief mich ein silberhaariger Firmenchef an, den ich sehr bewunderte, und bekannte, daß das große Unternehmen, das er gegründet hatte, soeben pleite gegangen war.

Ich war überrascht, traurig und neugierig. „Wenn Sie noch einmal von vorn anfangen könnten, würden Sie dann etwas anders machen?" fragte ich. Nach einer Pause sagte er langsam:

„Ich würde weit mehr auf alle wichtigen Einstellungen und Beförderungen achten. Ich habe eine Riesenmenge Aufträge hereingebracht und mich darauf verlassen, daß meine Leute die Arbeit tun. Aber ich habe die falschen Leute eingestellt und zuviele ‚Papiertiger' befördert. Und dann war plötzlich alles zu spät . . ."

Man sagt, wir achten nur auf das, was wir selbst herausfinden, und das muß wohl so sein. Denn ich staune noch heute, wieviele Führungskräfte die ruinösen Kosten einer falschen Einstellung oder Beförderung nicht ganz begreifen. Bedenken Sie:

- Einen Manager für $ 150 000 einzustellen, der nach sechs Monaten scheitert, kostet unendlich viel mehr als die $ 75 000 verschwendetes Gehalt. Rechnen Sie alle Kosten auf, auch den Wert Ihrer eigenen Zeit, den verlorenen Schwung, die Wirkung auf die Moral Ihres Teams – und Ihrer Kunden –, und dann haben Sie es gewöhnlich mit einem sehr beträchtlichen, sechsstelligen Verlust zu tun.
- Noch schlimmer ist es, gutes Geld für die Einstellung eines Mitarbeiters zu zahlen, der sehr gut wirkt, aber dann *nicht wirklich gut genug zum Übernehmen, aber auch nicht schlecht genug zum Feuern ist.* Einmal eingestellt, können sich solche Mittelmäßigkeiten oft viele Jahre halten – und die wirklichen Kosten betragen *viele Millionen Dollar.*

Der Chef, der auf böse Überraschungen abonniert war

Die Schuld, lieber Brutus, haben nicht die Sterne,
sondern wir selbst, daß wir Untergebene sind.

Shakespeare, Julius Caesar

Ein altes Sprichwort sagt: „Jeder klagt über sein Gedächtnis, aber niemand klagt über sein Urteilsvermögen." Das ist nirgends zutreffender, als wenn es darum geht, Manager einzuordnen; selbst erfahrene Führungskräfte neigen dazu, ihre Fähigkeit, richtige Schlüsse über einen Bewerber zu ziehen, zu überschätzen. Hier ein Beispiel:

Ein potentieller Kunde, dem es in einigen Boomjahren gutgegangen war, entdeckte beim Abflauen der Konjunktur, daß viele Führungskräfte inkompetent waren. Er zog mich hinzu. „Wie überprüfen Sie neue Mitarbeiter?" fragte ich.

„Nun, ich sehe mir den Lebenslauf an und lade interessante Bewerber zu einem Gespräch ein, bei dem ich ihr Geburtsdatum herausfinde. Sobald sie aus dem Zimmer sind, schlage ich sie in meinem Astrologiebuch *Linda Goodman's Star Signs* nach. Sie würden staunen, wie treffsicher dies sein kann!"

„Aha. Aber ich dachte, man müßte die genaue Uhrzeit der Geburt wissen, damit Astrologie effektiv ist."

„Im Idealfall ja, aber nicht unbedingt. Wenn jemand nicht in Lindas erstes Profil paßt, ist er wahrscheinlich beim Eintritt eines neuen Zeichens geboren, deshalb schlage ich dann das Zeichen direkt davor und direkt danach auf. So finde ich das passende Zeichen."

Das sagte nicht Nancy Reagan. So sprach ein erfahrener, erfolgreicher Geschäftsmann – mit einem großen blinden Fleck. Sie meinen vielleicht, *Sie* seien viel zu clever, um sich auf falsche Propheten oder unseriöse Praktiken zu verlassen. Vielleicht, vielleicht auch nicht.

Das Vorstandsmitglied mit „Insiderwissen"

Bei der Suche nach einem Geschäftsführer für eine große, weltweite Schiffahrtsgesellschaft empfahl ein Vorstandsmitglied Upton Toffnoe, und ich wurde beauftragt, den Bewerber zu beurteilen und grünes Licht zu geben.

Direkt vor meinem Gespräch mit Upton rief mich das Vorstandsmitglied an, um mir einige Hintergrundinformationen zu geben: „Ich kann gar nicht sagen, welches Glück wir haben, daß Upton von unserer Suche gehört hat und auch bereit ist, den Job anzunehmen. Er hat hervorragende akademische Qualifikationen, wunderbare Erfahrungen und großartige Beziehungen. Er kommt aus einer guten Familie, die ich seit vielen Jahren gut kenne. Sein Vater ist noch immer unser Kunde, und sein älterer Bruder hatte großen Erfolg in der Wall Street. Upton kommt aus demselben Stall, und er ist noch sehr ehrgeizig. Er sieht auch aus wie ein Führer. Er ist groß und charismatisch. Die Leute werden zu ihm aufschauen. Er ist jemand, bei dem ich persönlich dafür bürgen kann, daß er ‚aus dem richtigen Holz geschnitzt' ist."

Wir beendeten das Gespräch, und meine Sekretärin führte Upton in mein Büro. Er war 55, silberhaarig, groß, imposant und hatte eine rauhe Stimme. Er trug einen eleganten Maßanzug, der seine Neigung zur Leibesfülle überspielte. Er hatte ein Diplom in Betriebswirtschaft und einen Doktor in Volkswirtschaft. Er hatte lange für eine andere große Schiffahrtsgesellschaft gearbeitet, war zum ranghöchsten Vizepräsidenten aufgestiegen und für Betrieb und Sicherheit verantwortlich gewesen; dann war er zwei Jahre zuvor gegangen, um ein wesentlich kleineres Unternehmen zu führen. Er kam tatsächlich aus einer illustren Familie – eine Verantwortung, die er offenbar ernst nahm, denn er saß im Vorstand etlicher angesehener Wohlfahrtsorganisationen.

Das Gespräch lief gut. Upton beantwortete meine Fragen ziemlich direkt und erklärte seine Entscheidung, zu einer viel kleineren Firma zu gehen, obwohl das einen Einkommensverlust bedeutete. „Ich bin gegangen, wie Sie sich vorstellen können, um die Herausforderung anzunehmen, Geschäftsführer zu sein und selber das Sagen zu haben. Leider hatte die Firma viel zu wenig Kapital, und ich bin nicht sicher, daß sie die Kurve kriegt", sagte er.

Gegen Ende des Gesprächs stellte ich Upton eine Standard-Pflichtfrage: „Trinken Sie?"

„Äh ... in Gesellschaft!"

Etwas in der Pause und der Betonung ließ mich nachbohren. „Was ist das denn für Sie?"

„Nun, in meiner Position muß ich eine Menge Kunden bewirten, und da ist es schwer, nicht regelmäßig drei Martinis zum Mittagessen zu trinken."

„Das kann ich mir vorstellen; und abends ...?"

„Ja, wenn ich heimkomme, nehme ich gern einen Cocktail, um wieder in Schwung zu kommen."

„Ja natürlich. Um wieder in Schwung zu kommen."

„Und meine Frau und ich trinken gern eine gute Flasche Wein zum Abendessen."

„Natürlich! Ein Tag ohne Wein ist wie ein Tag ohne Sonne! Und ...?"

„Nun, wir haben eine Flasche Whisky und Gläser am Bett stehen, und gewöhnlich nehmen wir vor dem Schlafengehen noch einen Schlummertrunk."

„Ein Schlummertrunk? *Natürlich*. Und das ist es dann?"

„Jaa ...", er klang etwas unsicher. Ich sah ihn erwartungsvoll an. „Ja, das ist es dann. Außer wenn ich unter Druck bin. *Dann* neige ich dazu, ein bißchen viel zu trinken!"

Jetzt war Upton Toffnoes ganze Vorgeschichte völlig klar. Er war ein verwöhntes Kind, das die hohen Standards seines Vaters und älteren Bruders nicht erfüllt hatte. Sein Familienname und seine Beziehungen hatten ihm eine gute Position und ein paar glanzvolle Nebenbeschäftigungen verschafft, aber dennoch hatte er mit über fünfzig das Selbstbild eines Versagers und das dazu passende Alkoholproblem. Seine frühere Firma hatte gezögert, sein Problem anzuerkennen oder jedenfalls daraufhin zu handeln, aber – und diese Information kam viel später ans Licht – als schockierende Sicherheitsmängel ruchbar geworden waren, hatte man Upton aus seiner Position gedrängt und alles verheimlicht, aus Furcht, dafür verklagt zu werden, daß man einen Mann mit solchen Problemen in einer so heiklen Funktion belassen hatte.

In seiner neuen Funktion als Geschäftsführer hatte Upton von Anfang an wenig geleistet. Jetzt war die Firma dem Ruin nahe, was direkt mit dem Fehlen eines nüchternen Geschäftsführers zusammenzuhängen schien, und er mußte sich absetzen.

Noch immer davon besessen, seine Identität als Mensch zu beweisen, aber unfähig zur Selbsterkenntnis und gezwungen, seine Alkoholsucht zu leugnen, strebte Upton weiterhin nach Funktionen, die seine Fähigkeiten überstiegen. In vielerlei Hinsicht hätte man kaum einen schlechteren Bewerber finden können.

Man könnte sich fragen, warum Upton seine Vorliebe fürs Trinken so detailliert schildern mochte – zumal es ihm gelungen war, seine Sucht vor so vielen anderen Menschen zu verstecken. Nun, wir wollen nicht vorgreifen, sondern diese Frage später genauer behandeln. Aber die schnelle Antwort liegt darin, daß ich die Rolle des wohlwollenden Zuhörers übernahm – und *daß ich die Frage stellte*!

Das Interessante an dieser Geschichte ist die Tatsache, daß Upton von einem klugen, erfahrenen Mann, der ihn recht gut zu kennen glaubte, wärmstens empfohlen wurde. Wie konnte er so naiv sein? Offen gesagt, ich war nicht sehr überrascht, denn die Entscheidung, einen Manager einzustellen oder zu beschäftigen, scheint so einfach – und ist so täuschend komplex –, daß der typische Arbeitgeber meist auf das falsche Pferd setzt. Arbeitgeber tun dies, weil sie an vier entscheidenden blinden Flecke leiden:

1. *Sie gehen von falschen Annahmen über das menschliche Verhalten aus.* Sie arbeiten meist mit einem falschen „Riecher“, der auf wenig mehr gründet als Ahnungen und Predigten.

2. *Sie haben kein realistisches intellektuelles Modell zur Bewertung von Bewerbern.* Sie überbewerten die falschen Dinge und übersehen die entscheidenden Eigenschaften ganz.
3. *Sie wissen nicht, welche Fragen sie stellen müssen.* Sie konzentrieren sich auf läppische Dinge oder beschränken sich auf Oberflächlichkeiten.
4. Deshalb ist der Arbeitgeber, selbst wenn er zufällig die richtigen Fragen stellt, *nicht kompetent, die Antwort zu interpretieren.*

Nun, bevor *Sie* auf einen Minus-Manager setzen – setzen wir uns sofort mit diesen blinden Stellen auseinander.

Die sieben Irrtümer, die 80 Prozent der Fehleinschätzungen bewirken

Die gefühlten Brüder: die 80 Prozent

[illegible]

Mein [illegible] und [illegible] sind.

– [illegible] Wochen- [illegible] gewisse [illegible] bei jedem [illegible] die Möglich- [illegible]

– [illegible] Oder ist [illegible] für eine vollständige [illegible]

Nr. 1: Der Irrtum vom sofortigen Durchblick

„Ich weiß, wie kompetent jemand ist,
sobald ich ihn kennenlerne."

„Ich habe diesen Neuen eingestellt, John. Er ist jetzt sechs Monate bei mir, und es funktioniert nicht. Könnten Sie herkommen und mal einen Blick auf ihn werfen?"
„Einen Blick auf ihn werfen? Ich müßte mehr tun als das. Warum haben Sie ihn eingestellt?"
„Ich habe ihn auf dem Golfplatz kennengelernt. Wir bildeten bei einem Wochentags-Turnier ein Team. Er arbeitete damals nicht. Er spielte toll, und wir gewannen die Meisterschaft am Nachmittag. Dann im Clubhaus war er wie eine frische Brise. Wir tranken ein paar zusammen und verstanden uns prächtig. Ich sagte mir: Gute Manager sind schwer zu finden, also laß dir diesen Typ nicht durch die Lappen gehen, indem du mit einer Menge Formulare und Bewerbungsgesprächen und alledem herummachst. Schnapp ihn dir sofort."

Mein Kunde folgte seinem Gefühl und schnappte sich den Typ an Ort und Stelle – und mußte ihn innerhalb eines Jahres feuern! Hätte der hastige Arbeitgeber innegehalten und ein paar einfache Fragen gestellt, wäre er vielleicht nicht in diese teure, peinliche Falle gegangen. Naheliegende Fragen sind:

- Deutet es auf ein besonderes Arbeitsethos hin, an einem Wochentag auf dem Golfplatz zu sein, oder könnte es eher auf eine gewisse Leichtfertigkeit hindeuten? Die Antwort wird natürlich bei jedem Menschen anders ausfallen. Dennoch sollte man auf die Möglichkeiten achten.
- Läßt gutes Golfspiel auf Kompetenz im Geschäft schließen? Oder ist es – wie Geschicklichkeit beim Billard – Zeichen für eine verplemperte Jugend?

- Muß jemand, der bei ein paar Drinks im Clubhaus nett ist, generell fähig sein, bei der Arbeit mit anderen Menschen zurechtzukommen? Oder ist sehr viel Charme vielleicht sogar ein Zeichen für Persönlichkeitsprobleme?

Nach Antworten auf diese Fragen wurde allerdings nie gesucht. Wie so viele Führungskräfte lebte mein Kunde in dem irrigen Glauben, die Kompetenz einer Person lasse sich leicht an Erscheinung und Auftreten, Stimme, Manieren und gesellschaftlichen Gewohnheiten ablesen.

Zwar lassen sich einige Eigenschaften am Auftreten eines Menschen erkennen, aber es ist höchst unklug, sich auf oberflächliche Eindrücke zu verlassen, denn:

- Menschen, die einen hervorragenden Eindruck machen, sind oft Blender, die viel Zeit und Talent dafür aufgewandt haben, sich gut darzustellen.
- Ein wirklich gefestigter, reifer Mensch hat wahrscheinlich kein wirklich tiefes Bedürfnis, sich zu verkaufen, und kann deshalb manchmal eine Spur „nachlässig" erscheinen.
- Viele hervorragende Leute stellen sich oft nicht so gut dar wie konformistischere „Organisationsleute".
- Gesellschaftlicher Kontakt mit einem Menschen ist, selbst wenn er schon lange besteht, oft eine unzuverlässige Basis für Voraussagen, wie ein Mensch „wirklich" ist oder was er bei der Arbeit leistet.
- Es gibt einige handfeste Gründe – die später besprochen werden – für eine generell hohe Wahrscheinlichkeit, daß viele Menschen das Gegenteil von dem sind, was sie zu sein scheinen.

Einen Manager zu beurteilen, erfordert vielmehr ein wirklich fundiertes Verständnis davon, wie Menschen sich verhalten, eine Menge Informationen über den Bewerber und eine Erfahrungsbasis in der Nutzung dieses Verständnisses und dieser Informationen. Wer nach dem Anschein geht, kann mit Einstellungen gelegentlich Glück haben. Unterm Strich sieht es aber viel wahrscheinlicher so für ihn aus:

- Er lehnt Bewerber aufgrund von Vorurteilen ab.

- Er stellt Leute ein, die toll aussehen – sogar wie Filmstars à la John Wayne –, sich aber als inkompetent erweisen.
- Er geht einigen sehr charmanten Taugenichtsen auf den Leim – und stellt sie ein.
- Er beschäftigt oder befördert Leute, die aussehen wie er selbst! (Einstellen nach dem eigenen Bilde.)

Nr. 2: Der Irrtum der vielen Augen

„Wir minimieren Fehler bei Personalentscheidungen, indem wir jeden Bewerber von mehreren wichtigen Leuten überprüfen lassen."

Manchmal wird geglaubt, Fehler bei Einstellungen und Beförderungen könnten minimiert werden, indem man Bewerber von vielen Mitarbeitern oder sogar von Gruppen befragen läßt, damit ein Konsens erzielt wird. Dahinter steht die Vorstellung, wenn zwei Köpfe besser sind als einer, müßten viele Köpfe absolute Weisheit bringen.

Wieviel diese Methode taugt, hängt von der Qualifikation der Ausschußmitglieder ab; bloße Größe bedeutet gar nichts, denn wie Emile Zola bemerkt: „Selbst wenn 50 Millionen Franzosen etwas Törichtes sagen, ist es noch immer etwas Törichtes."

Wenn nicht mindestens einer der Befrager mit besonderer Klugheit gesegnet ist, wird das ganze Unterfangen wahrscheinlich darauf hinauslaufen, daß ein Blinder die Blinden führt, denn die Erfahrung zeigt, daß das gemeinschaftliche Urteil von Laien hier oft schlechter ist als die individuellen Meinungen der einzelnen Befrager.

Weiter ist zu beachten, daß Bewerbungsgespräche in Gruppen, oft „Schönheitswettbewerbe" genannt, meist ein großer Vorteil für extrovertierte Bewerber sind. Sie kommen gut mit solchen Situationen zurecht, und es gelingt ihnen, Zustimmung und Lob für vermeintliche Stärken ihrer Persönlichkeit zu gewinnen, während sie in Wirklichkeit die Aufmerksamkeit von erheblichen Schwächen ihrer Persönlichkeit ablenken.

Nr. 3: Der Irrtum „die/der ist okay“

„Ich bin okay und du bist okay.“

Wir neigen zu dem Glauben, daß die meisten Menschen im Leben gut zurechtkommen. Dazu paßt die Auffassung, daß die meisten Menschen rational sind, und daß man sich darauf verlassen kann, daß sie logisch handeln.

Tatsächlich sind emotional reife Menschen die Ausnahme statt die Regel. Aus zahlreichen Erhebungen geht hervor, daß nur einer von fünf Menschen zu einer selbstbewußten, emotional reifen Person wird. Die übrigen 80 Prozent leiden an einer Vielfalt emotionaler Probleme. Jeder Fünfte leidet an einer mehr oder minder chronischen psychischen Krankheit.

Kürzlich leitete ich ein Seminar in Neuseeland, wo ich aufgewachsen bin; als ich die obige Statistik zitierte, beschloß ein Teilnehmer – ein Werbefachmann, wenn ich mich recht erinnere – mir hier zu widersprechen: „Führungskräfte wie wir sind zumeist sehr selbstbewußt.“ Höflich zitierte ich die einschlägigen Quellen und ließ es dabei bewenden, denn ich wollte nicht vom Thema abkommen. Am Ende des Tages, als fast alle gegangen waren und ich mit ein paar Teilnehmern sprach, marschierte dieser Mann zurück in den Raum. „Jemand hat meinen Mantel gestohlen“, sagte er wütend. Tatsächlich hatte das Personal die zwei oder drei übrigen Mäntel, nachdem sich das Publikum zerstreut hatte, zur Sicherheit in einen Garderoberaum gebracht. „Sprechen Sie mit dem Büropersonal“, sagte ich so besänftigend ich konnte. „Ich glaube, die werden ihn für Sie finden können“, und so war es auch. Um den Mantel zu identifizieren, mußten sie jedoch die Taschen ausleeren, und sie stellten fest, *daß er einen mit sechs Schuß geladenen Revolver bei sich hatte*. In Neuseeland trägt *niemand* je eine Schußwaffe, und so war sein Verhalten extrem sonderbar – und doch war gerade dieser Mann überempfindlich gegen die Bezeichnung „psychisch krank“.

Nun haben die meisten von uns ihre kleinen Marotten, und meine Frau würde schnell bestätigen, daß auch ich die meinen habe. Deshalb müssen wir tolerant mit unseren vielen Fehlern und Schwächen sein und bereit sein, sie bei Freunden und Angehörigen zu übersehen. Wenn Sie aber eine Führungsposition in Ihrem Unternehmen besetzen wollen, schreibt der gesunde Menschenverstand vor zu bedenken, daß der *Homo sapiens* ein emotionales und kein logisches Wesen ist, und sich ein wenig anzustrengen, um diese Schwächen festzustellen und zu betrachten, bevor Sie eine Entscheidung treffen, die Sie in den Ruin führen könnte.

Nr. 4: Der Irrtum von der Perfektibilität des Menschen

„Dieser Manager hat Probleme,
aber ich kriege ihn schon hin."

Eine Grundannahme der abendländischen Kultur ist, daß *der Mensch unendlich vervollkommenbar sei.* Davon wird abgeleitet:
- Jeder Mensch ist Herr seines Schicksals.
- Jeder Mensch will besser werden.
- Zeige den Menschen ihre Schwächen, und sie werden sofort alles tun, um sie zu korrigieren.
- Wenn sie nicht die gewünschten Änderungen vollziehen, ist mangelhafte Beratung schuld – sag's ihnen noch einmal.

So macht es sich das Management oft zur Aufgabe, den Menschen zur Heilung ihrer unterschwelligen Persönlichkeitsprobleme zu verhelfen. Diese Aufgabe erweist sich jedoch fast immer als undurchführbar, denn:
- Der Drang, besser zu werden, beseelt nicht alle Menschen.
- Viele Probleme sind Manifestationen unterschwelliger psychischer Marotten und nicht oberflächlich zu lösen.

- Der Betroffene erträgt es oft einfach nicht, daß der Fehler angesprochen wird, und sieht sich wahrscheinlich gezwungen, ihn zu leugnen.
- Der fortgesetzte Versuch, das Problem offenzulegen, wird es wahrscheinlich verschärfen. Daher die Weisheit: „Versuche nicht, einem Schwein das Singen beizubringen, denn es wird dich frustrieren und das Schwein erzürnen!"

Man sollte nicht vergessen, daß zahllose intelligente und wohlmeinende Leute, darunter Psychiater, Priester und Seminargurus, sich der Aufgabe gewidmet haben, Menschen zu vervollkommnen – aber die erhoffte fixe Reparatur ist noch nicht in Sicht. Wie die Japaner sagen: „Es gibt keine Medizin für einen Verrückten." Die Moral von der Geschicht': Versuchen Sie nicht unnütz, die Menschen zu bessern! Rechnen Sie lieber mit dem Gegebenen!

Nr. 5: Der Irrtum vom fortgesetzten Erfolg

*„Er hat es für die anderen getan –
dann kann er es erst recht für uns tun."*

Das klingt vernünftig, ist aber tatsächlich der Kern des Peter-Prinzips, das, wie Sie sich bestimmt erinnern, besagt: „Manager steigen unvermeidlich bis zum Rang ihrer Inkompetenz auf." Tatsächlich werden Leute, die in Positionen aufsteigen, für die sie inkompetent sind, gewöhnlich aufgrund früherer Erfolge befördert. Was bei der Bewertung solcher Erfolge übersehen wird, ist allerdings, daß sie oft völlig irrelevant für eine spätere Beförderung sind – ein Rekord an Erfolg kann den Betreffenden schon an seine „Inkompetenz-Schwelle" gebracht haben: den Punkt, nach dem er *unweigerlich* scheitert, wenn er weiter befördert wird. Bedenken Sie auch:

- Die Griechen erkannten diese Annahme als potentiell tragischen Fehler und nannten sie *Hybris*.

- Geschick ist nicht dasselbe wie Fähigkeit. Geschick im Betreiben eines kleinen Lebensmittelladens ist nicht dasselbe wie die Fähigkeit, eine ganze Kette zu managen.
- Frühere Erfolge könnten sogar die körperliche Fähigkeit zu weiterer Leistung geschädigt haben. Der Geist kann willig sein, aber das Fleisch einfach zu schwach.
- Frühere Erfolge können den Schwung aufgebraucht haben. Der Betreffende kann unfähig sein, sich weiter voranzubringen. Er denkt vielleicht, daß er weitermachen möchte, aber kann er nicht – das Fleisch kann willig sein, aber der Geist schwach!
- Die neue Umgebung kann vollkommen falsch sein. Erfolg in einer Unternehmenskultur ist nicht leicht auf eine andere zu übertragen. Wie der legendäre Werbemann Bill Bernbach bemerkte: „Ich amüsiere mich, wenn andere Agenturen versuchen, meine Leute abzuwerben. Sie müßten das ganze Umfeld abwerben. Damit eine Blume blüht, braucht man zum richtigen Samen auch den richtigen Boden."
- Ein starker oder kreativer Vorgesetzter kann der Grund für viel scheinbaren Erfolg sein. Der Vorgesetzte kann den Mitarbeiter gestützt haben. Ohne ihn ist der Mitarbeiter vielleicht hilflos.

Beispiel: Eine bedeutende Organisation beauftragte einen prominenten Headhunter, einen neuen Geschäftsführer zu finden. Ein attraktiver, hochprofilierter Vize von einem wichtigen Konkurrenten wurde empfohlen und eingestellt. Innerhalb eines Jahres scheiterte er in seiner neuen Funktion als Chef und mußte gefeuert werden. Seine Achillesferse war seine Unfähigkeit, ohne die emotionale Unterstützung zu arbeiten, die ihm routinemäßig von seinem früheren Arbeitgeber zugänglich war – *obwohl er sie als Vize selten gebraucht hatte.*

Nr. 6: Der Irrtum von der objektiven Auskunft

„Wir achten sehr darauf, zutreffende telefonische Auskünfte zu bekommen."

Als ich einem Kunden riet, einen bestimmten Bewerber nicht einzustellen, war der Geschäftsführer pikiert.

„Ich habe persönlich seinen letzten Arbeitgeber nach ihm gefragt, und die sagen, er war großartig."
„Mit wem haben Sie gesprochen?"
„Mit dem Gründer und Präsidenten."
„Wenn der Bewerber so gut war, wie er sagt, warum haben sie ihn dann gehen lassen."
„Ach, es war eben so eine Sache."
„Was für eine Sache?"
„Daß es nicht geht. Sie wissen schon."

Ich war skeptisch; deshalb rief ich den Gründer selbst an. Er sagte das gleiche. Der Bewerber sei erste Sahne, ein Musterbeispiel von ausgezeichnetem Manager für jedes denkbare Problem. Ich bohrte, warum ein solcher Mann fortgelassen wurde, aber die Antwort war nicht überzeugend. Dann stellte ich intuitiv eine letzte Frage: „Sie sind ja verwandt mit diesem Bewerber, nicht?" Es folgte eine lange Pause. „Nun, eigentlich nicht. Er ist nur mein Schwiegersohn."

Auskünfte sind aus mehreren Gründen suspekt. Erstens sind die vom Bewerber selbst genannten Quellen meist zu seinem Vorteil voreingenommen – wie im gerade zitierten Fall. Zutreffende Auskünfte von früheren Arbeitgebern zu bekommen, ist auch schwieriger geworden, weil immer weniger Arbeitgeber bereit sind, negative Informationen über ehemalige Mitarbeiter preiszugeben. Das gilt erst recht für Kandidaten, von denen man Ärger erwartet.

Auch muß man bedenken, daß selbst beim besten Willen *die*

meisten Informanten nicht ausreichend qualifiziert sind, um sich eine Meinung über die Wahrscheinlichkeit zu bilden, daß ein Bewerber in einer neuen, anspruchsvolleren Funktion erfolgreich sein wird.

Einem früheren Arbeitgeber kann man vertrauen, was die Fakten der früheren Beschäftigung eines Bewerbers betrifft. Darüber hinaus muß man die meisten Meinungen ignorieren.

Der Wert von Auskünften liegt darin, daß man sie nutzen kann, um die von einem geschulten, kompetenten Befrager festgestellten Stärken und Schwächen zu bestätigen – oder wenigstens zu diskutieren.

Nr. 7: Der Irrtum vom „wissenschaftlichen" Test

„Sie hatte so gute Testergebnisse, daß wir sie einfach einstellen mußten."

Psychologische Tests haben ihre Funktion bei der Bewertung von Managern, aber sie sind nicht das Wundermittel, als das sie in den fünfziger Jahren, auf dem Gipfel ihrer Beliebtheit, galten.

Das Problem der psychologischen Tests, die der Industrie angeboten werden, ist nicht nur, daß die Ergebnisse sehr unzuverlässig sind, sondern daß gewitzte Testkandidaten lernen, „richtige" Antworten zu fingieren und dadurch ein sogenanntes Managerprofil zu bekommen. Infolgedessen sind solche Tests meist bemerkenswert schlechte Indikatoren für künftigen Erfolg.

Gibt es *überhaupt* zuverlässige Tests? Ja, die Experten sagen übereinstimmend, daß „Projektionstests" (wie der berühmte Rorschach-Test mit Tintenklecksen oder der Wareham/McMurry-Test mit unvollständigen Sätzen), bei denen der Kandidat durch psychische Projektion seine Persönlichkeit offenbaren soll, sehr wertvoll sind, wenn sie von qualifizierten Fachleuten richtig durchgeführt und ausgewertet werden. Weil diese Tests eine kompetente

Auswertung erfordern, werden sie allerdings in der Industrie nicht oft eingesetzt.

Es ist auch erwähnenswert, daß manche Personalpsychologen die Auswertung besser beherrschen als andere, so, wie in der Medizin manche Ärzte bessere Diagnostiker sind als andere. Insgesamt war das Testen bisher eine Kunst und keine Wissenschaft.

Erfolg als Manager erfordert
das Vorhandensein vieler Eigenschaften –
Mißerfolg kommt hingegen
vom Fehlen einer einzigen.

Dr. Robert N. McMurry

Die zehn Elemente, aus denen die Anatomie eines Plus-Managers besteht

Element 1: Die Maske

Keine Maske verbirgt Lügen so wie die Wahrheit,
und nackt gehen ist die beste Verkleidung.

William Congreve

Was Sie wissen
müssen, um
einen Manager zu
verstehen

Beginnen wir mit
einer kleinen Übersicht . . .

Ein Manager ist ein
Energiesystem . . .

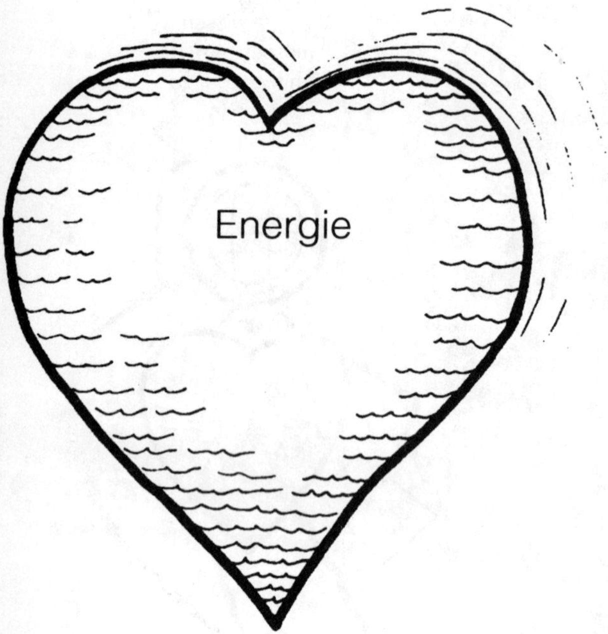

. . . mit einem Denken . . .

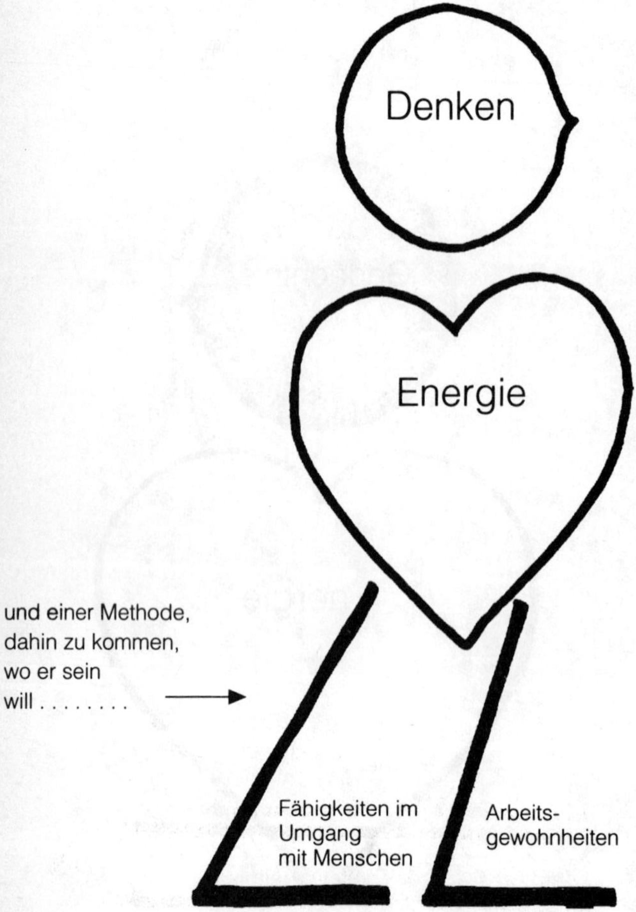
Denken
Energie
und einer Methode,
dahin zu kommen,
wo er sein
will . . . .
Fähigkeiten im
Umgang
mit Menschen
Arbeits-
gewohnheiten

sowie im Idealfall stabile
Arbeitsverhältnisse im Vorfeld.

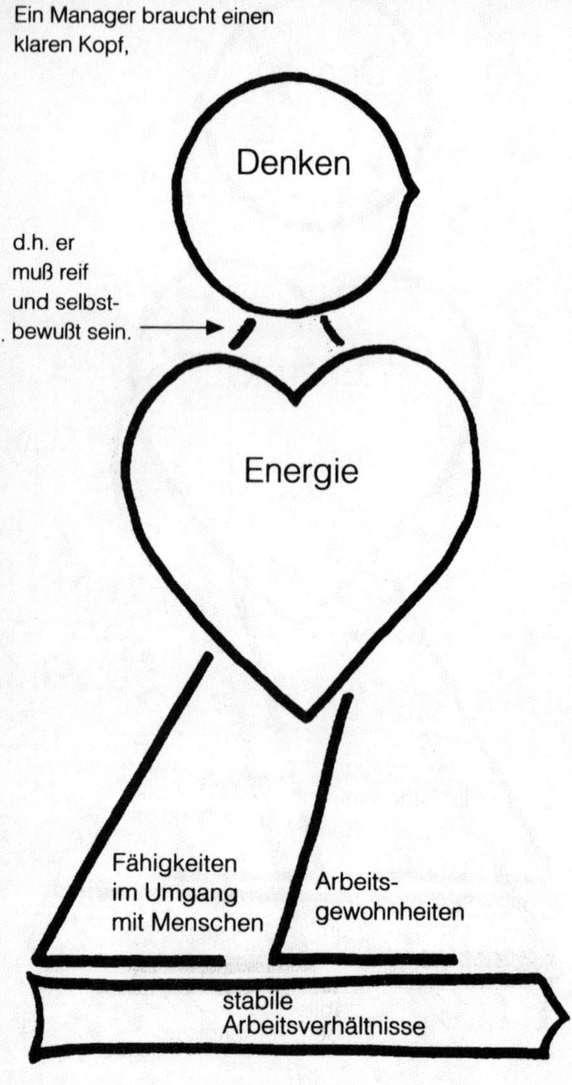
Ein Manager braucht einen
klaren Kopf,
Denken
d.h. er
muß reif
und selbst-
bewußt sein.
Energie
Fähigkeiten
im Umgang
mit Menschen
Arbeits-
gewohnheiten
stabile
Arbeitsverhältnisse

Doch um einen großen Manager
zu erkennen, müssen Sie
diese Eigenschaften bewerten.

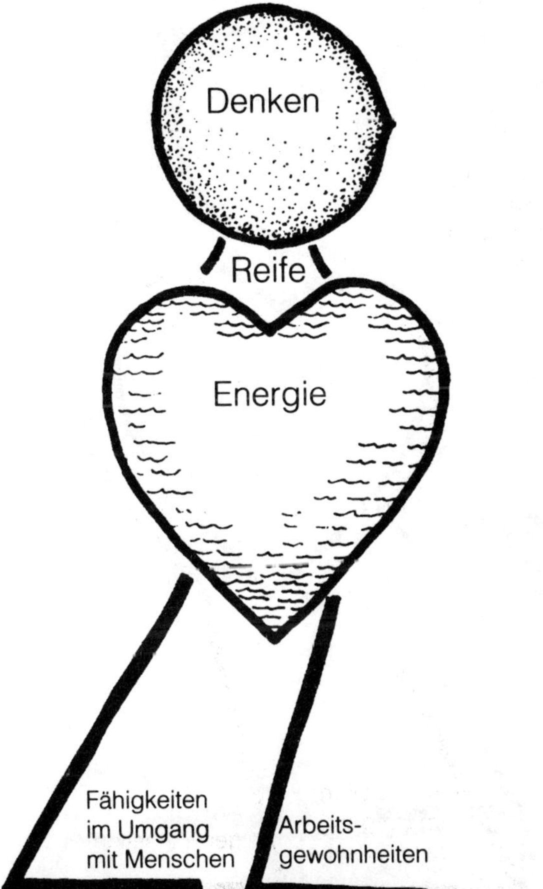

Es ist praktisch unmöglich,
Manager schnell zu beurteilen,
denn sie verbergen ihre Mängel

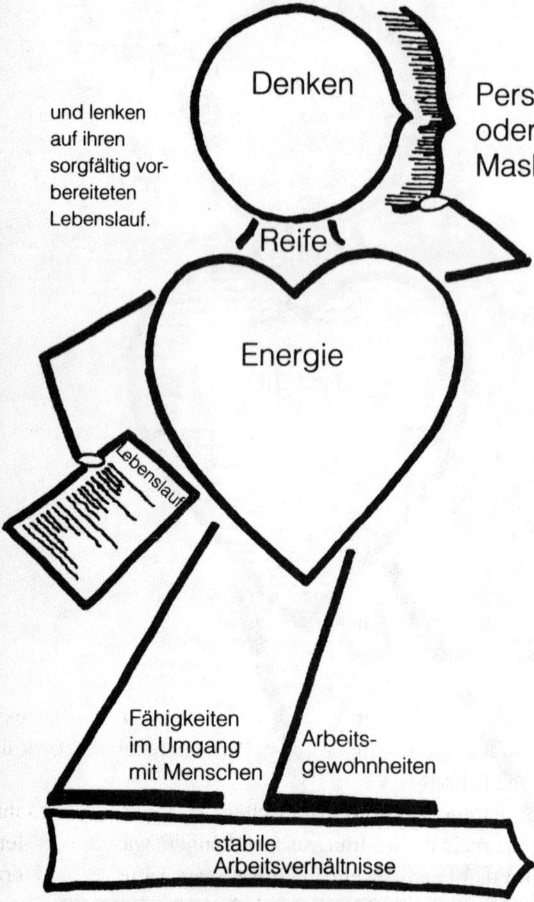

Um einen Manager richtig einzuschätzen,
muß man hinter die Maske sehen und
die wirklich wichtigen Dinge bewerten.

Oscar Wilde hat gesagt: „Es wäre eine schreckliche Welt, wenn jeder die Wahrheit sagte, denn es ist jetzt schon schlimm genug, wo jeder herumgeht und Lügen erzählt." Dieser Aphorismus ist witzig, weil er stimmt. Die meisten Menschen – Sie und ich eingeschlossen – zeigen der Welt ein Gesicht, das selten unsere inneren Gefühle reflektiert.

Die Maske, die wir zeigen, soll mindestens drei Funktionen erfüllen:
- Unsere Mängel verbergen. Deshalb scheint man trotz der Häufigkeit psychischer Krankheiten nie Geistesgestörte zu treffen (außer, natürlich, man lebt in New York).
- Unsere Antagonismen kaschieren. Deshalb sind Menschen als einzige Lebewesen fähig, scheinbar freundschaftlich mit jemandem zu scherzen, den sie tatsächlich umzubringen planen.
- Uns für andere akzeptabel machen.

Unter verschiedenen Umständen präsentieren verschiedene Menschen verschiedene Masken; zu den gängigen Fassaden gehören:
- der nette Mensch,
- der harte Führer,
- der patrizische Gentleman,
- der treue Diener,
- der Tatmensch,
- der gewandte Konzernmanager,
- der abgeklärte, weitsichtige Senior.

Lukrez, der im 1. Jahrhundert v. Chr. lebte, wußte, daß das Gesicht, das wir der Welt zeigen, selten mit der Persönlichkeit dahinter übereinstimmt, und schrieb:

> „So ist es nützlicher, einen Menschen in Zeiten der Gefahr zu beobachten und in der Bedrängnis zu erkennen, was für ein Mensch er ist; denn dann endlich entringen sich der Tiefe seines Herzens Worte der Wahrheit, die Maske wird abgerissen, und die Wahrheit bleibt übrig."

In der Praxis haben wir natürlich selten Gelegenheit, einen Menschen in Zeiten der Gefahr zu sehen. Deshalb ist die Technik, die ich „Prinzip des Gegenbildes“ nenne, nützlicher.

Das Prinzip des Gegenbildes

Außen laut, innen hohl.

Chinesisches Sprichwort

Wenn sie eine bestimmte Fassade zeigen, wollen viele Menschen – wie viele Pokerspieler – ein Bild präsentieren, das das Gegenteil der Karten in ihrer Hand anzeigt.

Die präsentierte Fassade beruht oft auf dem Aspekt der Persönlichkeit, dessen Fehlen der Betreffende am meisten fürchtet – oder dessen Fehlen ihm am stärksten bewußt ist.

Folglich ist der Tyrann oft ein Feigling, ist der Gentleman oft ein Schwein, ist der Clown oft ein Selbstmordkandidat.

Sie merken vielleicht, daß dieses Prinzip besonders in Unternehmen zutrifft, wo Überleben und Fortkommen oft die Projektion falscher Bilder zu erfordern scheinen. Folglich

- erweist sich der scheinbar gewandte Konzernmanager oft als unglaublich naiv,
- ist der treue Diener oft ein hinterhältiger Uriah Heep,
- ist der charmante Verkäufer oft ein fehlangepaßter, von Grund auf feindseliger Mensch,
- erweist sich die Landpomeranze wahrscheinlich als äußerst clevere Drahtzieherin,
- ist der knallharte Führer oft voller Ängste.

Die Moral ist eindeutig: Es ist höchst unklug, sich auf den ersten Eindruck zu verlassen, wenn man Menschen bewertet, denn die Person, die man sieht – besonders beim ersten Kennenlernen –, wird sich wahrscheinlich als ziemlich unecht erweisen. Man sollte sich lieber angewöhnen, die Maske zu analysieren, die ein Mensch projiziert, und sich zu fragen:

Um welchen Eindruck bemüht sich dieser Mensch am meisten?

Gehen Sie dann, solange Sie noch nicht mehr wissen, von der Annahme aus, daß die wahre Person wahrscheinlich das genaue Gegenteil dieser Fassade sein wird.

Untersuchen wir nun die Elemente hinter der Maske, die den wahren Menschen ausmachen.

Element 2: Energie

Warum manche Menschen überschüssige Energie haben – und andere anscheinend gar keine

Die Hölle ist voller Begabter,
der Himmel aber voller Menschen
mit Energie.

Jeanne-Françoise de Chantal

Ein Manager, genau wie jeder andere auch, läßt sich als Energiesystem definieren.

Wir werden mit einem eigenen Energieniveau geboren. Energie läßt sich als etwas definieren, das Hunger, Triebe, Aggressionen, Ängste und libidinöse Impulse umfaßt. Das Energieniveau ist ererbt und kaum zu ändern.

- *Manche Menschen haben viel Energie.*
  Diese Menschen sind gewöhnlich sehr *aktiv*. Sie tun immer etwas. Selbst wenn sie Urlaub machen, bleiben sie gern aktiv. Die meisten Wirtschaftskapitäne haben eine Menge Energie. Diese Menschen werden auch *Alpha-Typen* genannt.
- *Andere Menschen scheinen wenig Energie zu haben.*
  Sie können als *passiv* bezeichnet werden. Diese können die stilleren, subtileren und mehr reflektiven Freuden des Lebens genießen. Solche Menschen werden auch *Beta-Typen* genannt.

Die meisten von uns liegen irgendwo zwischen diesen beiden Extremen. Aber: Ein kleiner Prozentsatz von Menschen pendelt zwischen den beiden Extremen: strahlend und aktiv an einem Tag, bedrückt und passiv am nächsten.

Das Problem, das wir Menschen lösen müssen, ist, unsere Energien auf befriedigende und sozial verträgliche Weise zu kanalisieren.

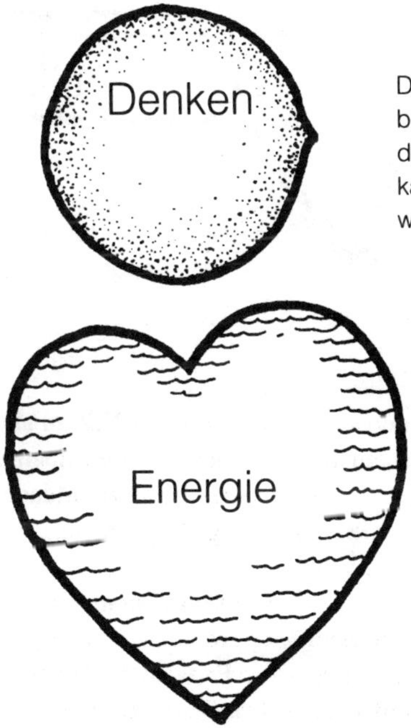

Das Denken bestimmt, wie diese Energie kanalisiert wird.

Das Problem, das jeder Manager lösen muß, ist, seine Energie auf ein Niveau der Aktivität zu kanalisieren

und dabei ein Niveau der Zufriedenheit zu finden.

So suchen wir in unserem täglichen Leben ein Niveau an Aktivität, das unserem Energieniveau entspricht, und streben einem *Punkt der Zufriedenheit* oder einem Zufriedenheitsniveau zu. Manche Psychologen nennen dies auch den Punkt der geringsten Unzufriedenheit.

Es muß ein *längerfristiges* Zufriedenheitsniveau erreicht werden. Hierauf kommen wir später zurück.

Element 3: Werte und der psychische Vertrag

Warum sich Menschen irrational verhalten – und dennoch völlig berechenbar sind

Die Menschheit wird entzweit durch Dogmen
und Aussagen über Wahrheiten;
und Versuche, Menschlichkeit zu definieren,
werden durch warmherziges Verhalten geeint.
Dennoch beruht das Verhalten, das wir billigen,
oft auf Dogmen, die wir nicht billigen.
Die Dogmen sind nicht so wichtig wie das Verhalten.

John Jay Chapman

Werte sind die Grundmotivation des menschlichen Handelns, und wir alle haben jeweils unser eigenes, einzigartiges Wertesystem.

Ein **Wert** ist die Bedeutung, die wir einer **Idee** beimessen. Werte sind Gedanken, Vorstellungen, Meinungen – nicht Tatsachen. Niemand kann die Richtigkeit oder Überlegenheit seiner Werte *beweisen*.

Ein **Wertesystem** läßt sich als Struktur der Überzeugungen eines Menschen innerhalb seines Denkens definieren. Ein Wertesystem ähnelt der Software, die einen Computer steuert.

Das Wertesystem ist ganz oder zum Teil verantwortlich für
- Ziele,
- Denkprozesse,
- Arbeitsgewohnheiten,
- Umgang mit anderen Menschen und
- Anpassungsfähigkeit in einer sich wandelnden Welt.

Unsere Werte werden uns durch Autoritätspersonen anerzogen, vor allem durch unsere Eltern. Logik spielt dabei keine oder kaum eine Rolle, und der Prozeß, durch den wir unser Wertesystem annehmen, bleibt uns zumeist unbewußt.

Verwandte Überzeugungen gruppieren sich innerhalb des Wertesystems zu Komplexen. Wenn ich politisch konservativ bin, werde ich also wahrscheinlich an den Kapitalismus, die Qualität des privaten Schulsystems und die Todesstrafe glauben.

Unsere Werte sind oft sehr widersprüchlich. Neue Werte – von ganz unterschiedlichen Quellen zu verschiedenen Zeiten unseres Lebens erworben – überlagern die alten. (Wie zum Beispiel bei den Kindern von „Limousine Liberals", die sich in der Zeit vor Gorbatschow dem Kommunismus zuwandten.) Die neuen Werte scheinen Einstellungen und Verhalten zu bestimmen, doch die alten Werte bleiben im Unbewußten und üben weiterhin erheblichen Einfluß aus. So kommt es, daß Menschen oft extrem widersprüchliche Standards haben. Diese Widersprüche sind selten durch rationale Diskussion zu lösen.

Begründet ist es darin, daß die Werte gewöhnlich von Autoritätspersonen übernommen wurden und unbewußt noch geglaubt werden. Diese Werte anzuzweifeln kann die ganze Lebensphilosophie des Betroffenen untergraben und ihn unerträglichen Ängsten ausliefern.

Wir können einfach nicht zugeben, daß wir eine doppelte Moral haben und Heuchler sind. Deshalb
- rationalisieren wir praktisch jeden Widerspruch. Und je intelligenter der Mensch, desto besser ist er im Rationalisieren.
- werden wir defensiv und wütend, wenn der Widerspruch aufgedeckt wird. Daher die Weisheit: „Es gibt kein Problem bei Teenagern, das ein vernünftiges Gespräch nicht verschlimmern würde."

So können Menschen
- gegen Ehebruch predigen und dennoch die Dienste von Prostituierten oder Gigolos genießen;
- am Sabbath (oder Sonntag) fromm sein, aber betrügerisch an Wochentagen;
- für Freiheit als Ideal eintreten, aber gegen ihre tatsächliche Praxis sein.

Je früher unsere Werte erworben wurden, desto größer ist ihre Macht. Früh erworbene Werte werden zur *Stimme des Gewissens*. Diese Stimme leitet unser Verhalten, gewöhnlich ohne daß wir es wissen, indem sie subtile – und weniger subtile – Belohnungen und Strafen zuweist. Wir fühlen uns gut, wenn wir tun, was das Gewissen uns sagt, und schlecht, wenn wir es nicht tun.

Das Paradoxon der Werte. Die meisten Menschen halten ein imaginäres, fast heiliges Recht hoch, ein Wertesystem, das aus falschen und widersprüchlichen Überzeugungen besteht, zu haben und nach ihm zu leben. Das tun sie in dem Glauben, nach seinen Überzeugungen zu leben, verleihe Integrität, gebe dem Leben Sinn und mache frei. *Das genaue Gegenteil ist aber wahrscheinlicher*. Die meisten Menschen sind Gefangene im Käfig ihrer eigenen Überzeugungen, ohne sich ihrer Eingeschränktheit bewußt zu sein.

Wie unsere Werte unser Leben bestimmen

Wir übernehmen unsere Werte zumeist von unseren Eltern. Sie vermitteln generell das Wertesystem der vorherrschenden Kultur. Insgesamt bestimmen die Eltern also lebenslang unser Schicksal, denn von ihnen stammen

- Gene und genetische Programmierung,
- Platz in der Familie,
- Name,
- Religion,
- Kultur, Milieu und Staatsbürgerschaft,
- unmittelbare Nachbarschaft und gleichaltrige Kameraden,
- Wertesystem und Ziele,
- Belohnungen und Strafen,
- emotionales Klima,
- Bildungschancen,
- Möglichkeiten zum Fernsehen.

Der psychische Vertrag

Die Stimme des Gewissens bestimmt und leitet unser Schicksal durch den psychischen Vertrag. Dazu gehören:

Die elterliche Grundanweisung. Elterliche Erwartungen fallen oft in einer oder zwei einfachen Anweisungen zusammen:

- Konformistische Eltern werden ihren Kindern vielleicht vorschreiben: „Sei brav und tu, was man dir sagt."
- Leistungsbezogene Eltern drängen ihre Kinder: „Sei der beste in allem, was du tust."
- Auf Sicherheit bedachte Eltern sagen: „Sei vorsichtig, sei sparsam, verschulde dich nie."

Der Generalvertrag. Wenn wir heranwachsen, verinnerlichen wir die Werte unserer Eltern und werden konditioniert, ihre Leistungen zu verbessern (und sei es nur minimal). Wir schließen einen psychischen Vertrag. Der „Erfolg“ im Leben wird als Erreichen einer ähnlichen gesellschaftlichen Position definiert, die wir später anstreben – manchmal ganz bewußt, oft aber völlig unbewußt.

Das bestimmende Kriterium des Erfolgs. Das Gewissen ist gewöhnlich der Schiedsrichter des Erfolgs im Leben. Wir meinen, wir versuchten, unseren persönlichen Prinzipien gerecht zu werden, aber in Wirklichkeit messen wir Erfolg unbewußt an Kriterien und Maßstäben, die unsere Eltern uns vermittelt haben.

Die Erwartung an den Lebensstandard. Als Faustregel gilt, daß mindestens drei Viertel der Menschen in der verwestlichten Kultur den Lebensstandard oder Status, den ihr Elternhaus in ihren Augen hatte, erst erreichen und dann geringfügig überholen wollen.

Das zentrale Lebensinteresse. Die bestimmenden Kriterien des Erfolgs und die Erwartung an den Lebensstandard verschmelzen gewöhnlich zu der Aktivität – oder dem zentralen Lebensinteresse –, dem wir unsere Gedanken und Kräfte widmen. Bei manchen Menschen bedeutet dies, nach Erfolg im Geschäftsleben zu streben; bei anderen, ein glückliches Familienleben zu haben und die Hypothek abzuzahlen usw.

Der Goldene Stachel. Motivation kommt zumeist von einem Gefühl des Mangels. Der Psychologe C. G. Jung sagt, daß wir stark von den unerfüllten Ambitionen unserer Eltern motiviert werden. Ich nenne diese Art Motivation einen *Goldenen Stachel.* Gewöhnlich ist er im Unbewußten verborgen und verursacht von dort aus ein sehr bewußtes *brennendes Verlangen*, das beinhalten kann, daß wir Erfolg haben wollen, wo unsere Eltern ihn nicht hatten. So scheint die Antwort auf die Frage, warum die frühere Tenniskönigin Chris Evert sich so lange mit dem Spiel plagte und so viel erreichte, damit zusammenzuhängen, daß ihr Vater Profi-Tennistrainer war. Durch den Erfolg in dem Spiel wertete sie ihrer beider Leben auf.

In einem armen oder benachteiligten Elternhaus aufzuwachsen, kann ebenfalls zur Leistung anstacheln, besonders, wenn das Kind eine sichere, gesunde, liebevolle Beziehung zu den Eltern hatte. Solche Kinder wachsen mit dem Gefühl innerer Sicherheit heran und werden deshalb wahrscheinlich in allem, was sie wählen, gute Leistungen erbringen. Wahrscheinlich treibt sie auch ein machtvolles Gefühl gesellschaftlicher Unterlegenheit, und deshalb wollen sie Großes leisten. Lee Iacocca hatte zum Beispiel eine sehr enge, glückliche Beziehung zu seinen Eltern, bäumte sich aber dagegen auf, daß er und seine Familie als italienische Einwanderer diskriminiert wurden.

Oder denken Sie an den schwarzen Politiker und Pastor Jesse Jackson, der für die Präsidentschaft der USA kandidierte. Mr. Jackson war ein uneheliches Kind und lebte mit seiner Mutter auf der „falschen Seite“ der Stadt. Sein Vater, ein nach außen respektabler schwarzer Geschäftsmann, besuchte während der Woche heimlich Jesses Mutter, lebte aber mit seiner Frau und *ihren* gemeinsamen Kindern auf der richtigen Seite der Stadt. So entstand in Jesse Jackson das brennende Verlangen, gesehen zu werden, angesehen zu sein, etwas zu gelten, jemand zu sein. Seine Kandidatur für das Weiße Haus kann deshalb als unbewußter Wunsch gedeutet werden, seinen rechtmäßigen Platz in jenem höchst respektablen Haus am anderen Ende der Stadt einzunehmen.

Der Phaeton-Faktor. In der griechischen Mythologie war Phaeton der Sohn des Sonnengottes Apollo; um Ansehen bei seinen Kameraden zu gewinnen, überredete er seinen zögernden Vater, ihn den Sonnenwagen über den Himmel lenken zu lassen. Phaeton überschätzte seine Fähigkeit, die feurigen Rösser zu lenken, die den Wagen zogen, und ohne Apollos Gewicht in dem Wagen, ohne seine feste, lenkende Hand gingen die Rösser durch, zerschmetterten den Wagen und stürzten Phaeton in den Tod.

Im wirklichen Leben entwickeln verwöhnte Kinder oft unrealistische Statusbedürfnisse, für die sie Erfüllung suchen – mit letztlich katastrophalen Folgen. Das Bedürfnis nach Status statt Leistung signalisiert in der Tat oft Unreife und mangelnden Realismus. So machte sich der gescheiterte Auto-"Mogul“ John DeLorean, der bis zum Alter von 28 bei seiner allzu nachsichtigen Mutter lebte, schließlich daran, ein Traumauto zu schaffen und zu vermarkten – nur, um spektakulär zu scheitern.

Die krönende Leistung. Die Erfüllung des psychischen Vertrages kann auch an einer *krönenden Leistung* gemessen werden, einem *spezifischen, meßbaren Ereignis,* das oft mit den unerfüllten Ambitionen der Eltern verbunden ist. Ein Mensch, dessen Vater Millionär werden wollte, es aber nicht schaffte, könnte dazu getrieben werden, dieses Ziel zu erreichen.

Die krönende Leistung muß oft in einem bestimmten Alter erreicht sein, je nach

- dem Alter der Eltern, aus der Sicht des heranwachsenden Kindes;
- einem von den Elternteilen gesetzten Zeitrahmen („Wenn du es mit 40 nicht geschafft hast, bist du nicht mehr mein Kind“);
- Alter und Leistung von Geschwistern oder Freunden;
- der Lebenszeit eines oder beider Eltern (die Leistung zählt nicht, wenn die Eltern nicht mehr leben, um sie zu würdigen).

Krönende Leistungen könnten sein:

- eine Firma gründen;
- Geschäftsführer einer Aktiengesellschaft werden;
- Universitätsprofessor werden;
- ein Buch veröffentlichen;
- ein kleines, hypothekenfreies Eigenheim besitzen;
- ein sehr großes, wenn auch hoch belastetes Haus besitzen;
- ein Kind aufziehen, das ein Studium an einer gesellschaftlich akzeptablen Hochschule oder Universität abschließt.

Gewinnen und verlieren. Wer seinen psychischen Vertrag erfüllt, ist ein Gewinner. Wer ihn nicht erfüllt, ist ein Verlierer.

Ein Mensch kann reich und erfolgreich sein, aber wenn er seinen psychischen Vertrag nicht erfüllt hat – zum Beispiel nicht mehr geleistet hat als seine noch erfolgreicheren Eltern –, ist er dennoch ein Verlierer.

Ebenso könnte ein Mensch nur sehr bescheidenen materiellen Erfolg haben, aber wenn er damit den psychischen Vertrag erfüllen konnte, wird er sich als Gewinner betrachten.

Der Pferdefuß. Manchmal vergiftet ein fehlangepaßter Elternteil den Vertrag, indem er der elterlichen Grundanweisung einen Pferdefuß anhängt. Solche Pferdefüße könnten sein:

„Tu dein Bestes – aber schaffe es nie!"
„Verdiene einen Haufen Geld – und bringe dich dabei um!"
„Sei erfolgreich – aber habe nie genug Seelenfrieden, um das Erreichte zu genießen!"

Der Lohn. Jeder Vertrag hat einen Lohn. Der Lohn eines Gewinners ist normalerweise die Freiheit, so daß er den Rest seines Lebens glücklich genießen kann. Der Lohn eines Verlierers sind gewöhnlich Schuldgefühle und die Vorstellung, alle enttäuscht zu haben, auch sich selbst. Er könnte sogar einen Zwang, sich selbst zu bestrafen, beinhalten. Beim Vertrag mit Pferdefuß gehört es zum Lohn des „Gewinners", sich des Erfolges unwürdig und deshalb zu Akten der Selbstsabotage gezwungen zu fühlen.

Element 4: Bewusste und unbewusste Ziele

Wer nicht weiß, wohin er will,
landet wahrscheinlich irgendwo anders.

Laurence J. Peter

Unsere Ziele lassen sich in zwei große Kategorien unterteilen:
a) innere Antriebe und
b) resultierende Bedürfnisse.

Innere Antriebe

Innere Antriebe kommen nicht von einer, sondern von zwei inneren Stimmen: der Stimme des *Gewissens* und der Stimme des *Selbst.*

Die Stimme des Selbst ist die stille, leise, einzigartige, zentrale Stimme, die wir in uns hören, aber leider oft nicht beachten. Die Funktion dieser Stimme ist es, uns in unserem Streben nach der Verwirklichung unseres vollen Potentials zu leiten.

Die Stimme des Gewissens ist die Stimme von Eltern und Autoritätspersonen der Vergangenheit, die uns unser Wertesystem vermittelt und damit das „Familienschicksal" in Form eines psychischen Vertrages und einer krönenden Leistung festgelegt haben. Sie ist die Stimme, die dieses Schicksal regieren und diesen Vertrag überwachen will.

Resultierende Bedürfnisse

Die Bedürfnisse, die sich aus unseren inneren Antrieben ergeben, lassen sich in drei Kategorien unterteilen: finanziell, gesellschaftlich und psychisch.

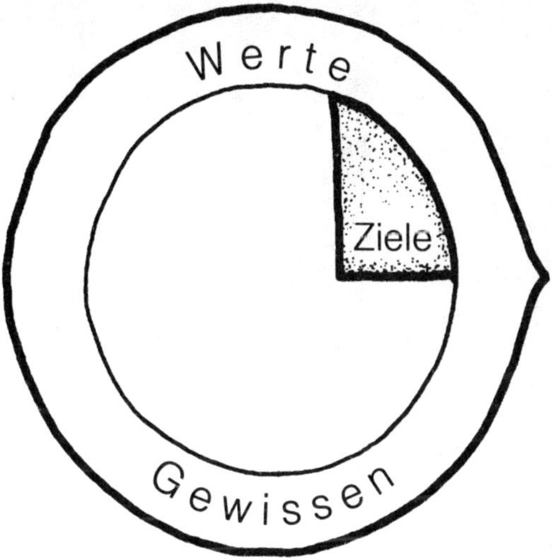

Unsere Werte bestimmen unsere Ziele.

Ziele lassen sich in zwei Kategorien unterteilen:

1. innere Antriebe und

2. die Bedürfnisse, die sich aus den inneren Antrieben ergeben.

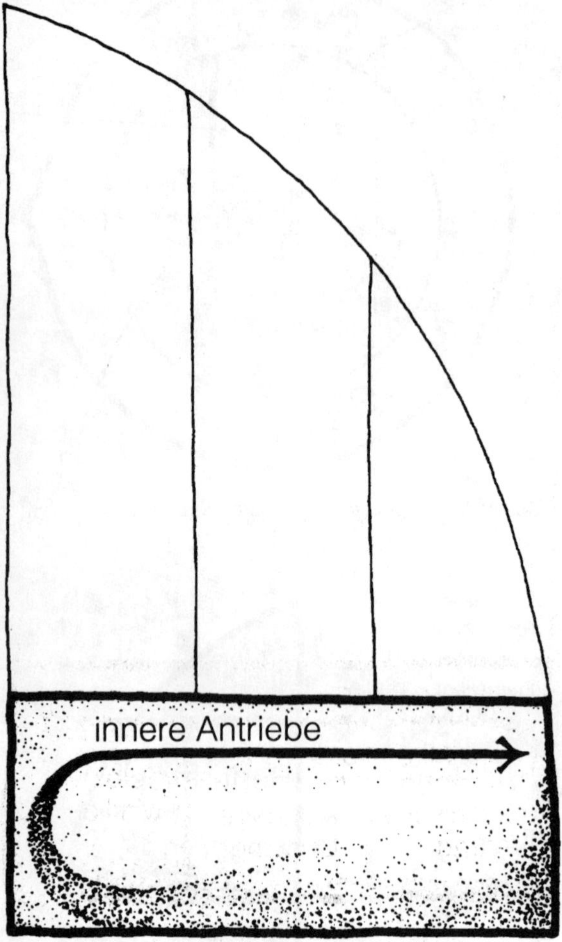

Innere Antriebe (deren wir uns oft nicht bewußt sind) sind gewöhnlich die stärksten Antriebskräfte.

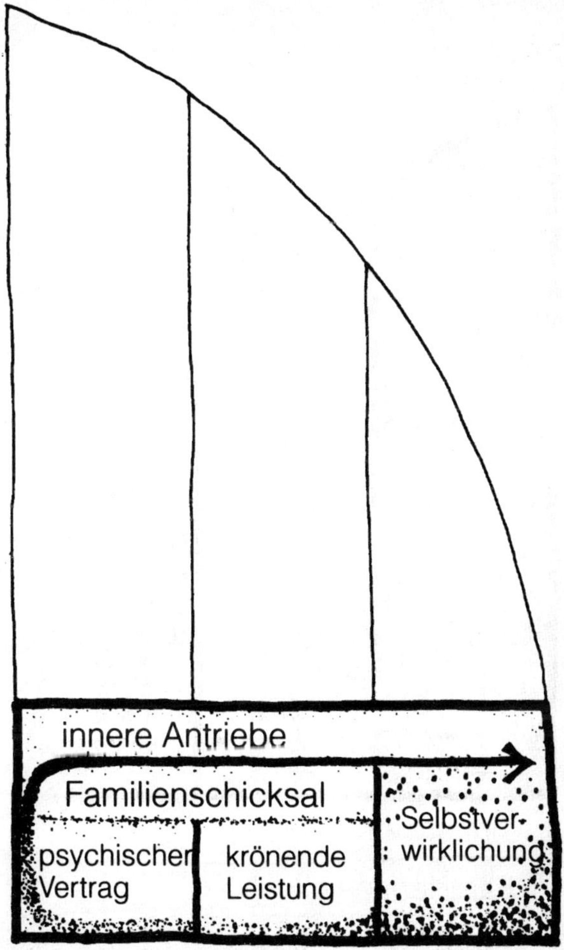

Die drei wichtigsten inneren Antriebe sind:

1. die Bedingungen des psychischen Vertrages,
2. das Streben nach der krönenden Leistung und
3. der Drang nach Selbstverwirklichung.

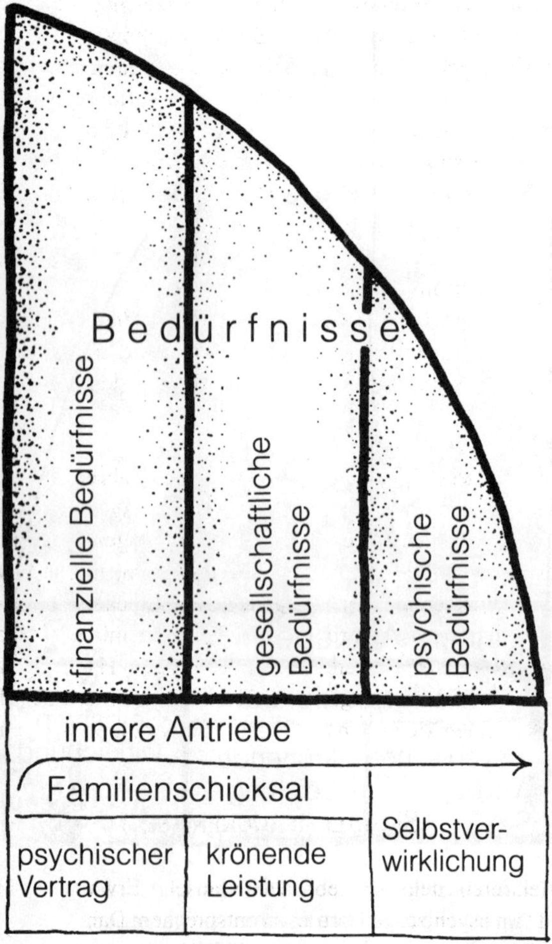
Bedürfnisse
finanzielle Bedürfnisse
gesellschaftliche Bedürfnisse
psychische Bedürfnisse
innere Antriebe
Familienschicksal
psychischer Vertrag
krönende Leistung
Selbstverwirklichung

Finanzielle Bedürfnisse

Praktisch gesehen ist es ein wichtiges finanzielles Bedürfnis, daß das *Einkommen* einen bestimmten Lebensstandard ermöglicht.

Menschen mit einem scheinbar ähnlichen Lebensstandard – Nachbarn mit den gleichen Häusern, Autos, Schulgebühren usw. – können tatsächlich sehr verschiedene Einkommensverhältnisse haben. Eine Familie genießt vielleicht ererbten Wohlstand und muß keine Hypotheken oder Leasingraten für den Wagen zahlen.

Die andere Familie ist vielleicht hoch verschuldet, um in derselben wohlhabenden Gegend zu wohnen.

Daher Lewis Carrolls Bemerkung:

> „Ein langsames Land!" sagte die Königin. „*Hier* hingegen muß man laufen, so sehr man kann, um am selben Ort zu bleiben. Wenn man woanders hin will, muß man mindestens doppelt so schnell laufen!"

Der Finanzbedarf steigt und fällt normalerweise während der Lebenszeit eines Menschen. Wir brauchen wenig als Teenager und Twens und relativ wenig, wenn wir unser eigenes Leben anfangen. Der Finanzbedarf steigt gewöhnlich, wenn wir danach streben, in der Welt voranzukommen, unsere Kinder erziehen und uns strecken, um einen immer höheren Lebensstandard zu erreichen und mit den Nachbarn Schritt zu halten. Später, wenn die Kinder aus dem Haus sind und die Hypothek von der Inflation geregelt wird, fällt der Finanzbedarf meist ab, so daß er einen Menschen nicht mehr zum Verdienen treiben kann.

Soziale Bedürfnisse

Sie reflektieren den Antrieb, der Klausel „Erwarteter Lebensstandard" im psychischen Vertrag zu entsprechen. Dabei geht es nicht nur um Geld, sondern darum, einen Platz in der gesellschaftlichen Hierarchie zu finden. Aus praktischen Gründen unterteilen wir diese

Hierarchie in vier Kategorien: Handwerker, Kaufleute, Akademiker und Künstler.

Manche Familien sind damit zufrieden, über mehrere Generationen auf einer Ebene zu bleiben. Häufiger verlangt der psychische Vertrag jedoch, daß jede Generation höher an dem Totempfahl hinaufklettert. Dies ist vor allem in der verwestlichten Kultur der Fall, wo die Mobilität nach oben viel gilt.

- Der Handwerker erzieht sein Kind zu einer wohlhabenden Ladeninhaberin. „Meine Tochter, die ihren eigenen, gutgehenden Laden hat!“
- Die Kauffrau, die ihren Sohn zum angesehenen Akademiker erzieht. „Mein Sohn, der Arzt!“
- Der Sprößling des Akademikers hat viele Vorteile genossen, und natürlich gilt ihm Kunst mehr als alles andere. „Mein Kind, der Rockstar!“

Psychische Bedürfnisse

Psychische Bedürfnisse ergeben sich meist aus den zu Hause vermittelten Werten und dem psychischen Vertrag. Manche Bedürfnisse, etwa nach Geld, Essen und Obdach, verändern sich im Lauf des Lebens. Andere unterschwellige Bedürfnisse, z. B. nach Macht, Autonomie und Zuwendung, bleiben ziemlich konstant.

Entscheidende psychische Bedürfnisse und die damit verbundenen unterschwelligen Ängste sind:

Sicherheit: Man möchte eine ökonomische Nische besetzen und halten, die nicht so leicht von einer Rezession erschüttert werden kann. Es herrscht eine unterschwellige Angst, in Armut zurückzufallen.

Status: Man möchte gesehen werden und kümmert sich um Statussymbole, Wohngegend, Schulen, Beschäftigungen. Unterschwellige Gefühle der Unzulänglichkeit und Minderwertigkeit.

Macht: Man strebt nach Macht, Autorität und Einfluß über das Leben und Handeln anderer. Es existiert eine unterschwellige Angst vor Hilflosigkeit.

Wissensdrang: Man möchte herausfinden, wie und warum die Dinge funktionieren. Man will die Wahrheit herausfinden. Es besteht eine unterschwellige Angst, die Wahrheit könne vorenthalten werden.

Leistung: Man will Hervorragendes leisten. Tatsächlich kann der besonders Leistungsbedürftige auch Aufmerksamkeit und Angenommenwerden suchen. Damit verbunden ist eine unterschwellige Versagensangst.

Dienen: Man will anderen dienen oder helfen, in der Gemeinschaft arbeiten und das Leben anderer verbessern. Bestimmend dafür ist ein unterschwelliges Bedürfnis nach Zustimmung.

Zustimmung: Man möchte nicht nur gesehen werden, sondern gesehen werden als jemand, der gedient hat, Zustimmung für das richtige Handeln bekommen. Unterschwellige Angst, für das falsche Handeln bestraft zu werden ist das Ergebnis.

Akzeptiert werden: Man möchte von der Gesellschaft gebilligt und akzeptiert werden. Ein verbreitetes Bedürfnis bei vielen Einwanderern, die die Werte der neuen Kultur eventuell gänzlich übernehmen, um akzeptiert zu werden. Auch hier herrscht eine unterschwellige Angst vor Ablehnung.

Gemeinschaft: Man wünscht mit anderen zusammenzusein, gute Gefühle und Kameradschaft zu teilen. Unterschwellige Angst vor Einsamkeit ist die Ursache.

Autonomie: Man möchte das eigene Schicksal völlig selbst bestimmen. Ein verbreitetes Bedürfnis bei vielen Kleinunternehmern. Will nicht von anderen kontrolliert oder geführt werden. Hier herrscht eine unterschwellige Angst vor Identitätsverlust.

Vollkommenheit: Man möchte als fehlerlos, makellos, tadellos, perfekt gesehen werden. Ein Perfektionist ist recht zutreffend als ein Mensch beschrieben worden, der sich und anderen große Mühe macht. Perfektionisten versuchen praktisch immer, einen imaginären oder wirklichen emotionalen Fehler zu überwinden. Es liegt eine unterschwellige Angst vor, emotionale Schwächen und Fehler zu offenbaren.

Der Drang nach Selbstverwirklichung

Nicht alle Bedürfnisse sind von den Eltern programmiert. Manche gehören zur Person, zu ihrem wahren Selbst, statt bloße Klauseln im psychischen Vertrag zu sein. Dies sind:

Selbstentwicklung: Man möchte als Mensch wachsen und sein volles Potential realisieren. Abraham Maslow hat dies das Bedürfnis nach Selbstverwirklichung genannt. Das Bedürfnis nach Selbstentwicklung ist sehr stark bei Unternehmern und wahrscheinlich den meisten kreativen Menschen. Es ist nicht bei allen Menschen ein starkes Bedürfnis. Es ist aber wahrscheinlich ziemlich stark in *Ihnen*, lieber Leser, denn sonst würden Sie dieses Buch wohl nicht lesen.

Sinn: Der Wunsch, einen Sinn im Leben zu finden und zu spüren, daß all unser Streben nicht vergebens ist. Dies ist mit dem Bedürfnis nach Selbstentwicklung verbunden.

Wenn man die Ziele eines Menschen analysiert, ist es klug, sich auf die vier wichtigsten Zufriedenheitsniveaus und die beiden wichtigsten inneren Antriebe zu konzentrieren. Dies sind:

Zufriedenheitsniveaus

1. Körperliches Energieniveau
2. Finanzielles Zufriedenheitsniveau
3. Erwartungen an den Lebensstandard
4. Die wichtigsten psychischen Bedürfnisse

Innere Antriebe

1. Unterschwelliger psychischer Vertrag
2. Der Drang nach Selbstverwirklichung

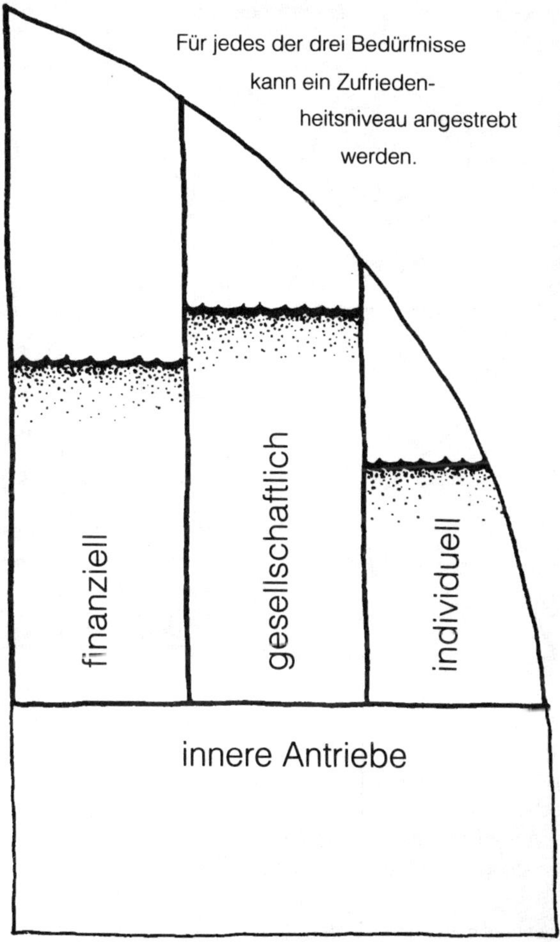

Der Antrieb und die Energie zum Vorankommen werden geringer, wenn ein bestimmtes Zufriedenheitsniveau erreicht ist.

Wenn wir das gesamte Zufriedenheitsniveau eines Menschen analysieren, müssen wir vier entscheidende Niveaus untersuchen.

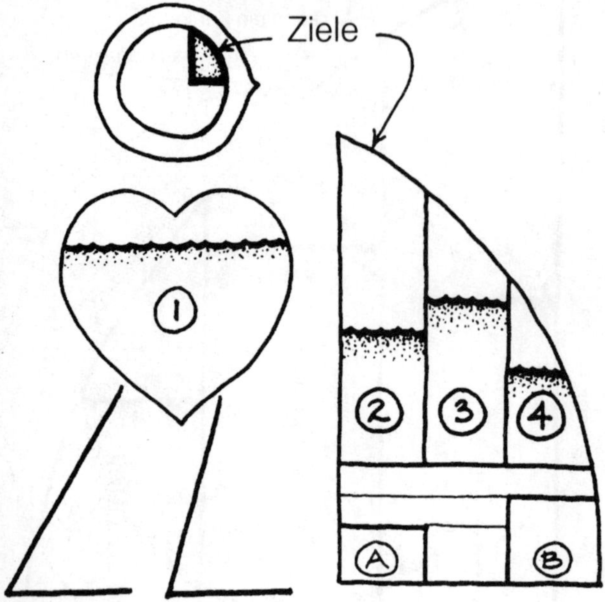

① Energieniveau,
② finanzielles Zufriedenheitsniveau,
③ gesellschaftliches Zufriedenheitsniveau (oder Erwartungen an den Lebensstandard),
④ psychisches Zufriedenheitsniveau (Leistung, Macht, Gemeinschaft usw.)

und zwei wichtige innere Antriebe:

Ⓐ den psychischen Vertrag,
Ⓑ den Drang nach Selbstverwirklichung.

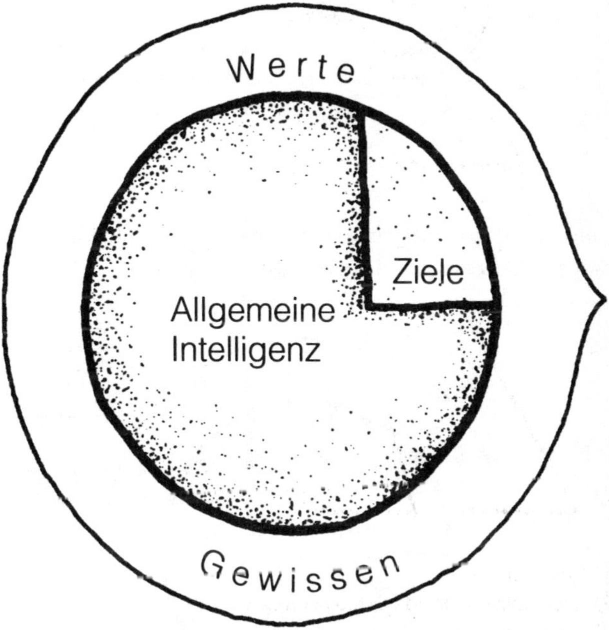

Intelligenz leitet die Verfolgung unserer Ziele.

Element 5: Intelligenz

Intelligenz ist nicht etwas, das man ein für allemal besitzt. Sie ist ständig im Werden, und ihre Erhaltung erfordert ständige, aufmerksame Beobachtung von Konsequenzen, Offenheit, Lernbereitschaft und Mut zur Neuanpassung.

John Dewey

Um unsere Ziele zu erreichen, müssen wir unsere Intelligenz nutzen. Intelligenz hat zwei grundlegende Definitionen:

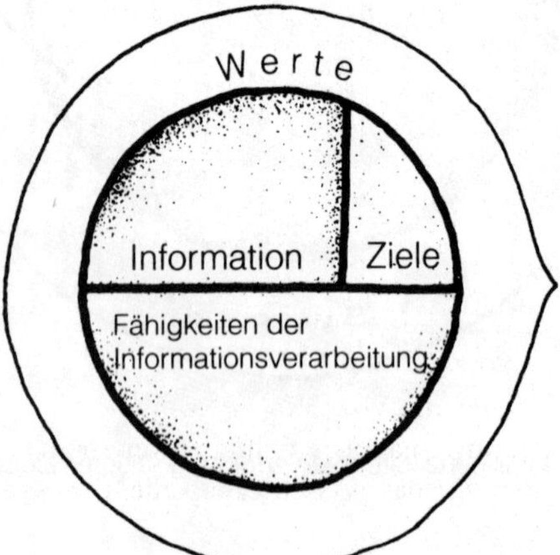

Allgemeine Intelligenz umfaßt zwei Elemente:

1. Informationen,
2. die Fähigkeit, diese Informationen zu sammeln, zu speichern und zu verarbeiten.

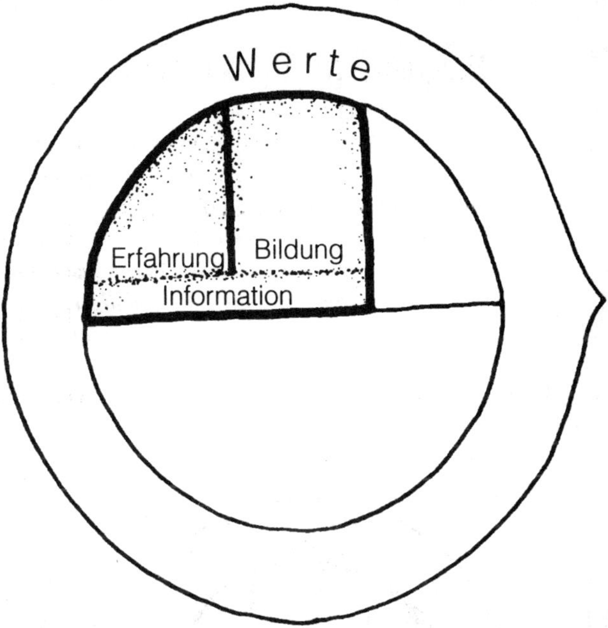

Information umfaßt Erfahrung und Bildung.

- Die Ansammlung von Wissen.
- Die Fähigkeit, Informationen richtig zu verarbeiten, dadurch Probleme zu lösen und das Wissen zu erweitern.

Allgemeine Intelligenz kann man so als Kombination der beiden Hauptelemente Wissen (oder Information) und Fähigkeit der Informationsverarbeitung betrachten. Schauen wir uns diese Elemente genauer an.

WISSEN ODER INFORMATION

Durch genetische Speicherung werden wir vielleicht mit einem bestimmten Vorwissen geboren. Der größte Teil des Wissens muß allerdings durch Bildung und Erfahrung *erworben* werden.

Bildung

Der Unterschied zwischen Intelligenz und Bildung ist dieser: Mit Intelligenz kann man sich einen guten Lebensunterhalt verdienen.

Charles F. Kettering

Wenn wir von Bildung sprechen, meinen wir normalerweise das Wissen und die Lernfähigkeit, die wir während unserer Schul- und Ausbildungszeit erworben haben. Leider belohnt Bildung oft nur die Entwicklung der Art von Wissen und Denken, die man braucht, um multiple Choice-Tests zu bestehen. So dokumentiert ein Abschluß oder Diplom, oder eine ganze Armada von Abschlüssen und Diplomen, vielleicht nur die Fähigkeit des Inhabers, eine bestimmte Wissensmenge lange genug zu behalten, um eine Reihe ziemlich unkomplizierter Prüfungen zu bestehen. Dies ist eventuell nicht das gleiche wie wirkliche allgemeine Intelligenz, die zu Entscheidungen eingesetzt werden kann, welche Vorstellungs- und Urteilskraft erfordern.

Erfahrung

Erfahrung ist nicht das, was einem Menschen widerfährt, sondern was der Mensch daraus macht.

Aldous Huxley

Erfahrung läßt sich als das definieren, was wir von der Summe aller unserer Herausforderungen und Chancen zum Sammeln von Informationen lernen. So sollte die Erfahrung eines Menschen sein Wissen und seine Fähigkeiten zur Informationsverarbeitung vergrößern.

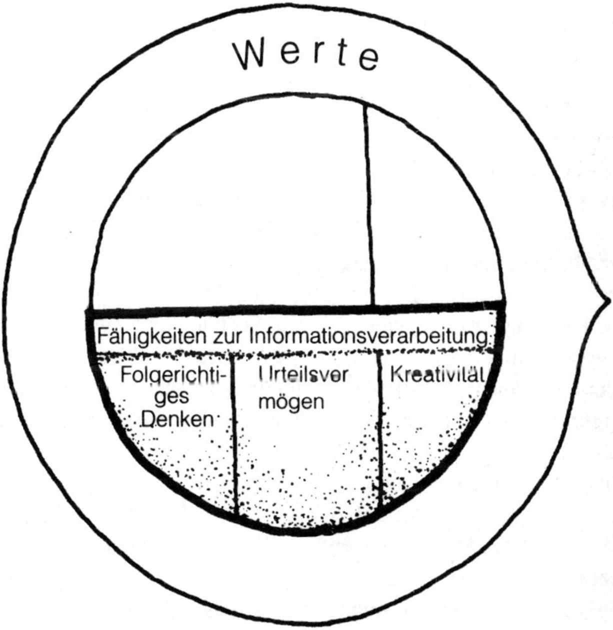

Fähigkeiten zur Informationsverarbeitung sind Logik, Urteilsvermögen und Kreativität.

Diese Art Erfahrung erweitert das Know-how eines Managers, das *stillschweigende Wissen*, die praktische „Insider“-Information, die er im Lauf einer Karriere aufgenommen hat. Außerdem fördert diese Art Erfahrung im Idealfall das emotionale Wachstum und verbessert die Fähigkeit, in neuen, noch anspruchsvolleren Situationen positiv und rasch zu reagieren.

Die Fähigkeit, Informationen zu verarbeiten

Wir vollbringen dies mit folgerichtigem Denken, Urteilsvermögen und Kreativität.

Folgerichtiges Denken

Wer hoch hinaus will, muß der Allmacht des klaren Denkens, dem Glauben an die absolute Macht der Logik widersagen.

Alexis Carrel

Folgerichtiges Denken läßt sich als die Fähigkeit definieren, Probleme methodisch und schnell innerhalb eines logischen Rahmens zu lösen. In der Wirtschaft wird diese Fähigkeit typischerweise mit Tests für numerisches, verbales und oft räumliches Denken gemessen.

Vielen Menschen ist nicht klar, daß die Fähigkeit zu folgerichtigem Denken nur ein Element der Intelligenz ist. Ein Mensch, der hohe Punktzahlen bei Denkaufgaben erzielt, kann dennoch eine geringe allgemeine Intelligenz besitzen. Andere, die eine mittelmäßige Denkfähigkeit zeigen, können dennoch eine hohe allgemeine Intelligenz haben, die sich an ihrer Fähigkeit zu erheblichen Leistungen zeigt. Diese Beschreibung trifft für viele große Wissenschaftler zu.

Urteilsvermögen

Alle weisen Männer waren auf einer Seite,
und alle Narren waren auf der anderen . . . Und,
verdammt, Sir, alle Narren hatten recht!

Herzog von Wellington

Urteilsvermögen ist eine höhere Fähigkeit als bloßes Denkvermögen, denn es erfordert:

1. die Abwägung anstehender Probleme;
2. die Abfrage aller Informationen und Erfahrungen, die zum großen Teil im Unbewußten gespeichert sind, um zu entdecken, welche Prinzipien die beste Lösung erbringen könnten;
3. die logische und folgerichtige Anwendung dieser Prinzipien;
4. die Überprüfung des erhaltenen Ergebnisses, und wenn es ungeeignet scheint, wieder die Abfrage des Unbewußten, um andere Prinzipien hervorzuholen und anzuwenden.

Urteilsvermögen ist eine Funktion von Bildung und Erfahrung sowie folgerichtigem Denken, Logik und Intuition. Das folgerichtige Denken prüft anhand der Logik alle Elemente einer Aufgabe und erarbeitet die richtige Antwort. Urteilsvermögen ist die unendlich komplexere Fähigkeit, eine uneindeutige Situation zu bewerten und mit Hilfe von Logik und Intuition wirklich gut einzuschätzen.

Kreativität

Ich persönlich hätte lieber „Alice im Wunderland" geschrieben als die ganze Encyclopaedia Britannica.

Stephen Leacock

Kreativität könnte man als Urteilsvermögen plus Phantasie definieren. Sie ist die Fähigkeit, Daten zu prüfen und zu verarbeiten, neue Verbindungen herzustellen und neue Ideen und Lösungen zu entwickeln. Kreativität hat mit folgerichtigem Denken nicht viel zu tun. Vielmehr hat sich immer wieder gezeigt, daß hochkreative Menschen mittelmäßige Schüler waren. Die große Stärke eines kreativen Menschen ist die Fähigkeit, sich über Regeln und Prinzipien hinwegzusetzen und neue Regeln zu bilden.

Ein wichtiger Teil dieser Fähigkeit ist die Tatsache, daß eine große Anzahl vielfältiger Informationen im Unbewußten gespeichert wird. Deshalb sind Kreative oft vielseitig interessiert. Obwohl Kreativität entwickelt werden kann, scheint sie weitgehend angeboren zu sein, d. h. man hat sie, oder man hat sie nicht. Der kreative Prozeß spannt sowohl das unbewußte als auch das bewußte Denken ein. Eine Aufgabe wird bewußt angegangen, aber unbewußt bearbeitet.

Der angesehene Psychologe Rollo May, selbst ein sehr kreativer Mann, stellte fest, daß man eine wirklich kreative Lösung daran erkennt, daß sie eine Eleganz besitzt, von der selbst ihr Erfinder weiß, daß er sie nicht bewußt zustandegebracht hätte. Das Werk Anton Bruckners scheint dieses Kriterium zu erfüllen, denn als er gefragt wurde: „Maestro, wie haben Sie das göttliche Motiv Ihrer Neunten Symphonie erdacht?", antwortete Bruckner: „Also es war so: Ich ging den Kahlberg hinauf, und als ich hungrig wurde, setzte ich mich an einem kleinen Bach nieder und packte meinen Schweizer Käse aus. Und gerade als ich das fettige Papier öffne, schießt mir diese verflixte Melodie in den Kopf!"

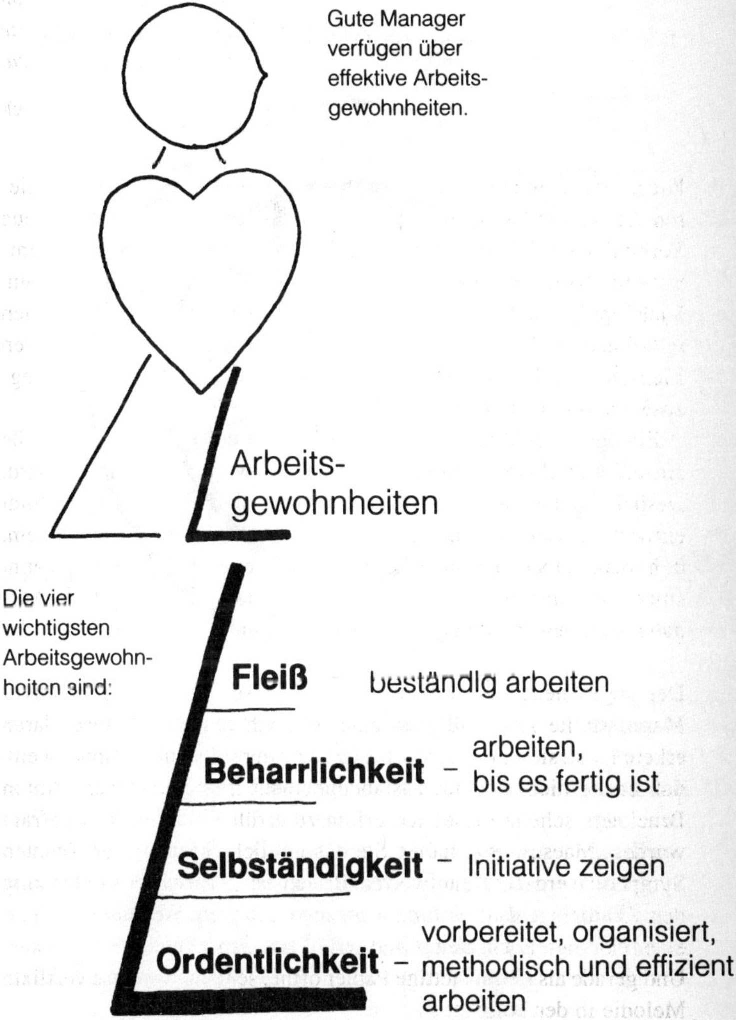
Gute Manager
verfügen über
effektive Arbeits-
gewohnheiten.
Arbeits-
gewohnheiten
Die vier
wichtigsten
Arbeitsgewohn-
heiten sind:
Fleiß – beständig arbeiten
Beharrlichkeit – arbeiten, bis es fertig ist
Selbständigkeit – Initiative zeigen
Ordentlichkeit – vorbereitet, organisiert, methodisch und effizient arbeiten

Werte und Intelligenz

Das Schema zur Bewertung der Denkweise eines Managers

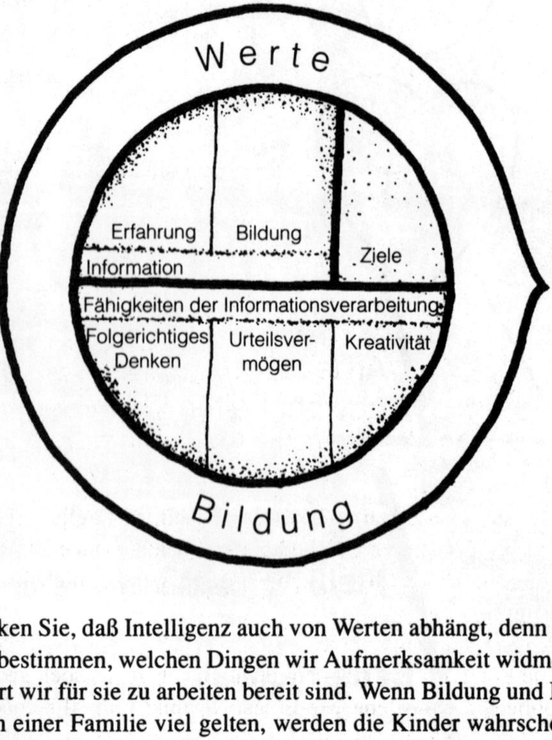

Bedenken Sie, daß Intelligenz auch von Werten abhängt, denn unsere Werte bestimmen, welchen Dingen wir Aufmerksamkeit widmen und wie hart wir für sie zu arbeiten bereit sind. Wenn Bildung und Intelligenz in einer Familie viel gelten, werden die Kinder wahrscheinlich intelligenter als im gegenteiligen Fall. Das Streben nach Wissen vergrößert den Informationsvorrat, den ein Mensch erwirbt, sowie seine Fähigkeit, diese Information zu verarbeiten. Wenn der Mensch, wie zu erwarten, ein Selbstwertgefühl aus seiner Intelligenz ableitet, wird er wahrscheinlich daran arbeiten, die Mechanismen der Informationsverarbeitung zu stärken.

Element 6: Arbeitsgewohnheiten

Die meisten mögen harte Arbeit.
Besonders, wenn sie sie bezahlen.

Franklin P. Jones

Die vier wichtigsten Arbeitsgewohnheiten sind: Fleiß, Beharrlichkeit, Selbständigkeit und Ordentlichkeit.

Fleiß

Ich habe den gleichen Grund,
weiterzuarbeiten, wie eine Henne,
weiter Eier zu legen.

H. L. Mencken

Fleiß läßt sich definieren als die Gewohnheit, beständig, produktiv, gern und bewußt an der jeweils übertragenen Aufgabe zu arbeiten. Ein fleißiger Mensch fühlt sich unbehaglich, wenn er nicht produktiv beschäftigt ist.

Wenn die Kraft, hart zu arbeiten, nicht Talent ist, so doch gewiß der bestmögliche Ersatz, denn wie Ernest Newman einmal bemerkte:

> „Der große Komponist macht sich nicht an die Arbeit, weil er inspiriert ist, sondern er wird inspiriert, weil er arbeitet. Beethoven, Wagner, Bach und Mozart haben sich Tag für Tag zur jeweils anstehenden Arbeit niedergesetzt, mit der gleichen Regelmäßigkeit, wie sich ein Buchhalter täglich an seine Zahlen setzt. Sie verschwendeten keine Zeit mit Warten auf Inspiration."

Große Manager arbeiten hart, weil sie von der Stimme des Gewissens getrieben werden. Außerdem arbeiten sie, um sich ihr *Selbst* zu verwirklichen. Sie empfinden wie José Ortega y Gasset, der schreibt: „Eine *untätige* Existenz ist eine schlimmere Negation des Lebens als der Tod. Denn leben heißt etwas Bestimmtes zu tun – eine Mission zu haben, und in dem Maße, wie wir vermeiden, unser Leben an etwas zu orientieren, wird es leer. Das menschliche Leben muß von seiner Natur her für etwas eingesetzt werden."

Manchmal sehen Menschen Arbeit als etwas Suchtähnliches, und manchmal ist sie das tatsächlich. Viel öfter aber ist Arbeit ein Mittel, gut angepaßt zu werden und zu bleiben. „Arbeit ist eine Hornhaut gegen Kummer", sagt Cicero. Und Sigmund Freud rät: „Keine andere Technik der Lebensführung bindet den Menschen so fest an die Wirklichkeit wie die Betonung der Arbeit; denn seine Arbeit gibt ihm wenigstens einen sicheren Platz in einem Teil der Wirklichkeit, in der menschlichen Gemeinschaft."

Eigentlich ist nichts Arbeit, solange man nicht lieber etwas anderes täte.

Beharrlichkeit

Ich will Ihnen das Geheimnis verraten, das mich zu meinem Ziel geführt hat. Meine Stärke liegt allein in meiner Beharrlichkeit.

Louis Pasteur

Beharrlich sein heißt trotz Hindernissen weitermachen, bis das Ziel erreicht ist.

Eine Sache ist es, hart an etwas zu arbeiten, und eine ganz andere, es zu Ende zu bringen. Die Gewohnheit der Beharrlichkeit ist in großen Managern generell tief verwurzelt, denn sie wissen ebenso wie große Athleten, daß sie den Preis nur gewinnen, wenn sie länger durchhalten als die Konkurrenz. Wie der Kämpfer Jimmy Corbett bemerkte: „Um Champion zu werden, muß man eine Runde länger kämpfen.“

Beharrlichkeit ist die Gewohnheit und die Fähigkeit, den ersten Impuls zum Aufgeben abzuschütteln, weiterzumachen, ein Interesse für die Aufgabe zu entdecken und zu entwickeln und sie dann oft mit Leidenschaft zu Ende zu bringen. Beharrlichkeit ist ein Balanceakt. Man behält das Ziel im Auge, konzentriert sich aber auch auf das Nächstliegende, so banal das auch klingen mag. Wie Lafcadio Hearn sagt: „Die beste Arbeit wird so getan, wie Ameisen Dinge tun – mit winzigen, aber unermüdlichen und regelmäßigen Schritten.“ Doch wir müssen auch das Endziel im Auge behalten, wie Disraeli schreibt: „Ich habe mich durch langes Nachdenken zu der Überzeugung gebracht, daß ein Mensch mit einem festen Ziel dieses erreichen muß und daß nichts sich einem Willen widersetzen kann, der sogar das Leben für die Erfüllung einsetzt.“

Selbständigkeit

Wenn ich alles bedenke, paßt mir nur eine Losung: meine eigene.

Antonin G. Sertillanges

Selbständigkeit ist die Gewohnheit, auf eigenen Füßen zu stehen und trotz Schwierigkeiten und Widerständen seine Probleme selbst zu lösen, statt sich nur auf andere zu stützen.

Im Leben geht es darum, eigenständig zu sein, sich anderen gegenüber zu behaupten und sich um sich selbst zu kümmern. Selbständigkeit ist, wie Initiative, die reflexartige Gewohnheit, selbst herauszubekommen, was das Beste ist, und es dann zu tun. Sie ist eine Gewohnheit des Empfindens und des Denkens ebenso wie des Verhaltens. Ein selbständiger Mensch ist ein vollständigerer Mensch und darum ein besserer Manager.

Große Manager müssen selbständig sein, denn die meiste Zeit ist niemand da, sie zu stützen. Wo es schwierige Entscheidungen zu treffen gilt, müssen sie sich letztlich auf ihr eigenes Urteil verlassen.

Ordentlichkeit

Es reicht nicht, beschäftigt zu sein;
die Frage ist: Womit sind wir beschäftigt.

Henry David Thoreau

Ordentlich sein heißt vorbereitet sein. Es ist die Gewohnheit, seiner Arbeit eine Ordnung, ein Schema oder ein System zu geben.

Ein effizienter Manager will von Routinearbeit befreit sein, und eine der besten Methoden, dies zu erreichen, ist, sich die Zeit zu nehmen und seine Arbeit zu organisieren. Ein gut organisierter Mensch hat mehr produktive Arbeitsstunden am Tag und einen klareren Kopf. Organisation ist Macht.

Ordentlichkeit reflektiert einen disziplinierten Geist und das Potential, klar zu denken. Es ist nicht möglich, ohne Mühe gut organisiert zu sein, aber die Mühe ist nicht groß, und die Zeit ist gut investiert. Ein schlecht organisierter Mensch offenbart eine Unfähigkeit zur Selbstdisziplin und ein mangelhaftes Gespür für den Wert der Zeit.

Der Schlüssel zu guter Organisation sind ein effizient eingerichteter Arbeitsbereich, klar definierte Ziele, Aufgaben, Prioritäten, Termine – und Zeitmanagement. Ordnung ist eine Art Magie, denn sie schafft Zeit, vermindert Druck und bewirkt ruhiges Selbstvertrauen. Es ist auch wahrscheinlicher, daß der gut organisierte Manager *Glück* hat, denn Glück ist schließlich nur das Zusammentreffen von Bereitsein und Gelegenheit.

Noch eine Arbeitsgewohnheit könnte gefordert werden: stabile Arbeitsverhältnisse.

Stabile Arbeitsverhältnisse

Stabilität der Arbeitsverhältnisse ist die Gewohnheit, eine Stellung über einen gewissen Zeitraum zu behalten. Man liest viel darüber, wie Leute an die Spitze kommen, indem sie von einer Firma zur anderen gehen.

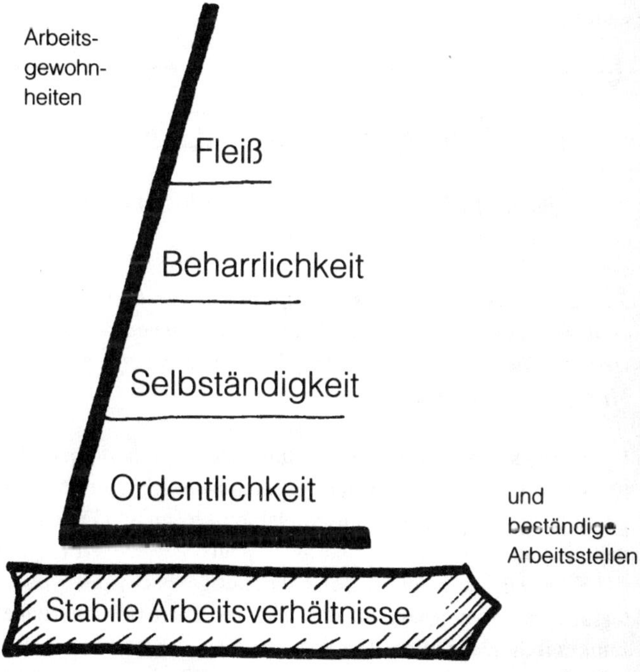

In Wirklichkeit wechseln nur wenige erfolgreiche Manager häufig die Stelle – aus guten Gründen. Arbeitgeber erkennen ihre Stärke und tun, was sie können, damit sie zufrieden sind. Instabile Arbeitsverhältnisse hingegen signalisiert oft gegenseitige Unverträglichkeit. Unstete Manager sind trotz ihrer Stärken oft fehlangepaßte Menschen mit unrealistischen Erwartungen, die kein Arbeitgeber je erfüllen könnte oder wollte.

Praktisch gesehen sind stabile Arbeitsverhältnisse wichtig, weil Arbeitgeber Menschen einstellen wollen, die langfristige Karrieren wünschen. Außerdem weiß der gewiefte Arbeitgeber, daß Bewerber mit häufigem Stellenwechsel, abgesehen von einigen Ausnahmen, wahrscheinlich mehr Probleme mitbringen als den bloßen Mangel an Beständigkeit.

1. Checkliste der Verhaltensweisen

Spezifische Verhaltensweisen, die Plus-Manager bei der Arbeit zeigen

Es kann aufschlußreich sein, spezifische Verhaltensweisen eines Managers bei der Arbeit in zwei Gruppen von Verhaltensweisen zu bewerten, die gewöhnlich bei anderen, erfolgreichen Managern vorliegen.

Probleme lösen. Der Nutzen des Intellekts liegt darin, in praktischen Alltagssituationen richtig zu handeln. Ein guter Manager nutzt seinen Intellekt, um Probleme zu lösen und Entscheidungen zu treffen.

Er beweist Know-how. Zeigt das nötige Fachwissen oder technische Können, um das Produkt, die Dienstleistung oder Funktion zu managen.

Er zeigt praktisches Urteilsvermögen. Trifft nicht regelmäßig unkluge, fragwürdige oder naive Entscheidungen.

Er kommt mit Uneindeutigkeit gut zurecht. Fühlt sich wohl in einer locker strukturierten, veränderlichen Umgebung; ist vertraut mit Beziehungen, Zielen, Strategien und Leistungskriterien.

Er zeigt Flexibilität gegenüber Veränderungen. Nimmt neue Ideen und Alternativen gern an.

Er setzt geeignete Prioritäten. Kümmert sich vorrangig um das Wichtige; läßt sich nicht von zweitrangigen Dingen ablenken.

Er entwickelt und analysiert alternative Problemlösungen. Optiert nicht für die fixe Reparatur oder den Weg des geringsten Widerstandes.

Er zeigt Entschlußkraft. Ist willens, einen Standpunkt einzunehmen und dafür geradezustehen.

Er gibt Fehler, Irrtümer oder Fehlentscheidungen zu.

Er meidet unnötige Regeln. Weiß, wann er die Regeln umgehen oder das Buch wegwerfen muß, um schneller zum Ziel zu kommen.

Organisation. Ein Plus-Manager weiß, daß „solide Haushaltsführung" sein muß.

Er richtet eine geeignete Struktur ein. Sorgt dafür, daß Untergebene ihre Ziele, ihre Verantwortung und die Grenzen ihrer Autorität verstehen.

Er schätzt objektive Kontrolle. Benutzt Kontrollsysteme, um den Erfolg der Einheit zu überwachen.

Er zeigt sich ordentlich. Besitzt disziplinierte, organisierte, gut geplante Arbeitsgewohnheiten. Rechnet im voraus mit Terminen und hält sie ein.

Er managt seine Zeit effizient. Hat ein Auge darauf, wie Untergebene ihre Zeit einsetzen.

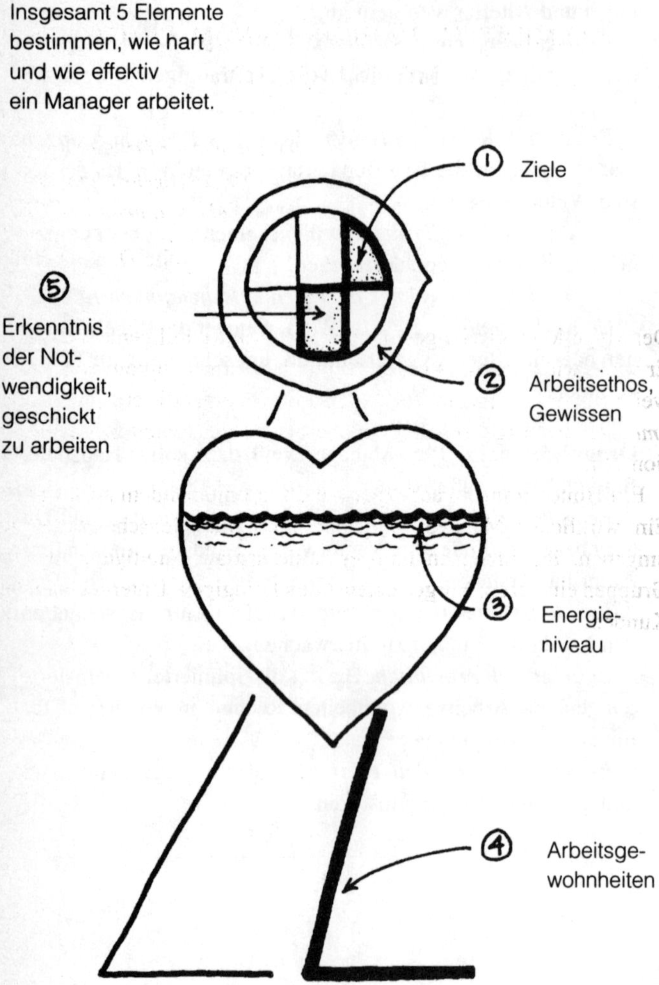
Insgesamt 5 Elemente bestimmen, wie hart und wie effektiv ein Manager arbeitet.
① Ziele
② Arbeitsethos, Gewissen
③ Energie-niveau
④ Arbeitsge-wohnheiten
⑤ Erkenntnis der Not-wendigkeit, geschickt zu arbeiten

Element 7: Fähigkeiten im Umgang mit Menschen

Ich zahle mehr für die Fähigkeit,
mit Menschen umzugehen, als für jede
andere Fähigkeit unter der Sonne.

John D. Rockefeller

Der kluge Manager ist gewöhnlich ein *sozial* intelligenter Manager. Er weiß, wie wichtig es ist, mit Menschen zurechtzukommen, und er weiß, wie man es macht. Außerdem entwickelt er die entsprechenden *emotionellen* Eigenschaften und arbeitet an seinem Kommunikationsstil.

Ein Hinterzimmer-Fachexperte muß mit niemandem auskommen. Ein wirklicher Manager hingegen muß mit Menschen aller Art umgehen. Im einzelnen muß er seine soziale Intelligenz bei vier Gruppen einsetzen: Vorgesetzten, Gleichrangigen, Untergebenen und Kunden.

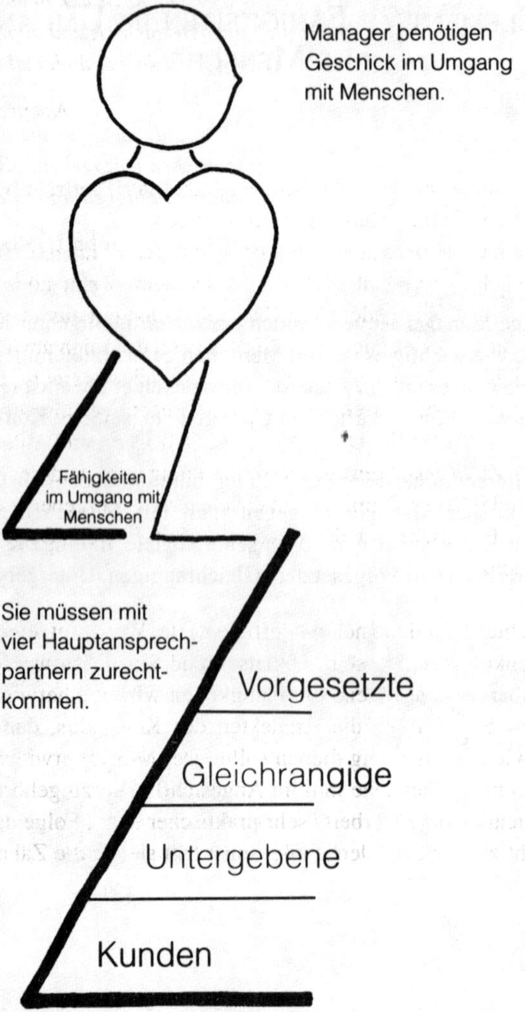
Manager benötigen
Geschick im Umgang
mit Menschen.
Fähigkeiten
im Umgang mit
Menschen
Sie müssen mit
vier Hauptansprech-
partnern zurecht-
kommen.
Vorgesetzte
Gleichrangige
Untergebene
Kunden

Vorgesetzte

Stehe nicht zu nah beim Reichen,
daß er dich nicht vernichtet, und nicht zu fern,
daß er dich nicht vergißt.

Aneurin Bevan

Wer sich mit dem Chef oder dem Vorstand nicht verträgt, wird sich selten lange in einer Managerposition halten.

Mit dem Chef zurechtkommen heißt zuhören können, Differenzen regeln, nach der vereinbarten Politik handeln, wenn nötig Bericht erstatten – und bei alledem den Chef möglichst gut aussehen lassen: „Lieber der Esel, der mich trägt, als der Esel, der mich abwirft", sagt Thomas Fuller. Der Chef hat selbstverständlich das Recht, Loyalität zu erwarten, nicht so sehr seiner Person gegenüber als dem gegenüber, was er darstellt. Das Ziel ist ja, daß Chef und Untergebene dieselben Ziele verfolgen. Wenn es notwendig wird, anderer Meinung zu sein und für sie zu kämpfen, tut ein cleverer Untergebener das, aber mit Takt. Er beschränkt die Diskussion auf Fakten, Optionen und Konsequenzen.

Der leichteste und manchmal effizienteste Weg, mit einem Chef zurechtzukommen, ist, sein Abklatsch und Sklave zu werden. Zum Glück übersteigt das meist die Fähigkeiten wirklich hervorragender Manager. So erzählen die Analekten des Konfuzius, daß Tzu-Lu fragte, wie er dem König dienen sollte. Der Meister erwiderte: „Betrüge ihn nie; widerstehe ihm im Angesicht!" Hierzu gehört als Gegengewicht George Herberts sehr praktischer Rat: „Folge der Wahrheit nicht zu dicht auf dem Fuße, sonst tritt sie dir die Zähne ein!"

Gleichrangige

Mit Menschen arbeiten ist schwer,
aber nicht unmöglich.

Peter Drucker

Ein Manager muß, um als Teamspieler zu agieren, von seinen Kollegen akzeptiert werden. Verträglichkeit mit Gleichrangigen – oder überhaupt mit Mitarbeitern – beginnt mit der Einsicht, daß sie ratsam ist. Effiziente Manager minimieren Konflikte und stoßen andere nicht unnötig vor den Kopf. Sie hören zu, wenn andere sprechen. Sie präsentieren ihre eigenen Gedanken schlüssig und mit Rücksicht auf die Gefühle ihrer Zuhörer. Das bedeutet nicht, Konformist oder „Organisationsmensch" zu sein, sondern ist einfach vernünftig – ebenso, wie es manchmal vernünftig sein kann, sich einem frühen Konsens in aller Ruhe zu verweigern.

Kluge Manager wissen außerdem, daß Politik ein ganz normales Element im Alltag eines Unternehmens ist. Viele Menschen finden Politik im Unternehmen widerwärtig, und sicher kann sie das sein. Kluge Manager achten darauf, nicht das Etikett „Politiker" zu bekommen, und meiden unschöne Manöver. Sie wissen jedoch, daß sie in einem grundsätzlich politischen Klima überleben und auch vorankommen müssen. Sie wissen, daß praktisch jeder, mit dem sie gerade zu tun haben, morgen in einer Position sein kann, ihnen einen Gefallen zu tun oder zu verweigern.

Sie wissen, daß der Freund von heute der Feind von morgen sein kann (und je enger die Freundschaft, desto erbitterter die Feindschaft). Sie wissen, daß Freunde kommen und gehen, Feinde aber bleiben. Deshalb wählen sie ihre Feinde sorgfältig und unterhalten ein großes Netz an Bündnissen. Lord Chesterfield hat es gut ausgedrückt: „In Euren Freundschaften und Feindschaften haltet Euer Vertrauen und Eure Feindseligkeit in gewissen Grenzen; macht nicht die ersteren gefährlich und die letzteren unversöhnlich. Denn es gibt seltsame Wechselfälle im Geschäftsleben."

Untergebene

Schau hin und wieder über deine
Schulter zurück, um dich zu vergewissern,
daß jemand dir folgt.

Henry Gilmer

Ein Manager muß die Achtung und Gefolgschaft seiner Untergebenen gewinnen. Voraussetzung ist die Einsicht, daß es keinen Führungsstil gibt, der immer und überall funktioniert. Clarence Randall schreibt:

„Führung findet ihre Quelle im Verstehen – wie alles Wichtige im Leben. Um heute der Verantwortung als Manager würdig zu sein, muß man Einblick in das menschliche Herz haben, denn wenn ein Manager kein Gespür für menschliche Probleme, für die Hoffnungen und das Streben derer hat, die er führt, wenn er nicht analysieren kann, welche emotionellen Kräfte ihr Handeln motivieren, werden die ihm anvertrauten Projekte nicht vorankommen, gleichgültig, wie oft die Gehälter erhöht werden."

Kluge Manager passen ihren Führungsstil deshalb

- *an die Erfordernisse der Situation* an. Sie können so autokratisch sein wie Attila der Hunne selbst, wenn sie ihre Mannen in die Schlacht führen, und so demokratisch wie John F. Kennedy in Friedenszeiten.
- *an die intellektuellen und emotionellen Bedürfnisse ihrer Untergebenen an.* Wie Ovid sagt: „Tausend Temperamente behandle auf tausend verschiedene Weisen!" Eine Gruppe intellektueller Rechter kann deshalb eine härtere Führung erfordern als eine Gruppe ebensolcher Linker.

Kunden

Es ist eine große Kunst,
Wind verkaufen zu können.

Baltasar Gracián y Morales

Die Geschicklichkeit darin, sich für etwas einzusetzen, wird noch wichtiger, wenn man mit Kunden zu tun hat (oder auch mit Behörden und Bürokraten).

Kluge Manager beginnen mit der Einsicht, daß gute Kunden schwer zu finden sind – und noch schwerer zu halten. Naive Verkaufsmanager neigen dazu, den Kunden als Feind zu sehen, jemanden, den sie manipulieren, „bearbeiten" müssen, damit er kauft. Kluge Manager sehen die langfristige Perspektive. Sie mischen Pragmatismus mit Moral. Sie wissen, daß sie einem Kunden einmal ein Produkt „andrehen" können; doch wenn es ihre Versprechungen nicht erfüllt, wird er es nicht wieder kaufen.

Kluge Manager sehen den Kunden als Verbündeten, als jemanden, der wahrscheinlich wiederkommt, wenn das Produkt oder die Dienstleistung nicht hinter ihren Versprechungen zurückbleibt. Kluge Manager wissen, wenn sie sich dem Kunden nützlich machen, können sie ihn vielleicht fürs Leben gewinnen.

Sowohl der naive als auch der kluge Manager arbeiten an ihren Fähigkeiten der Präsentation. Beide wissen um den Wert eines wohlformulierten Satzes. Beide verstehen sich darauf, dem Kunden zu schmeicheln. Was kluge Manager besonders macht, ist, daß sie nicht nur Schauspieler sind, die ihren Text sprechen. Ihre Worte und Taten kommen vielmehr aus der ernüchternden Erkenntnis, daß sie dem besten Interesse des Kunden jeden Tag dienen müssen, wenn sie nächstes Jahr noch da sein wollen, um auch nur einen Kunden zu bedienen.

Die vier menschlichen Eigenschaften, die ein Plus-Manager haben muss

Um mit Vorgesetzten, Gleichrangigen, Untergebenen und Kunden zurechtzukommen, muß ein Plus-Manager vier wichtige menschliche Eigenschaften entwickeln.

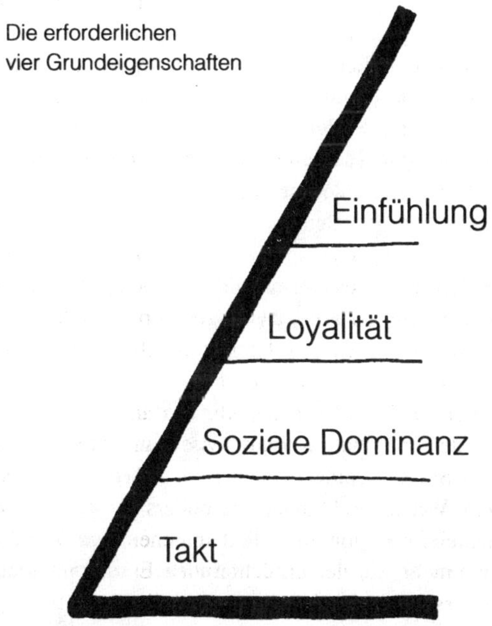

Einfühlung

Die Fähigkeit, die Gefühle anderer zu spüren und zu teilen.

Wenn ich mit einem Menschen diskutieren will, verwende ich ein Drittel der Vorbereitungszeit darauf, an mich zu denken und an das, was ich sagen will – und zwei Drittel, an ihn zu denken, und an das, was er sagen wird.

Benjamin Disraeli

Wir teilen unsere Zeit und unsere Sorgen gern mit einfühlsamen Menschen, weil wir spüren, daß sie uns wirklich zuhören, uns verstehen und daß es ihnen *wichtig* ist. Wir wollen auch unsere Ideen und Erfahrungen mit ihnen teilen. Einfühlsame Manager bewirken deshalb mehr als gute Gefühle. Sie ziehen außerdem viel *Information* an und steigern so ihre Effizienz.

Loyalität

Bereitschaft, den Interessen anderer Vorrang vor den eigenen zu geben, sich mit einer Organisation zu identifizieren und beim Team mitzumachen.

In deinem Antlitz sehe ich das Bild von Ehre, Wahrheit und Loyalität.

Shakespeare, Henry VI.

Der Chef, der Loyalität gibt, hat ein Recht, sie von anderen zu erwarten. Der beißende Kritiker Ambrose Bierce definierte Dankbarkeit als die Hoffnung, jemand, der einem gerade einen Gefallen getan habe, werde dies wieder tun. Loyalität könnte damit verwandt sein. Wir geben Loyalität in der Hoffnung, etwas Größeres aufzubauen, an dem wir später teilhaben können. Wie die drei Musketiere sagen wir: Einer für alle, und alle für einen. Wenn wir an die Ideale eines Menschen oder einer Organisation glauben, können wir glauben, durch unsere Mithilfe das Los aller zu verbessern – und dazu unser eigenes. Gut plazierte Loyalität ist so eine Eigenschaft, die verwandelt. Japans Aufstieg und Amerikas Niedergang könnten eine Menge mit Loyalität zu tun haben. In Japan ist Loyalität ein zentraler Wert, in Amerika scheint sie hingegen zurückzugehen.

Soziale Dominanz

Die Fähigkeit, anderen auf irgendeine Weise,
ohne auf bloße Autorität zu pochen,
seinen Standpunkt so zu vermitteln, daß sie ihn
bereitwillig akzeptieren.

Der Befehlshaber sollte vor allem versuchen,
persönlichen und kameradschaftlichen
Kontakt mit seinen Männern zu knüpfen,
aber ohne sich einen Zoll von seiner
Autorität zu vergeben.

Feldmarschall Erwin Rommel

Der Manager, der nicht dominieren kann, ist in einer Führungsrolle benachteiligt. Er kann diesen Nachteil vielleicht überwinden, aber das wird nicht leicht sein. Ein Manager kann in vielerlei Weise dominieren: durch praktische Intelligenz, durch Einfühlungsvermögen, durch Haltung oder Grazie, durch Ansehen, durch schiere körperliche Präsenz, durch die Fähigkeit, die Bedürfnisse eines anderen zu erfüllen. Der sozial dominante Mensch fühlt sich in praktisch jedem sozialen Umfeld wohl. Natürlich ist das Geheimnis der sozialen Dominanz die Anpassung des eigenen Stils an die Situation.

Harry Truman pflegte eine herrliche Geschichte darüber zu erzählen, wie er 1918 als Captain das Kommando über ein Feldartillerie-Bataillon übernahm:

> „Ich sagte ihnen, ich wisse, daß sie den früheren Kommandeuren Ärger gemacht hatten. Ich sagte: Ich bin nicht hierher gekommen, um mit Ihnen klarzukommen. Sie müssen mit mir klarkommen. Und wenn unter Ihnen welche sind, die das nicht können, dann sagen Sie es laut, und ich werde Sie sofort degradieren. Wir sind klargekommen."

Takt

Die Fähigkeit, zur richtigen Zeit
das Richtige zu sagen und zu tun.

Takt ist schließlich eine Form des Gedankenlesens.

Sarah Orne Jewett

Takt ist die *Manifestation von Urteils- und Einfühlungsvermögen.* Er ist soziale Intelligenz in der Anwendung. Er ist ein waches, feines Gespür für das Passende und Richtige im Umgang mit anderen, so daß man Wohlwollen gewinnt oder wenigstens keinen Anstoß erregt. Er ist die beneidenswerte Fähigkeit, schwierige Situationen mit Haltung und zur Zufriedenheit aller Beteiligten zu regeln.

Was Takt wert ist, illustriert die oft erzählte Geschichte von dem jungen Priester, der seinen Kardinal anspricht. „Darf ich beim Beten rauchen?", fragte er. „O nein!", sagte der Kardinal und sah kaum auf. „Das wäre gar nicht recht."

Ein Kollege, der ebenfalls rauchte, hörte von der Antwort des Kardinals; er sagte zu dem ersten Priester: „Du hättest taktvoller sein müssen. Paß mal auf!“ Dann sprach er den Kardinal an. „Exzellenz, ich habe eine problematische theologische Frage. Ich möchte gern beten, so oft ich kann, besonders in den ruhigen Pausen des arbeitsreichen Tages. Manchmal, wenn ich entspannt bin und meine Pfeife genieße, komme ich in eine kontemplative Stimmung, und der Wunsch zu beten kommt mich an. Exzellenz, ist es weise, wenn ich den Drang zum Beten dann unterdrücke, oder sollte ich es einfach tun?“ Der Kardinal antwortete sofort: „Tun Sie es einfach! Unterdrücken Sie *nie* den Drang zu beten, mein Sohn, gleichgültig unter welchen Umständen.“

Die vier entscheidenden Kommunikationsfähigkeiten

Seid schnell im Hören und langsam im Reden.

Jakobus 1,19

Zu den vier Grundeigenschaften muß ein Manager

vier spezifische Kommunikationsfähigkeiten besitzen.

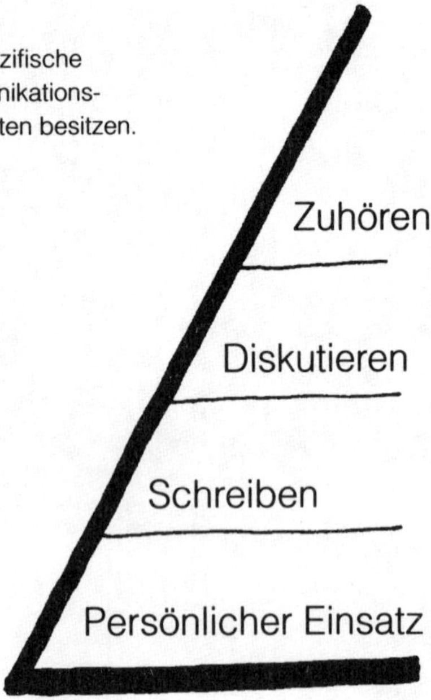

Manager verbringen 75 Prozent ihrer Zeit mit Kommunikation . . .

. . . und einen großen Teil der restlichen Zeit in Gedanken, was und wie zu kommunizieren ist.

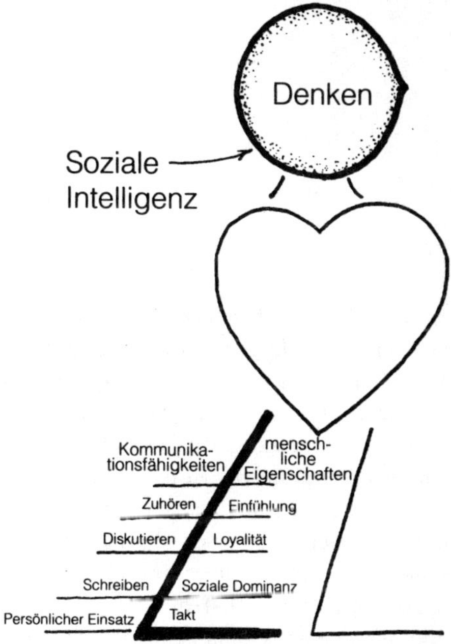

Guter Umgang mit Menschen erfordert:

- soziale Intelligenz (Menschen verstehen und mit ihnen auskommen)
- Kommunikationsfähigkeiten: Zuhören, Diskutieren, Schreiben, persönlicher Einsatz
- menschliche Eigenschaften: Einfühlung, Loyalität, soziale Dominanz, Takt

Ein Manager steht und fällt mit seinen Kommunikationsfähigkeiten, denn mindestens drei Viertel seiner Zeit ist er mit Kommunikation befaßt, und einen Großteil der übrigen Zeit denkt er darüber nach, wie er die Kommunikation möglichst effizient gestaltet.

Ein Plus-Manager muß vier grundlegende Kommunikationstätigkeiten beherrschen.

Zuhören

Ein Mann ist schon halb verliebt
in jede Frau, die ihm zuhört.

Brendan Francis

Zuhören ist mehr als schweigen und dabei aufmerksam aussehen. Zuhören heißt sich *Mühe* geben, zu hören. Es ist aufmerksam sein. Es heißt Worte hören und auch den Sinn spüren. Es heißt das Gefühl dafür bekommen, was sie ausdrücken sollen.

Pearl Bailey hat gesagt: „Mit jemandem reden, der nicht zuhört, reicht, um den Teufel nervös zu machen.“ Wir alle wissen, was sie meint. Auf der anderen Seite bemerkt der Psychologe Elton Mayo: „Ein Freund, eine einzige Person, die sich wirklich die Mühe macht, uns zuzuhören, wenn wir über unser Problem nachdenken, kann unsere ganze Weltsicht verändern.“

Der Akt des Zuhörens kann beim Hörenden wie auch beim Sprechenden die Einstellung verändern. Und wenn uns jemand wirklich zuhört, hören auch wir vielleicht erst richtig, was wir sagen und ändern durch dieses Hören unsere Position, ohne daß der Hörende ein Wort sagt.

Große Manager achten darauf, ganz zu verstehen, was der andere sagt; denn selbst wenn sie am Ende nicht zustimmen, wollen sie sicher sein, was es ist, dem sie nicht zustimmen.

Diskutieren

Nur wenn wir uns zurückhalten können, ist ein Gespräch möglich. Gute Gespräche wachsen auf viel Selbstdisziplin . . . der größte Unglücksrabe unter den Insolventen der Welt ist der, dessen Ausgaben an Reden zu groß sind für sein Einkommen an Ideen.

Christopher Morley

Diskutieren hat zwei Hauptzwecke: Informationen auszutauschen und Wohlwollen aufzubauen. Fast jeder Dialog ist eine Chance, diese wichtigen Ziele zu verfolgen.

Diskussionen sollten mehr wie Tennis als wie Golf sein. Beim Golf versucht man immer wieder, seinen eigenen Ball zu treffen; beim Tennis wartet man, daß der Gegner einem die Bälle zurückschießt. So behandeln kluge Manager fast alle Diskussionen – einschließlich Debatten und schärfste Streitgespräche – als *Gespräche*. Sie achten darauf, etwa so oft zuzuhören, wie sie selbst sprechen. Sie achten darauf, der anderen Seite zuzuhören, um Information und Wissen zu sammeln.

Manchmal wollen wir natürlich einfach herausfinden, was wir denken, wie die berühmte Alice aus *Through the Looking-Glass*, die sagte: „Wie kann ich wissen, was ich denke, bevor ich sehe, was ich sage?" Oder Oliver Wendell Holmes, der bemerkte: „Die Hälfte der Zeit rede ich, um meine eigenen Gedanken herauszufinden, wie ein Schuljunge seine Taschen nach außen kehrt, um zu sehen, was darin ist. Man fördert alle möglichen persönlichen Besitztümer zutage, die man bei seinem Inventar vergessen hatte." Es ist natürlich völlig legitim, dies zu tun, solange wir dem anderen das gleiche Privileg zugestehen.

Schreiben

Man schreibt nicht, weil man etwas sagen möchte;
man schreibt, weil man etwas zu sagen hat.

F. Scott Fitzgerald

Schreiben *ist* Denken. Das Schreiben ist der leichte Teil. Das Denken ist der schwere Teil. Die Leute schreiben nicht schlecht, weil ihr Wortschatz beschränkt ist oder weil sie keine Wörter aneinanderreihen können: Sie schreiben unklar, weil ihr *Denken* unklar ist. Entweder haben sie nichts zu sagen, oder ihre Ideen sind ungeformt.

Es sind zwei verschiedene Dinge, zu wissen, wie man etwas macht, und dieses Wissen zu Papier zu bringen. Bevor man mit dem Schreiben beginnt, muß man etwas zu sagen haben. Dann macht man diese Gedanken bewußt. Der typische Manager hat damit große Schwierigkeiten. Oft hat er einfach keine Gedanken, mit denen er arbeiten könnte – er hat nichts zu sagen. Wirklich! In solchen Fällen schreibt er oft einfach, um Eindruck zu machen. Das Ergebnis ist häufig mit Jargon durchsetzte, geschwollene, unsinnige Prosa.

Der Plus-Manager hingegen organisiert und poliert seine Gedanken, bevor er sie außerhalb seines Büros vorführt. Außerdem versteht er die drei Schlüssel zu gutem Schreiben im Beruf: eine Information, die schriftlich mitgeteilt werden muß (anderenfalls sparen Sie sich die Mühe); Schlüssigkeit und Kürze bei der Formulierung (es dauert länger, kurze Memos zu schreiben als lange, aber der Zeitaufwand ist sinnvoll); und der richtige *Ton*.

Jedes dieser Elemente ist natürlich wichtig, aber der richtige Ton ist entscheidend. Man vergibt uns wirres Zeug oder Langatmigkeit, aber man wird uns verabscheuen, wenn wir pompös oder grob sind. Der Schlüssel zum richtigen Ton bei praktisch aller Korrespondenz liegt darin, den Leser anzusprechen, als säße man ihm direkt gegenüber und führte ein freundliches Gespräch. Der andere Schlüssel liegt natürlich darin, eine unglückliche Mitteilung nicht abzuschicken, bevor man sie überschlafen hat. Und sie dann zu vernichten.

Persönlicher Einsatz

Willst du überzeugen, so sprich von Interesse, nicht von Vernunft.

Benjamin Franklin

Sich einsetzen heißt versuchen, für eine Idee oder Person zu argumentieren. Der Zweck des Sicheinsetzens ist Überzeugung. Man will eine Idee vermitteln oder eine Idee verändern, um einen Wandel im Denken oder Verhalten zu bewirken.

Sich einsetzen ist nicht dasselbe wie reine Dominanz. Der Zyniker sagt: „Wenn du sie an ihrem empfindlichsten Körperteil packst, werden ihr Herz und Verstand dir folgen." Der Plus-Manager sagt: „Wenn du ihr Herz und ihren Verstand gewinnst, hast du die Hände frei für deinen Feind."

Sich für etwas einsetzen heißt also, Herz und Verstand zu gewinnen – gewöhnlich in dieser Reihenfolge. Die Werkzeuge des Fürsprechers sind Worte und Takt. So wird der Manager, dem es an Takt fehlt, sich selten mit Erfolg für etwas einsetzen.

Wenn Sie sich mit Erfolg für etwas einsetzen wollen, bedenken Sie drei Dinge.

Erstens: Sie müssen das, was Sie wollen, mit etwas verknüpfen, was die andere Seite will. Der andere sollte sehen, daß es zu seinem Vorteil ist, umzudenken oder sich anders zu verhalten. Sieht er das nicht, werden Sie wahrscheinlich verlieren.

Zweitens: Sie müssen zunächst das Herz ansprechen, dann den Verstand. Sie können natürlich vorgeben, den Verstand anzusprechen, aber letztlich muß das Herz gewonnen werden. Erreichen Sie das Herz, so wird das Denken mit Sicherheit folgen.

Drittens: Sie müssen gewöhnlich bereit sein, hartnäckig zu bleiben. Ich weiß aus erster Hand, daß Hartnäckigkeit sich manchmal selbst dann durchsetzt, wenn alles andere nichts ausrichtet.

Beispiel: Ich beantragte einmal ein Bankdarlehen, um ein Haus zu kaufen, und es wurde abgelehnt. Mit einem Trick gelang es mir, den Geschäftsführer der Bank zu sprechen und ihm meinen Fall noch einmal vorzutragen. Er hörte sich alle meine Argumente sehr höflich an. Dann sagte auch er nein und stand auf, um mir zu bedeuten, daß das Gespräch beendet sei. Aber ich brauchte das Geld. Ich mußte zahlen, und ich hatte keine andere Geldquelle. Ich blieb sitzen, sah ihm in die Augen und sagte: „Vielleicht könnten wir das Ganze noch einmal durchgehen." Dann lehnte ich mich zurück, um zu zeigen, daß ich nicht vorhatte zu gehen. „Na gut, dann geben wir Ihnen eben Ihr Darlehen!", sagte er entnervt.

2. Checkliste der Verhaltensweisen

Spezifische Verhaltensweisen erfolgreicher Manager im Umgang mit Menschen

Kommunikation. Führungskräfte und Manager verbringen den größten Teil ihrer Zeit mit Kommunikation. Entscheidende Kommunikationsfähigkeiten sind:

1. *Solide Fähigkeiten in der verbalen Kommunikation.* Ist präzise, organisiert, wortgewandt, knapp.
2. *Entwickelte Fähigkeit zum Zuhören.* Ermutigt einen ständigen Kommunikationsfluß von Untergebenen. Hört und beachtet guten Rat.
3. *Angemessene Fähigkeiten im Schreiben.* Memos, Briefe, Berichte sind organisiert, schlüssig, knapp, dem Standpunkt des Empfängers angemessen.
4. *Subtile Fähigkeiten zur Beeinflussung.* Ein Fürsprecher statt ein Autokrat.

Führung. Man könnte Führung als die Kunst und Wissenschaft definieren, andere in der Verfolgung größerer Ziele, als sie selbst für möglich gehalten hätten, aufzubauen, zu halten und zu beeinflussen. Spezifische Verhaltensweisen von Führern sind:

1. *Dringt auf Resultate.* Setzt hohe, aber realistische Ziele und macht vertretbare Erwartungen deutlich. Übt angemessenen Druck aus. Setzt sich durch, wo es sein muß.
2. *Führt Untergebenen die Gesamtschau vor Augen.* Zeigt die jährlichen Zielsetzungen und generellen Strategien der Organisation, erklärt, wie die eigene Einheit dort hineinpaßt und dazu beiträgt.
3. *Führt oder fördert die Entwicklung der Ziele und Strategien der eigenen Einheit.* Sorgt dafür, daß sie mit den übergeordneten Zielen der Organisation harmonieren.
4. *Delegiert effizient.* Überträgt Verantwortung und Autorität, um Ziele zu erreichen, und läßt die Leute handeln.
5. *Übt geeignete Kontrolle aus.* Führt regelmäßige Gespräche unter vier Augen mit Untergebenen, gibt informelle Leistungsbeurteilungen, diszipliniert mit Takt. Hackt nicht auf Kleinigkeiten herum, läßt aber auch nicht alles laufen.
6. *Fördert Entwicklung.* Weiß über die Gefühle der Untergebenen Bescheid. Hilft ihnen zu wachsen. Gibt positive Unterstützung. Ist ansprechbar.
7. *Baut Vertrauen auf.* Baut Beziehungen „von einem Erwachsenen zum anderen" auf. Verkörpert die Haltung „Ich vertraue Ihnen". Hält Versprechen, stellt Untergebene seinen Vorgesetzten gegenüber fair dar.
8. *Fördert Teamgeist.* Ermutigt zu Zusammenarbeit und Gedankenaustausch, würdigt Beiträge.
9. *Nimmt Innovationen von Untergebenen gern an.* Ermutigt Untergebene, Verfahren, Methoden und Systeme zu entwickeln, die ein effizientes Funktionieren der Einheit ermöglichen.
10. *Leitet Konferenzen effizient.* Ermutigt zu Beteiligung, ohne die Kontrolle zu verlieren; bekommt Beiträge und läßt andere Meinungen zu.

11. *Mildert Konflikte.* Schlichtet Differenzen zwischen untergebenen Mitarbeitern, ohne eine Seite zu bevorzugen.
12. *Rekrutiert und hält starke Untergebene:* nicht nur Anpasser.

Pflege von Beziehungen. Ein Führer verwendet Zeit und Energie darauf, Beziehungen zu den Menschen zu pflegen, von denen er abhängig ist, um seine Ziele zu erreichen. Zur Beziehungspflege gehört:

1. *Hält Verbindungen und Kanäle offen.* Ist eher eine Leitung als eine Barriere für Kommunikation. Gibt rechtzeitig relevante Informationen an:

   Vorgesetzte – gibt ihnen die guten und die schlechten Nachrichten;
   Gleichrangige – fördert Informationsaustausch;
   Untergebene – sorgt dafür, daß sie informiert und beteiligt sind.
2. *Kommuniziert angemessen mit Vorgesetzten.* Stellt sich und die Abteilung selbstbewußt und positiv dar. Weder zu selbstbewußt, noch unterwürfig, noch politisch.
3. *Fördert Teamgeist mit Gleichrangigen.* Teilt Gedanken und Informationen mit. Setzt sich ein und übt Einfluß aus, ist aber nicht zu politisch oder manipulativ.
4. *Teilt Anerkennung.* Gibt Gleichrangigen und deren Untergebenen die verdiente Anerkennung.
5. *Fördert den generellen Teamgeist.* Ermutigt die eigenen Untergebenen zur Zusammenarbeit mit den Untergebenen gleichrangiger Manager in anderen Einheiten.
6. *Schützt Untergebene.* Sorgt dafür, daß Untergebene nicht von anderen herumgestoßen oder unfair behandelt werden.
7. *Organisiert Ressourcen.* Beschafft das Nötige an Leuten, Finanzen und Ausrüstung, um das Ziel der Abteilung zu erreichen.
8. *Wahrt den guten Ruf.* Ist professionell und effizient in Außenbeziehungen – mit Zulieferern, Kunden, Behörden.

Element 8: Anpassung

Er wird seinem Problem nicht auf den Grund kommen, weil er selbst der Grund seines Problems ist.

Carroll O'Connor über Archie Bunker

Feigling: ein Mensch, der in der Not mit den Beinen denkt.

Ambrose Bierce

Napoleon hat gesagt: „Die erste Eigenschaft eines Oberbefehlshabers ist ein kühler Kopf, um einen richtigen Eindruck von den Dingen zu bekommen." Ein kühler Kopf ist der Kopf eines reifen Erwachsenen. Es ist ein Kopf, der reif, angepaßt und im Gleichgewicht ist.

Plus-Manager haben fast immer einen kühlen Kopf. Sie sehen die Welt klar, verfolgen ihre Ziele und nehmen auf dem Weg geeignete Anpassungen bei ihren Zielen, Strategien und Verhaltensweisen vor.

Mittelmäßige Manager hingegen sind meist durch eine innere Unreife behindert, die sie zwingt, sich auf unkluge Abenteuer einzulassen, zu versuchen, in Phantasiewelten zu leben, mit Druck nicht vernünftig umzugehen und anderen die Schuld zu geben, wenn etwas schiefgeht.

In Wirklichkeit sind kühle, klare Köpfe nicht leicht zu finden. Eine wichtige Studie, die der Psychologe Leo Scrole im New York der 60er Jahre durchführte (und die durch ähnliche, spätere Erhebungen bestätigt wurde), ergab folgendes:

- Nur 18,5 % der Menschen sind frei von psychischen Krankheiten.
- 58,5 Prozent hatten leichte bis mittlere psychische Störungen.
- 23,5 Prozent hatten erhebliche bis schwere Störungen.

Bewährte Manager haben klare Gedankengänge.

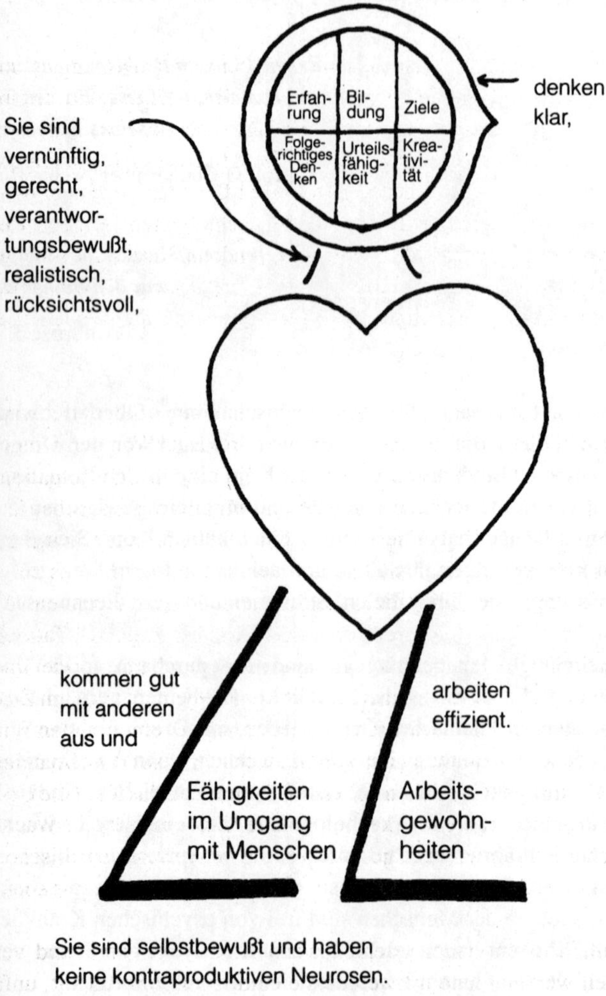

Grob geschätzt können wir also durchaus sagen, daß emotionale Unreife die *Norm* ist, denn mehr als drei Viertel der Bevölkerung werden nicht zu ausgeglichenen, bewußten, vernünftigen, autonomen Erwachsenen.

Meistens liegt die Ursache emotioneller Fehlanpassung in einem Elternhaus mit unglücklichem emotionellem Klima und unfähigen Eltern. Verantwortungsvolle Eltern, die nachdenken, sehen es im Idealfall als ihre Aufgabe, einen glücklichen, eigenständigen Erwachsenen heranzuziehen. Aus vielerlei Gründen geschieht dies leider selten. Unzählige Dinge können schiefgehen: Kinder werden verlassen, geprügelt oder abgelehnt. Andere werden zu sehr gehätschelt und verwöhnt – eine viel subtilere Form der Mißhandlung. Jede derartige Erfahrung wird sich auf das heranwachsende Kind und letztlich den Erwachsenen auswirken.

Es ist leicht zu sehen, daß ein Kind, das offen mißhandelt wird, zu einem feindseligen Erwachsenen werden kann. Weniger offensichtlich ist der Schaden, der entsteht, wenn ein Kind in einer Situation heranwächst, wie sie in vielen Familien der Mittelschicht gegeben ist: Die Eltern *scheinen* für ein liebevolles, glückliches Klima zu sorgen, aber in Wirklichkeit lehnen sie das Kind ab und mißhandeln es auf viele versteckte Arten. Dies geschieht oft, wenn Eltern zusammenbleiben, „um den Schein zu wahren" oder „den Kindern zuliebe". Tatsächlich empfinden solche Eltern oft Ressentiments gegen ihre Kinder und geben ihnen die Schuld an allen möglichen Problemen, auch am Zustand ihrer Ehe. Natürlich wachsen die Kinder in einer emotionalen Wildnis auf, in der immer etwas nicht stimmt, wo unterschwellige Spannungen die Ordnung des täglichen Lebens sind, ohne daß das Kind die Ursache des Problems rational erkennen könnte. Das emotionelle Wachstum solcher Kinder wird oft gestört, und sie werden zu neurotischen Erwachsenen, geplagt von Ängsten, Mißtrauen und Ressentiments.

Ähnliche Probleme entstehen, wenn Kinder verwöhnt und verhätschelt werden, denn oft werden sie emotionell verkrüppelt, unfähig, als eigenständige Erwachsene zu agieren. Solche Kinder überleben die Kindheit, indem sie sich verschiedene Verteidigungsmechanismen angewöhnen, zum Beispiel den emotionellen Rückzug und emotionelle Manipulation. Leider setzen sich diese Mechanismen fest und werden Teil des geistigen Gepäcks, das ein Kind ins Erwachsenenalter mitnimmt.

Überlange Ausbildung. In manchen Kreisen meint man, ein Mensch sei erst ausreichend gebildet, um eine Stellung anzunehmen, wenn er nicht einen, sondern zwei Universitätsabschlüsse hat. So bewirkt die Auffassung, eine weitere Ausbildung sei nötig, daß viele Menschen erst mit Mitte oder Ende zwanzig finanziell oder emotionell unabhängig werden.

Das Drogensyndrom. Drogen sind ein mehr oder minder universelles Mittel geworden, sich der Realität zu verweigern. Wenn jemand unter dem Einfluß von Drogen steht, findet kein emotionelles Wachstum statt.

Yuppie-Werte. Frischgebackene Diplomkaufleute verlangen oft Unsummen für reine Maklertätigkeiten. Ihr Interesse gilt der eigenen Person und den oft flüchtigen Beziehungen, in denen sie stehen. In dieser Welt zu versinken, kann zu einem wirklichen Mangel an emotionellem Wachstum und folglich zur Unreife beitragen.

Die beiden wichtigsten Manifestationen der Unreife

Emotionelle Unreife manifestiert sich vor allem in zwei Dingen:
- in übertriebener Abhängigkeit – der Betroffene hat nie Erfolg in passiven, unterwürfigen, symbiotischen Beziehungen mit Ersatzeltern,
- in der Unfähigkeit, infantile Antriebe und Impulse zu überwinden und zu kontrollieren.

MANIFESTATION NR. 1: ÜBERTRIEBENE ABHÄNGIGKEIT

Aus praktischen Gründen kann man unreife Menschen auf einer Skala von „konformistisch“ bis „manipulativ“ einordnen. Betrachten wir beide Enden des Spektrums.

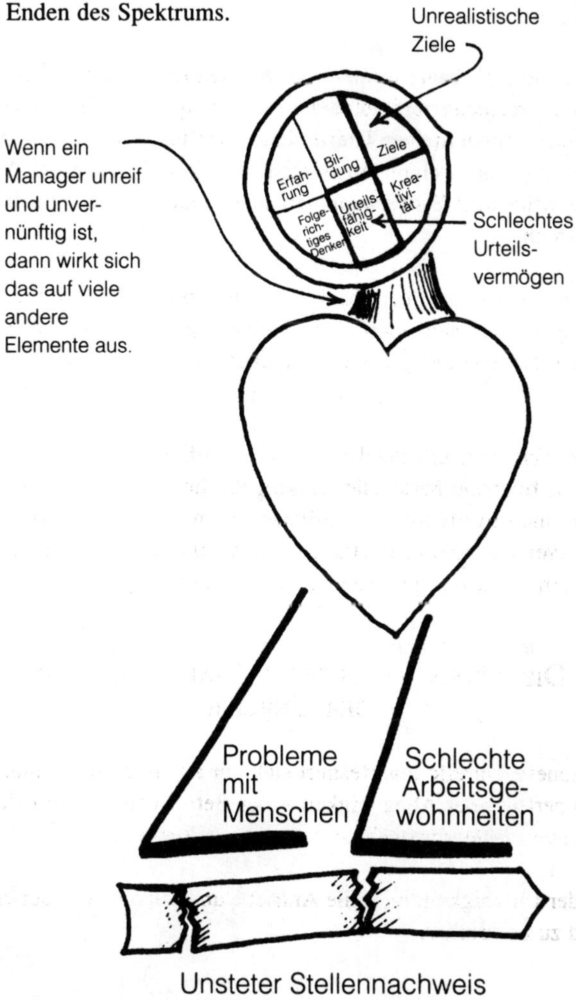

Der Konformist

Man kann nicht klug sein,
wenn man Angst hat.

Eric Linklater

Der Konformist hat gelernt zu **gehorchen**. Man hat ihm gesagt, die Welt sei ein verräterischer Ort, aber es könnte alles gutgehen, wenn er den Anweisungen seiner Eltern, seiner Lehrer, seiner Regierung und Gottes folge. Man sagte ihm, er werde belohnt für konformes Verhalten, aber bestraft für das unaussprechliche Verbrechen, es selbst mit dem Denken zu versuchen. Später kann er große akademische Leistungen erbringen und eine nüchterne, konservative Erscheinung sein, und doch wird recht bald deutlich werden:

- Sein Urteilsvermögen ist sehr schwach. Obwohl er oft hoch gebildet ist und logisch denken kann, scheint er dennoch keinen eigenen Kopf zu haben. Wenn er die Lösung eines Problems nicht in einem Firmenhandbuch oder Wirtschaftstext finden kann, dann existiert sie für ihn einfach nicht.
- Die Notwendigkeit, Entscheidungen zu treffen, bedeutet großen Streß für ihn. Er ist ein tief verängstigter Mensch und hat Sorge, beschuldigt oder bestraft zu werden, weil er das Falsche oder *überhaupt* etwas getan hat.
- Selbst wenn er einfach Befehle befolgt, scheint er noch immer ein Talent dafür haben, sich zu verheddern und etwas falsch zu machen.

Der Manipulierer

Schurken sind immer gesellig.

Arthur Schopenhauer

Jeder Fehler schien monströs,
bis ein eigener Fehler ihm entsprach.

Shakespeare, As You Like It

Der Manipulierer hat früh im Leben gelernt, die Menschen, mit denen er in Kontakt kam, durch eine geschickte Mischung aus Charme, Tränen und Wut zu manipulieren. Weil diese Person verwöhnt wurde, ist sie nicht gereift; so wird sie im späteren Leben wahrscheinlich einen guten, charmanten ersten Eindruck machen, und doch wird recht bald deutlich werden:

- Ihr Urteilsvermögen ist sehr schwach. Sie sieht die Welt weiterhin durch das Prisma eines Kindes und neigt deshalb zu Wunschdenken und Illusionen.
- Sie leidet an einem Gefühl der *Berechtigung*. Sie findet, man sollte sich um sie kümmern, und jemand sollte dies regelmäßig übernehmen.
- Wenn sie in Schwierigkeiten gerät, was recht häufig vorkommt, erwartet sie, daß andere ihr zu Hilfe kommen.
- Sie sieht sich als *Opfer* und ist schnell dabei, anderen die Schuld zu geben, wenn etwas in ihrem Leben schiefgeht.
- Sie zeigt sich bemerkenswert unfähig, aus früheren Fehlern zu lernen.
- Sie hat Schwierigkeiten, ihren Zorn zu kontrollieren, und bricht rasch in Tränen oder Wutanfälle aus.
- Sie ist unglaublich *egoistisch*, egozentrisch und narzißtisch. Sie kümmert sich wenig um die Interessen oder Gefühle anderer Menschen. Sie erwartet, daß andere Menschen sich anstrengen, mit ihr auszukommen.

Man muß bedenken, daß Unreife praktisch das *gesamte* Verhalten beeinflußt. So haben Menschen an beiden Enden des Spektrums Probleme, sich realistische Ziele zu setzen und diese zu verfolgen.

Manifestation Nr. 2: Unfähigkeit, acht entscheidende kindliche Antriebe und Impulse zu überwinden

Egoismus

„Ich, ich, was kriege ich?"

Das Kind ist ausschließlich an seinen eigenen Bedürfnissen interessiert. Der egoistische Erwachsene bleibt in seinen eigenen Interessen befangen. Er teilt nicht und ist unglücklich, wenn er nicht den Löwenanteil von jedem Kuchen bekommt, denn er meint, ein *Recht* darauf zu haben. Die entthronte Hotel-„Königin" Leona Helmsley lieferte jüngst eines der interessanteren Beispiele solchen Verhaltens.

Verantwortungslosigkeit

„Ich bin für das alles nicht verantwortlich!"

Ein Kind hat Angst, für Fehler verantwortlich zu sein; deshalb vermeidet es, wie ein Erwachsener Verantwortung zu übernehmen, und gibt eilig anderen die Schuld, wenn etwas schiefgeht. Der unreife Erwachsene zeigt dieses Verhalten in subtilerer Form; er gibt scheinbar vernünftige Erklärungen und plausible Alibis, um sein Versagen zu bemänteln. Ich erinnere mich an einen selbsternannten Filmzaren, mit dem ich zu tun hatte: Er kaufte eine große Filmgesellschaft, strich eine Menge Subventionen ein, umgab sich mit einem Haufen inkompetenter Hofschranzen – darunter unglaublicherweise einem Skriptleser, der im buchstäblichen Sinne Analphabet war – und produzierte ein paar kläglich unprofitable Feature-Filme. Als die Gesellschaft pleite ging, was im Handumdrehen geschah, kam ein Schwall von Erklärungen: Das wirtschaftliche Klima war falsch, die Kritiker waren unfair, die Kinos waren Räuberhöhlen. Aber der Filmzar war weiterhin ein Genie. Na klar!

Gleichgültigkeit gegenüber Konsequenzen

„Der Teufel hat mir das eingeflüstert!"

Das Kind hält seine Impulse nicht zurück, denn es kann nicht sehr weit vorausschauen. Vielleicht entdeckt es auch, daß allzu nachgiebige Eltern es vor allen unangenehmen Konsequenzen schützen. Im späteren Leben werden solche Kinder impulsive „Erwachsene", die sich darauf verlassen, daß Freunde, Verwandte und Arbeitgeber die Scherben aufsammeln. Alan Bond, Australiens lautester Erschließer von Bauland und Gewinner des America's Cup, illustriert das Problem. Mr. Bond machte international auf sich aufmerksam, als er Van Goghs *Sonnenblumen* zu einem Rekordpreis erwarb. Wie Mr. Bond beabsichtigte, hielt man ihn für einen sehr reichen Mann. Tatsächlich war er fast pleite, und letztlich kam ans Licht, daß praktisch keines seiner Geschäfte je einen Profit erbracht hatte. Er lieh einfach – und lieh, und lieh, bis das Haus einstürzte.

Vergnügungssucht

„Komm, wir spielen!"

Kinder beschäftigen sich gern mit Vergnügen und Spiel. Ein wichtiger Teil des Erwachsenwerdens liegt aber darin, auf unmittelbares Vergnügen zu verzichten, um die Anforderungen der Realität zu erfüllen – zum Beispiel Geld für seinen Lebensunterhalt zu verdienen. Leider gelingt es vielen Menschen nie, ein Gleichgewicht zwischen Vergnügen und den Anforderungen der Realität zu finden. So ist ein allzu großes Interesse an Partys und Spielen gewöhnlich ein deutliches Zeichen der Unreife. *Playboy*-Gründer Hugh Hefner machte aus dieser Schwäche eine ganze Industrie. Malcolm Forbes, der verstorbene Herausgeber der Zeitschrift *Forbes*, umwarb ein anderes Publikum, zeigte aber eine ähnlich hedonistische Neigung.

Wunschdenken

„Ich glaube felsenfest an mich selbst."

Kinder leben in einer Welt der Märchen, der Phantasie und Zauberei. Allzu nachgiebige Eltern erfüllen oft jedes Bedürfnis des Kindes schon im voraus, so daß das Kind sich allmächtig wähnt. Auch der unreife Erwachsene lebt oft in einer realitätsfernen Scheinwelt. Der wunderbare englische Filmklassiker *Billy Liar* handelt von einem solchen Menschen. Eine solche Person glaubt, wenn sie sich etwas nur stark genug wünscht, wird sie es bekommen. Jede Neigung zu Wunschdenken muß sehr genau angeschaut werden, denn sie ist gewöhnlich ein Zeichen für sehr schwaches Urteilsvermögen – gleichgültig, wie begabt der Betroffene intellektuell ist. Wunschdenken ist oft ein Merkmal infantiler Geschäftsleute, zum Beispiel des gescheiterten Automagnaten John DeLorean, der sich stolz – und sehr treffend – als „Traum-Macher" bezeichnete.

Narzißmus und Exhibitionismus

„Schau mich an! Schau mich an!"

Irgendwann steht ein Kind gewöhnlich im Mittelpunkt der Aufmerksamkeit, und manche Leute möchten, daß dieser glückliche Zustand ewig währt. Zu diesem Zweck wenden sie alle möglichen Strategien an, um auf sich aufmerksam zu machen – subtile und weniger subtile. Solche Menschen streben nach Rollen, die sie ins Rampenlicht stellen. Öffentliche Redner, Schauspieler, Fernseh-Evangelisten fallen oft in diese Kategorie, ebenso wie Unternehmer, die selbst in ihrer Fernsehwerbung auftreten. Ein Beispiel ist der

Publicity suchende Paradiesvogel Victor Kiam: der Mann, der den Remington-Rasierer so gut fand, daß er die Firma kaufte.

Mangel an Selbstdisziplin

„Ich verlange, meine Gefühle kundzutun!“

Jedes kleine Kind ist fast gänzlich ohne Selbstkontrolle. Oft merkt es, daß es nur nach etwas schreien oder einen Wutanfall hinlegen muß, damit seine Eltern mit dem Gewünschten herbeieilen. Dies wird bald zur festen Gewohnheit, die der Erwachsene selbst nicht heilen kann, *selbst wenn er es vielleicht möchte.*

Ein früherer Manager bei einer Fluggesellschaft, mit dem ich zu tun hatte, wies diesen Zug überdeutlich auf: Er konnte es sich nicht verkneifen, seinen Nachfolger im Büro frontal, körperlich und mit den Fäusten zu attackieren – übrigens einen weit kräftigeren Mann, der die Situation mit großem Geschick meisterte, indem er seinen tobenden Widersacher in einen Klammergriff nahm und murmelte: „Bevor das hier ernst wird, sollte ich vielleicht erwähnen, daß ich die Ringermannschaft im College führe.“ Selbst wenn es einer undisziplinierten Person gelingt, ihre Ausbrüche zu kontrollieren, kann sie andere, verwandte Probleme haben. Sie ist vielleicht unfähig, ihr eigenes Verhalten objektiv einzuschätzen, und sie kann große Schwierigkeiten haben, konstruktive Kritik anzunehmen.

Destruktive Neigungen

„Amüsieren wir uns ein bißchen auf seine Kosten.“

Der Zerstörungsdrang ist ein Aspekt des Menschseins, den wir lieber übersehen. Ich erinnere mich gut an einen Schulkameraden, der eine lebendige Libelle gefangen hatte. „Jetzt reißt du ihr wohl die Beine aus“, sagte ein Lehrer, der zufällig vorbeikam. „Nein, Sir. Erst die Flügel!“, war die Antwort. Viele Erwachsene haben Schwierigkeiten, ihre unterschwellige Aggressivität zu kontrollieren und suchen diese Triebe zu sublimieren, indem sie Metzger, Soldaten, Polizisten werden. Solche Menschen gehen natürlich auch oft in die Wirtschaft und kanalisieren ihre Energien im Streben nach Profit. Der frühere Yankee-Inhaber George Steinbrenner, berühmt dafür, daß er praktisch jeden Manager feuerte, den er einmal eingestellt hatte, ist ein gutes Beispiel dieses Menschenschlages. Solche Leute sind oft ausgezeichnete Verkäufer, aber selten gute Manager, denn ihr destruktiver Drang bringt sie in Konflikt mit der Autorität, und ihre sadistischen Impulse bringen sie dazu, Sündenböcke und Prügelknaben unter ihren Untergebenen zu suchen.

Was es bedeutet, einen klaren Kopf zu haben

Glücklich der Mensch, dessen Umstände
seinem Temperament angepaßt sind;
ausgezeichneter aber ist der,
der sein Temperament allen Umständen
anpassen kann.

David Hume

So gut Sie auch sein mögen: Sie haben Fehler;
so stumpf Sie auch sein mögen: Sie können
einige von ihnen erkennen; und so klein Sie
auch sein mögen: Sie sollten sich anstrengen
– nicht zu schmerzlich, aber geduldig –,
sie loszuwerden.

John Ruskin

Die gut angepaßte Person, die beim Erwachsenwerden lernt, sich um sich selbst zu kümmern, zeigt generell folgende Verhaltensweisen:

- Übernimmt Verantwortung für ihr eigenes Handeln. Lernt aus Fehlern. Wiederholt frühere Fehler nicht.
- Nimmt konstruktive Kritik gern an, freut sich aufrichtig über die Chance, besser zu werden.
- Erwartet keine Sonderbehandlung.
- Behält in Notsituationen die Fassung.
- Sieht die Welt in Grautönen statt in simplem Schwarzweiß. Weiß, daß kein Mensch und keine Situation nur gut oder schlecht ist.
- Wird bei erklärlichen Verspätungen nicht ungeduldig. Weiß, daß die Welt ihr eigenes Tempo hat. Rechnet damit, vernünftige Kompromisse schließen zu müssen.
- Nimmt Rücksicht auf die Meinungen und Gefühle anderer. Ist eine gute Zuhörerin. Wird nicht defensiv, vernagelt oder streitsüchtig, wenn sie ihre Meinungen diskutiert.
- Plant voraus, statt sich auf die Eingebung des Augenblicks zu verlassen.

ELEMENT 9: GESAMTSTIL DER PERSÖNLICHKEIT

Es ist sehr wahr, stylus virum arguit,
unser Stil verrät uns.

Robert Burton (1577–1640)

Der Stil ist der Mensch.

Georges-Louis Leclerc de Buffon

Manager haben einen Gesamtstil, der sich auf ihre Denkweise, ihre Ziele und Verhaltensmuster auswirkt.

Man kann drei Grundtypen bestimmen: dominant, distanziert und abhängig (M, T und H).

Diese Stiltypen wurden unabhängig voneinander von Psychologen identifiziert, die getrennte Untersuchungen über Ziele, emotionelle Haltung und Platz in der Familie durchgeführt haben.

Ziele. Der Psychologe David McLelland fand, daß Manager zutreffend nach drei Motivationen klassifiziert werden können: Macht, Leistung und Gemeinschaft. Unter unserer Bezeichnung wäre der Machtorientierte ein Typ M, der Leistungsorientierte ein Typ T und der Gemeinschaftsuchende ein Typ H.

Neben den einzelnen Elementen, die die Psyche des Managers ausmachen,

haben Manager auch einen Gesamtstil,

wobei alle Verhaltenszüge am besten verständlich sind, wenn wir diesen Stil identifizieren können.

Emotionale Haltung. Eric Berne postuliert in seinem wunderbaren Buch *Spiele der Erwachsenen* drei verschiedene Zustände des Ichs: Eltern-Ich, Erwachsenen-Ich und Kindheits-Ich. Er beobachtet, daß ein Mensch wohl zwischen diesen drei Zuständen wechseln kann, aber dennoch überwiegend zu einem der drei neigt.

- Das Eltern-Ich äußert sich in einer dominierenden, diktatorischen Haltung: Typ M.
- Das Erwachsenen-Ich äußert sich in Distanziertheit und Rationalität: Typ T.
- Das Kindheits-Ich äußert sich in Vergnügungsstreben und Verspieltheit, möglicherweise auch in Schwäche, Ungeduld und Anspruchsdenken: Typ H.

Platz in der Familie. Die Psychologie der Geschwister-Reihenfolge lehrt uns, daß Menschen von Natur aus konditioniert sind, ihren Platz in der Familie zu behalten und sich so die Achtung und Aufmerksamkeit der anderen Familienmitglieder und später des größeren Umfeldes zu sichern. Als einfache Faustregel gilt:

- Das Erstgeborene will dominant bleiben.
- Das mittlere Kind wird ein distanzierter Vermittler.
- Das jüngste Kind wird emotionell abhängig von Eltern und Geschwistern.

Es gibt drei grundlegende Stiltypen:

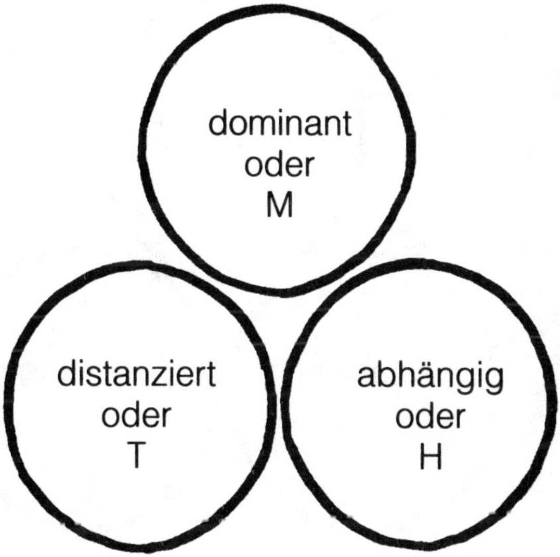

Diese Persönlichkeitszüge entwickeln sich in der Kindheit und hängen im typischen Fall von der Stellung des Betreffenden in der Familie ab.

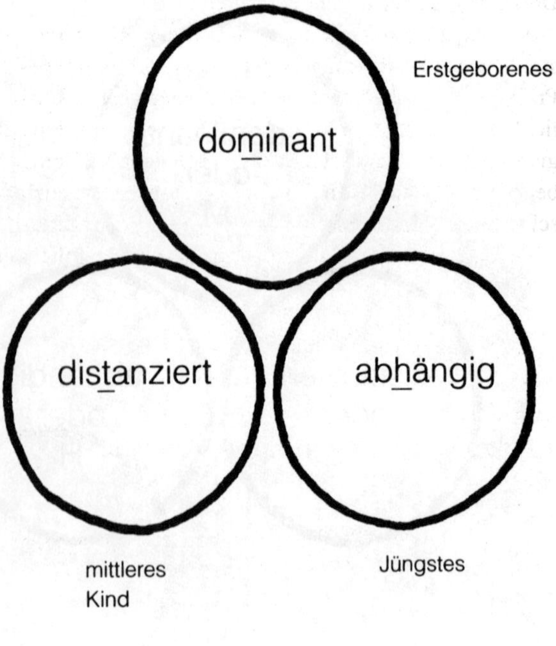

Als grobe Regel gilt: Wir streben danach, unseren Platz in der Hackordnung zu halten.

Erstgeborenes: dominant
Mittleres Kind: distanziert
Jüngstes: abhängig

Profile der drei Grundtypen

Dominant (M). Typ M ist oft das erstgeborene Kind. Sein zentrales Lebensinteresse ist die Erhaltung seines Vorrangs. Seine Hauptmotivation sind Macht und Status. Auch Leistung kann dazu dienen, seine Dominanz zu sichern und zu fördern.

Menschen vom Typ M präsentieren sich gewöhnlich als Führer. Sie streben nach Management-Funktionen und führen gewöhnlich durch Präsenz und Selbstbewußtsein. Ihr Managementstil ist wahrscheinlich autokratisch. Typ M hat sein Büro und sein Haus gewöhnlich in guten Gegenden und schmückt sie vielleicht mit Fotos von sich selbst beim Entgegennehmen von Preisen oder dergleichen. Ms unterschwellige Angst ist die vor Macht- und Statusverlust.

Der Chrysler-Chef Lee Iacocca ist wahrscheinlich ein M-Typ.

M-Typen wollen ihre Vorrangstellung behalten.

Ihre Ziele sind
Macht und Status.

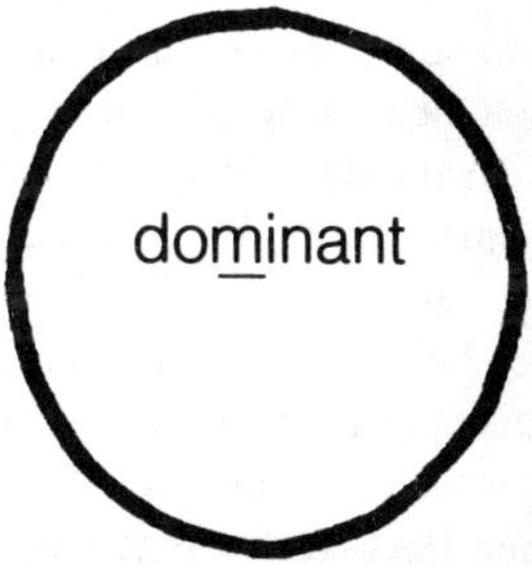

„Leistung" kann auch ein Weg sein,
Macht und Status zu erreichen.

Die größte unterschwellige Angst eines
M-Typs ist die Angst zu versagen.

T-Typen sind oft Vermittler.
Sie wollen, daß alles
vernünftig und sinnvoll
getan wird.

Ihre Hauptziele sind oft
Leistung und Autonomie.
Ihre unterschwellige Angst ist,
daß sich die Vernunft nicht durchsetzt.

Distanziert (T). Der distanzierte Typ ist oft ein mittleres Kind oder Nachkomme eines mittleren Kindes. Typ T schätzt Vernunft und Logik, denn ohne sie würde er wahrscheinlich von Ms überrannt und von Hs mit ihrem Charme an die Wand gespielt werden. Das zentrale Lebensinteresse der Menschen vom Typ T ist, die Welt und ihren Platz darin zu verstehen. Sie zeigen oft ein Bedürfnis nach realistischer Leistung und Autonomie.

Distanzierte präsentieren sich gewöhnlich als ruhig und rational. Sie ordnen ihr Leben sorgfältig. Sie arbeiten vielleicht in einer nüchternen High-Tech-Umgebung. Wahrscheinlich wissen sie mit ihrem PC umzugehen. Ihr Zuhause ist wahrscheinlich sehr funktional und zeugt von Vernunft, Geschmack und Qualitätssinn. Sie sind Teamspieler, die zur Vermittlerrolle tendieren. Wenn sie in Führungsrollen berufen werden, bringen ihnen ihre Rationalität und Fairneß erhebliche Achtung ein. Oft fühlen sie sich jedoch in einer unterstützenden Rolle wohler. Ihr Managementstil ist wahrscheinlich rational und demokratisch. Ihre unterschwellige Angst ist, daß die Vernunft sich nicht durchsetzt. Der frühere Berater von George Bush, Zbigniew Brzezinski, ist wahrscheinlich ein T-Typ.

H-Typen sind meist daran gewöhnt,
Zuneigung zu geben und zu bekommen.

Ihre Bedürfnisse sind
Gemeinschaft,
Akzeptanz und
Zustimmung.

Ihre unterschwellige Angst
ist es, abgelehnt zu werden.

Abhängig (H). Emotionell abhängige Menschen sind oft wie kleine Kinder, deren zentrales Lebensinteresse die Zuneigung der Menschen um sie herum ist. Sie sind Gemeinschaftsmenschen, Mitglieder in vielen Vereinen und Hilfsorganisationen. Sie brauchen die Wärme, Gemeinschaft und emotionelle Unterstützung anderer Menschen. Sie dienen gern und gewinnen dadurch Zustimmung, Akzeptanz und Liebe. Sie sind nicht notwendigerweise abhängig, tendieren aber in diese Richtung.

Abhängige Menschen präsentieren sich gewöhnlich als warmherzig. Sie können etwas nachlässige Arbeitsgewohnheiten haben. Sie neigen zu Funktionen in Verkauf, Personalwesen und PR. Wenn sie in Führungsrollen berufen werden – was weit eher im gesellschaftlichen als im Arbeitsbereich vorkommen wird –, ist ihr Stil wahrscheinlich *Laissez-faire*. In ihren Büros und Häusern sind oft Fotos von Eltern,

Ehepartnern, Kindern und Haustieren. Ihre unterschwellige Angst ist es, abgewiesen oder mißbilligt zu werden. Viele hervorragende Verkäufer sind H-Typen.

Diese drei Typen sind nicht getrennt
oder in sich abgeschlossen,

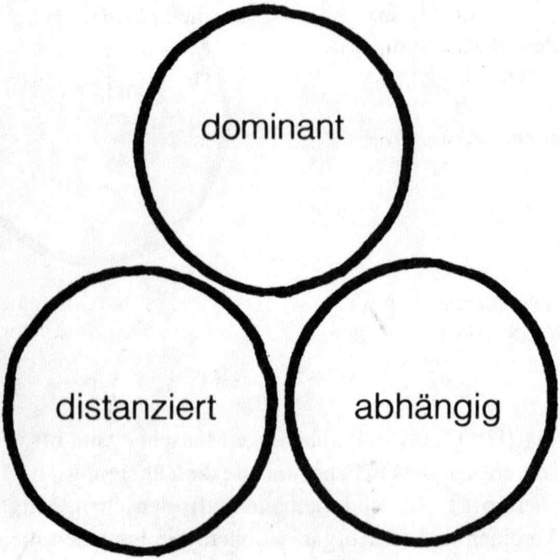

sie überschneiden sich oft.

Die drei wichtigsten Mischtypen und sechs Untermischtypen

Die drei Typen sind selten ganz in sich abgeschlossen. Deshalb ist es sehr nützlich, sich die Kreise unseres Modells mit Überschneidungen vorzustellen, wodurch drei weitere Typen entstehen. Wir könnten auch jeden dieser Stile gewichten, so daß sechs weitere entstehen:

Typ Dominant-Abhängig (MH) plus Mh und mH.
Typ Dominant-Distanziert (MT) plus Mt und mT.
Typ Distanziert-Abhängig (TH) plus Th und tH.

Die Überschneidungen bilden mindestens vier weitere Typen

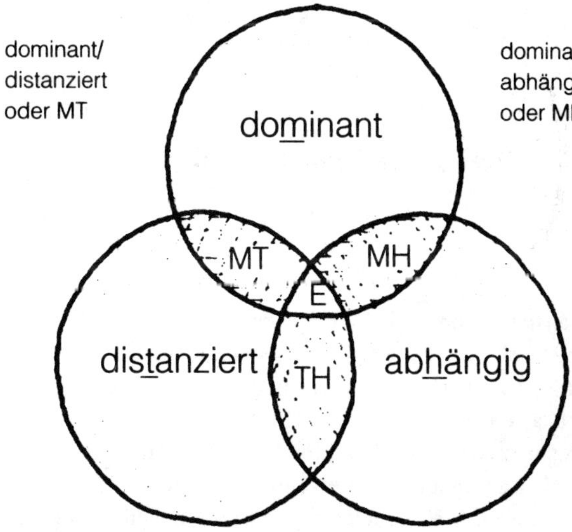

distanziert/abhängig oder TH und in der Mitte der Erwachsene oder E.

Der (sehr verbreitete) MH-Typ fährt sich oft fest,

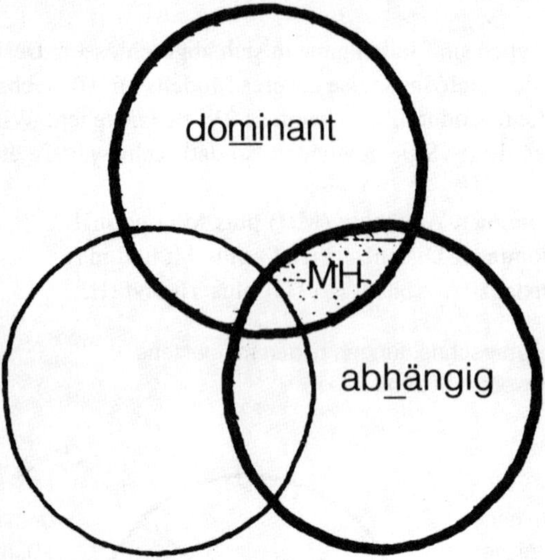

da er beides möchte, den Status einer Führerrolle und die Zuneigung derer, die er führen möchte. Dies ist jedoch nicht immer möglich.

Typ Dominant-Abhängig (MH). Dieser Typ will als mächtig, erfolgreich und stark gesehen werden, um ziemlich akute emotionelle Abhängigkeiten zu leugnen und zu kompensieren. Diese stammen gewöhnlich aus einer verwöhnten Kindheit. MHs zeigen ein starkes Bedürfnis nach Status und Sichtbarkeit; oft gehen sie sogar so weit, Artikel, die ihre imaginären Leistungen preisen, von PR-Firmen plazieren zu lassen. MHs scheinen oft geschäftlichen Erfolg zu haben, aber in Wirklichkeit wird der Erfolg gewöhnlich überschätzt und kostet sie einen hohen emotionellen Preis – so hoch, daß sie oft unbewußt ihre eigenen Ziele zu sabotieren suchen.

Menschen vom Typ MH präsentieren sich gewöhnlich als sehr charmant, sehr aggressiv – oder beides. Sie sind oft „Star"-Verkäufer, die ins Management befördert werden, wo sie dann versagen. MH-Typen haben Schwierigkeiten, ihre emotionelle Abhängigkeit zu verbergen. Diese zeigt sich generell durch Manipulation und Charme, gefolgt von weiterer Manipulation und Wut. Einer der bekannten MH-Typen dürfte der Immobilien-„Magnat" Donald Trump sein.

Der MT-Typ ist gewöhnlich ein ziemlich cooler Führer, der durch seinen Intellekt statt durch bloße Lautstärke dominiert.

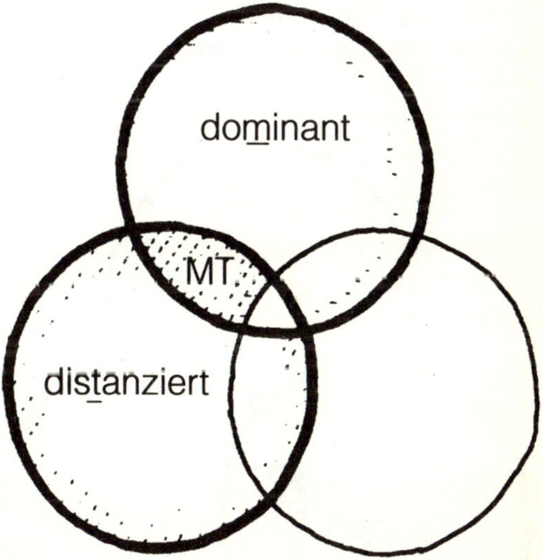

Typ Dominant-Distanziert (MT). Der Typ MT ist vielleicht das erstgeborene Kind zweitgeborener Eltern und strebt gewöhnlich Führungsrollen an. Auf dieses Ziel arbeitet er fleißig und intelligent hin, obwohl er gesellschaftlich oft recht zurückhaltend ist. MTs schätzen Intellekt und Wissen als Mittel voranzukommen und werden wahrscheinlich Diplom-Kaufleute. Der Stil eines MT-Typs ist gewöhnlich pragmatisch. MTs sind Teamspieler, offen und wach für Innovation und Wandel. Sie gehen an Geschäfte heran wie an ein Schachspiel und wollen die beste Strategie, die besten Züge finden. Zu diesem Typ gehören wahrscheinlich der ehemalige US-Präsident Bush und der gefallene Wall Street-Makler Michael Milken, der die nicht mehr existierende Firma Drexel, Burnham & Lambers zu den Sternen führte – und wieder zurück.

Der (bei Managern seltene) TH-Typ ist unauffällig und normalerweise an Führungsrollen nicht interessiert.

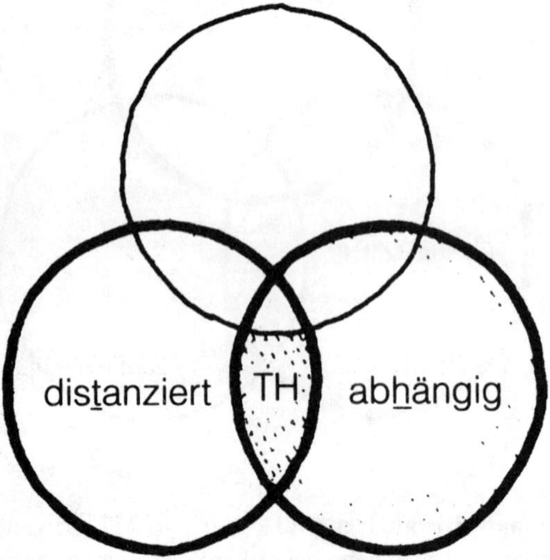

Typ Distanziert-Abhängig (TH). Der TH-Typ ist vielleicht das jüngste Kind zweitgeborener Eltern und wahrscheinlich eher im Stab als an der Front. Menschen dieses Typs setzen ihren starken Intellekt ein, um Zustimmung und Akzeptanz der anderen in einer unterstützenden Funktion zu gewinnen. Sie sind wahrscheinlich recht introvertierte, einsame Einzelgänger, denen es schwerfällt, eine nennenswerte Gefolgschaft an sich zu binden. TH-Typen tendieren oft zu Funktionen im Hintergrund, in der strategischen Planung oder im Einkauf. Zu diesem Typ könnten der frühere US-Präsident Jimmy Carter und Robert McFarlane gehören, ein enger Berater Präsident Reagans, der versuchte, Selbstmord zu begehen, statt sich dem Kreuzverhör des Kongresses zur Iran-Contra-Affäre zu stellen.

Der E-Typ – der wirklich erwachsene Manager – steht im Zentrum des Modells.

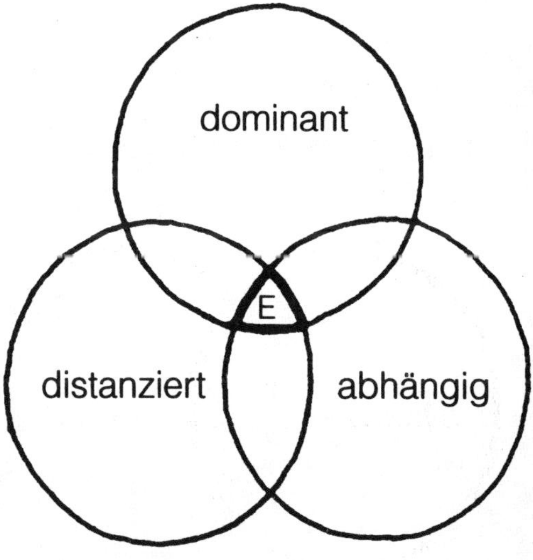

Er ist normalerweise ein Pragmatiker, der jede Situation ohne vorherrschenden Persönlichkeitsstil meistert.

Der Erwachsene in der Mitte. In der Mitte unseres Modells haben wir einen Stil, der alle oben genannten Eigenschaften umfaßt. Dies ist der Stil des wirklich gut angepaßten Erwachsenen, der sich jeweils auf die Erfordernisse der Situation einstellt, in der er sich befindet. Solche Menschen sind manchmal zu gut angepaßt, um Führungsrollen anzustreben, aber sie können ausgezeichnete Berater und Stellvertreter sein.

Element 10: Lebensabschnitt und Grundrichtung

Der alte Mann, der zwei oder drei Generationen beobachtet, ist wie einer, der in der Bude eines Zauberers auf einem Jahrmarkt sitzt und die Tricks zwei- oder dreimal sieht. Sie sollen nur einmal gesehen werden.

Arthur Schopenhauer

Schließlich müssen wir den Lebensabschnitt des Managers

und seine Grundrichtung hinsichtlich der sozialen Mobilität berücksichtigen

Da Erfolg im Leben durch die Erfüllung des psychischen Vertrages bestimmt wird, ist es wichtig zu identifizieren, in welchem Abschnitt seines Weges sich ein Mensch gerade befindet. Das ist nicht leicht, denn obwohl die Idee der Lebensabschnitte leicht verständlich zu sein scheint, können wir nicht wirklich wissen, was zu einem bestimmten Lebensabschnitt gehören könnte, bevor wir ihn selbst erleben. Wie der französische Philosoph Amiel schreibt:

> „Um Dinge zu verstehen, muß man zuerst in ihnen gewesen und dann aus ihnen herausgekommen sein; so daß erst Gefangenschaft sein muß und dann Befreiung, erst Täuschung und dann Enttäuschung, erst Begeisterung und dann Ernüchterung. Der, der noch in dem Bann steht, und der, der ihn nie gespürt hat, ist gleichermaßen inkompetent. Wir kennen nur das gut, was wir zuerst geglaubt und dann beurteilt haben. Um zu verstehen, müssen wir frei sein, aber nicht immer frei gewesen sein."

Betrachten wir nun einen ziemlich typischen Lebensweg, der etwa zehn einander überschneidende Abschnitte umfaßt.

Gewöhnlich lassen sich zehn überschneidende Lebensabschnitte feststellen.

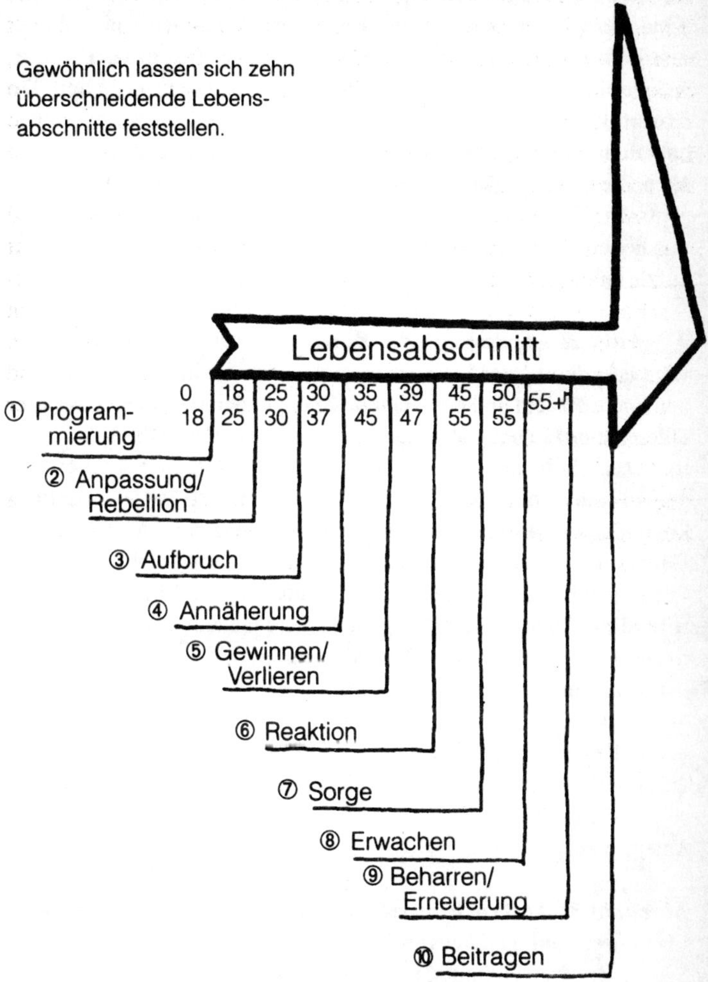

Abschnitt 1: Programmierung bis zum Alter von 18 Jahren. Dem Kind werden ein Wertesystem, Haltungen, Meinungen, eine Palette von Emotionen, ein Weltbild und natürlich ein psychischer Vertrag vermittelt, an dessen Zielen sich Erfolg oder Versagen orientiert. Die Erwartungen an den Lebensstandard, die im psychischen Vertrag enthalten sind, werden weitgehend bestimmen, welche gesellschaftlichen Ziele und welche Grundrichtung ein Mensch entwickelt. Die zentralen Werte sind entscheidend für die Fähigkeit, mit Menschen von höherem gesellschaftlichen Status Freundschaft zu schließen und aufzusteigen.

Abschnitt 2: Anpassung oder Rebellion zwischen 18 und 25. Die Herausforderung des Erwachsenwerdens ist, ein Individuum zu werden und trotzdem Teil der Gemeinschaft zu bleiben. Daher das ewige Dilemma der Jugend: Wie paßt man sich an und rebelliert gleichzeitig? Das scheinbare Dilemma wird jedoch gewöhnlich recht einfach gelöst, indem man sich seinen Eltern widersetzt und Gleichaltrige kopiert; speziell wenn sich diese mit den rebellischen Antihelden der Generation identifizieren. Für einige war es Frank Sinatra oder Elvis Presley, für andere waren es die Beatles und Rolling Stones, und neuerdings sind es die Talking Heads und Galaxie 500.

Dieser Abschnitt ist im Gleichnis vom Verlorenen Sohn reflektiert, der sich seinem strengen, frommen Vater widersetzt, das Elternhaus verläßt und sich den irdischen Freuden hingibt. Nachdem er die Härte der Welt erfahren hat, bereut der Sohn jedoch seine Liederlichkeit und kehrt heim, wahrscheinlich, um sich daranzumachen, einen psychischen Vertrag zu erfüllen, der vorsieht, daß er ein Abklatsch seines Vaters wird.

Abschnitt 3: Aufbruch zwischen 25 und 30. Nun bricht der junge Erwachsene auf, geleitet von der elterlichen Grundanweisung, „seine Spur in der Welt zu hinterlassen", etabliert er sich eine Laufbahn, die ihm die Erfüllung seiner Erwartungen an den Lebensstandard ermöglichen soll.

Der Aufbrechende ist gewöhnlich intelligent und gut ausgebildet, aber aufgrund mangelnder Erfahrung fehlt ihm oft die Reife einer entwickelten Persönlichkeit. Konformistische Aufbrechende sind oft begierig, von ihren Vorgesetzten zu lernen. Sie sehen diese häufig als Helden an, die den eifrigen Aufbrechenden zur Erleuchtung und zu einem Platz an der Sonne führen.

Andere Aufbrechende wollen lernen, aber nicht gelehrt werden und zeigen viele der negativen Züge des Dominant-Abhängigen oder MH-Typs. Sie schwanken zwischen Sicherheit und Unsicherheit, vertreten Meinungen mit großer Unbeugsamkeit und leiden doch unter enormen Selbstzweifeln. Sie verlangen ernst genommen zu werden, haben aber große Wissens- und Verständnislücken, die sie durch kompromißlose Erklärungen kaschieren.

Abschnitt 4: Annäherung zwischen 30 und 37. Jetzt ist der Manager erfahrener, und wenn er Glück hat, auch gewachsen an Reife und Selbstvertrauen. Der frühere Konformist kann jetzt vielleicht arbeiten, ohne Regeln und Führung zu benötigen. Der frühere Rebell kann jetzt vielleicht Gefühle der Unsicherheit gegenüber uneindeutigen Situationen zugeben und deshalb besser mit solchen Situationen fertigwerden.

Der Aufbrechende beginnt zu erkennen, was getan werden muß, um den psychischen Vertrag zu erfüllen, und bald wird er sehen, wie diese Ziele näherkommen oder sich entfernen. Jetzt beginnt der Aufbrechende „seine Spur in der Welt zu hinterlassen".

Abschnitt 5: Gewinnen oder Verlieren zwischen 35 und 45. Gewinnen oder verlieren heißt, den psychischen Vertrag erfüllen oder nicht erfüllen. Erfüllt wird er, indem die elterliche Grundanweisung und die leitenden Kriterien für Erfolg befolgt, die Erwartungen an den Lebensstandard erfüllt und schließlich die krönende Leistung erbracht wird.

Dies ist gewöhnlich der Lebensabschnitt, in dem finanzielle Bedürfnisse am drängendsten sind. Es ist eine Zeit großer Ausgaben für Haus, Ehepartner, Kinder, Autos – „die volle Katastrophe" in den treffenden Worten Alexis Sorbas.

Abschnitt 6: Reaktion zwischen 39 und 47. Die erste Reaktion auf Gewinnen wie Verlieren ist Ausgebranntsein.

- Der Gewinner empfindet wahrscheinlich wie Peggy Lee: „Ist das alles?" Er fühlt sich leer und ausgebrannt, weil die Ziele, die ihn vorangetrieben haben, nun erfüllt wurden, so daß er ohne unmittelbares Ziel richtungslos ist. Er versteht Joseph Hellers Midlife-Figur Bob Slocum in *Something Happened*, der sich fragt: „Wie bin ich hierhergekommen? Jemand hat mich geschoben. Jemand hat mich in diese Richtung geschoben, und andere Hände müssen zu verschiedenen Zeiten an den Schaltern gedreht haben, denn ich hätte diesen Weg um nichts in der Welt gewählt."
- Der Verlierer empfindet ein Gefühl der Schmach, vor dem er (oder sie) vielleicht fliehen möchte wie der Mann, der zwanzig Jahre lang seinen Weg zur Arbeit begann, indem er nach links aus der Oak Street herausfuhr, bis er eines Tages an eine andere Wendung dachte:

  Bei der Oak Street rechts oder links abbiegen,
  Das ist die Entscheidung, die ich täglich treffen muß.
  Und ich weiß nicht, was mehr Mut kostet,
  Das Bleiben oder das Davonlaufen.

Man könnte eine zweite Kategorie von Verlieren postulieren: den *Wenigstens-Typ*, der zwar nicht ganz gewonnen hat, aber auch nicht ganz verloren. Die Persönlichkeit des Wenigstens-Typs reflektiert oft den Spruch: Zynismus sei die letzte Zuflucht des Idealismus'; denn Wenigstens-Typen zeigen oft ein ironisches – und etwas neidisches – Gefühl von „Ich habe alles gesehen". Sie sagen:

- „Ich bin nicht Geschäftsführer geworden, aber wenigstens haben sie mir ein Eckzimmer und einen schönen Titel gegeben."
- „Ich habe das Buch nicht veröffentlicht, aber wenigstens habe ich diese sehr netten Ablehnungsschreiben bekommen."
- „Ich habe vielleicht nicht die Welt gerettet, aber wenigstens trage ich zum Umweltschutz bei, indem ich meinen Müll trenne."

An diesem Punkt suchen Gewinner und Verlierer unabhängig von der Erfüllung des psychischen Vertrages oft einen völlig neuen Lebensstil und wechseln Beruf, Ehepartner, Freunde, Auto oder sonstiges. Dieser Reflex bringt die inneren „Dämonen" allerdings meist nicht zum Schweigen.

Abschnitt 7: Sorge zwischen 45 und 55. Als Twens spekulieren wir mit großer Intensität über den Tod, aber wir wissen, daß wir ewig leben werden. Normalerweise kommt erst mit ungefähr fünfzig das dunkle Ende unseres eigenen Tunnels in Sicht – eine Vision, die durch das gnadenlose Altern der Eltern, die Heirat eines Kindes oder vielleicht den Tod eines Gleichaltrigen ins Blickfeld rückt. Jetzt begreifen wir unsere eigene Sterblichkeit. Jetzt wissen wir wirklich, daß das Leben kurz ist und immer kürzer wird.

Oft überschneidet sich der Abschnitt der Sorge mit dem des Gewinnens und Reagierens, so daß eine voll ausgeprägte „Midlife-Krise" entsteht: Der Betroffene wird überwältigt von Melancholie und Niedergeschlagenheit, er trauert um vergeudete Jahre und verlorene Energien. Jetzt verstehen wir die Klage der Mutter in Eugene O'Neills *Long Day's Journey Into Night:*

> *„Keiner von uns kann die Dinge ändern, die das Leben uns angetan hat. Sie sind getan, bevor du es begreifst, und wenn sie getan sind, zwingen sie dich, andere Dinge zu tun, bis schließlich alles zwischen dich und das tritt, was du sein möchtest, und du dein wahres Selbst für immer verloren hast."*

Abschnitt 8: Erwachen zwischen 50 und 55. Das Erwachen und dann – wenn wir Glück haben – die Erleuchtung kommt, wenn wir fähig sind, die Welt zu sehen, wie sie wirklich ist, und das können wir erst, nachdem wir durchgemacht haben, was der Psychologe Daniel Levinson Ent-Täuschung nennt. Wir reagieren die meiste Zeit unseres Lebens auf Illusionen, die uns in der Kindheit vermittelt wurden. Als Kinder und später als Erwachsene

- assoziieren wir eine Polizeiuniform mit der Vorstellung von Recht und Gerechtigkeit;
- sehen wir den Priester oder Rabbi als Mittler zu Gott;
- nehmen wir bei dem charismatischen Politiker ein großes Engagement für menschlichen Fortschritt an.

Doch wenn wir etwa fünfzig sind, durchschauen wir die Illusionen, die durch Uniformen, Symbole und Getue geschaffen werden, und können den Wert der Menschen einschätzen, die diese Rollen spielen. Jetzt wissen wir, daß der Polizist nur allzu oft der Schläger aus der Schule war (und ist), der Priester ein realitätsferner Träumer, der allweise Politiker nur ein alternder Schauspieler, der seinen Text abliest.

Ent-Täuschung ist eine emotionelle und geistige Erfahrung, die selten kommt, bevor wir einen Lebensabschnitt erreicht haben, in dem wir unsere Sterblichkeit wirklich begreifen und bewußt entschieden haben, wie wir die späteren Jahre des Lebens mit Sinn erfüllen wollen. Diese Idee ist in vielen Religionen und Kulturen enthalten. Christen bezeichnen sie manchmal als Moment der Epiphanie, ähnlich einer „Wiedergeburt". Japaner nennen sie *Satori*. Im Sensitivity-Training spricht man davon, „Es" zu haben. Und Märchen erzählen von einem Prinzen oder einer Prinzessin, die von einem bösen Zauber (der übrigens mit einem psychischen Vertrag mit Pferdefuß gleichgesetzt werden kann) zu einem wunderbaren neuen Leben erwachen.

Abschnitt 9: Beharren oder Erneuerung jenseits der 55. Beharren bedeutet, eine Aktivität fortzusetzen, nachdem sie keinen Sinn mehr hat. So beharren viele erfolgreiche Manager darauf, Geld zu verdienen, auch wenn sie das Geld lange nicht mehr brauchen. Sie drücken sich vor den tieferen Herausforderungen des Lebens, indem sie die Scheuklappen anbehalten und weiterhin den Karren ziehen.

Sollten solche Leute lieber Golf spielen? Ja, natürlich – aber vielleicht nicht pausenlos, denn wie Shakespeare sagt:

„Wenn jeder Tag ein Feiertag zum Spielen wäre,
Wäre Vergnügen so anstrengend wie Arbeit."

Der Zweck der Freizeit ist, daß wir uns Zeit frei nehmen, um uns zu erholen, die Geschicklichkeit im Spielen zu entwickeln, uns eins mit der Natur zu fühlen, unsere Aktivitäten mit Freunden zu teilen und uns selbst mitzuteilen.

Letztlich brauchen wir aber das Gefühl, daß das, was wir tun, auch einen Unterschied in der Welt macht, und sei er noch so gering.

So liegt die wahre Herausforderung des Lebens nicht darin, den Sinn des Lebens zu finden, sondern eine weit praktischere Frage zu beantworten: „Wie kann *ich meinem* Leben Sinn geben?"

Wenn wir ohne Illusionen leben können und den Wert eines Sonnenuntergangs kennen, begreifen wir, daß unser Glück – vielleicht sogar unsere geistige Gesundheit – von unserer eigenen Antwort auf diese Frage abhängt. C. G. Jung hat gesagt, daß alle Männer mittleren Alters, die er behandelte, an dem gleichen Problem litten: Sie wollten, daß er ihnen eine Art Religion gab. Es geht aber darum, das Leben zu erneuern, indem wir ihm Sinn geben, nicht nur Religion, und unser Sinn kann uns nicht von jemand anderem verschrieben werden. Wie Lao Tse sagt: „Der Weg, der beschrieben werden kann, ist nicht der Weg."

Wir müssen lernen, nicht mehr auf die strenge elterliche Stimme des Gewissens zu hören, sondern auf *unser Selbst*. Wir müssen auf die leise Stimme horchen, die wir in der Kindheit gehört haben, und ihr gehorchen. Das mag leicht klingen, aber nur allzu oft kann es erst erreicht werden, wenn die bessere Hälfte unseres Lebens verstrichen ist. An diesem Punkt kann man die frohe Entdeckung machen, daß es Tricks gibt, die nur alte Hunde lernen können.

Abschnitt 10. Beitragen aus Freude am Beitragen – Die späteren Jahre. Der greise Staatsmann hat einen besonderen Platz in unserem Herzen. Er ist nicht länger ein berechnender Politiker, der egoistische politische Interessen durchsetzt. Er hat die Tretmühle hinter sich. Er hat alles getan und alles gesehen. Er hat seine Spur hinterlassen und ist dafür bewundert worden. Er ist vielleicht sogar einmal in Ungnade gefallen und dann wieder auferstanden wie Phönix aus der Asche. Jetzt sehen wir mit eigenen Augen, daß er sowohl alt als auch weise ist, eine Mutter Erde, die viel zu geben hat. Seine Motivation ist nicht mehr Macht um ihrer selbst willen, sondern endlich schlicht das Wohl der Menschheit. Er will einfach einen Beitrag leisten.

Dies ist die Rolle des Firmengurus. Diese Rolle ist mit einem Titel oder formaler Autorität verbunden oder auch nicht; sie ist der letzte und manchmal persönlich fruchtbarste Abschnitt einer Karriere in der Wirtschaft.

Wie man eine solche Rolle spielt, ist freilich noch immer eine Frage der individuellen Entscheidung. Einstige US-Präsidenten haben die Herausforderung der späteren Jahre nach ihrem jeweils eigenen Stil angenommen. Johnson zog sich als Geschlagener zurück. Nixon rehabilitierte sich – oder doch beinahe. Ford ging auf den Golfplatz. Carter widmete sich seinem Center for International Studies, und Reagan hielt Reden vor Japanern – für zwei Millionen Dollar pro Vorstellung.

Grundrichtung

Die Grundrichtung ist generell eine Frage der sozialen Mobilität. Wie wir sahen, sind Menschen unserer verwestlichten Kultur konditioniert, in der Skala der Berufsstände – Handwerker, Kaufmann, Akademiker, Künstler – aufsteigen zu wollen.

Die Grundrichtung kann in zwei Bereiche unterteilt werden.

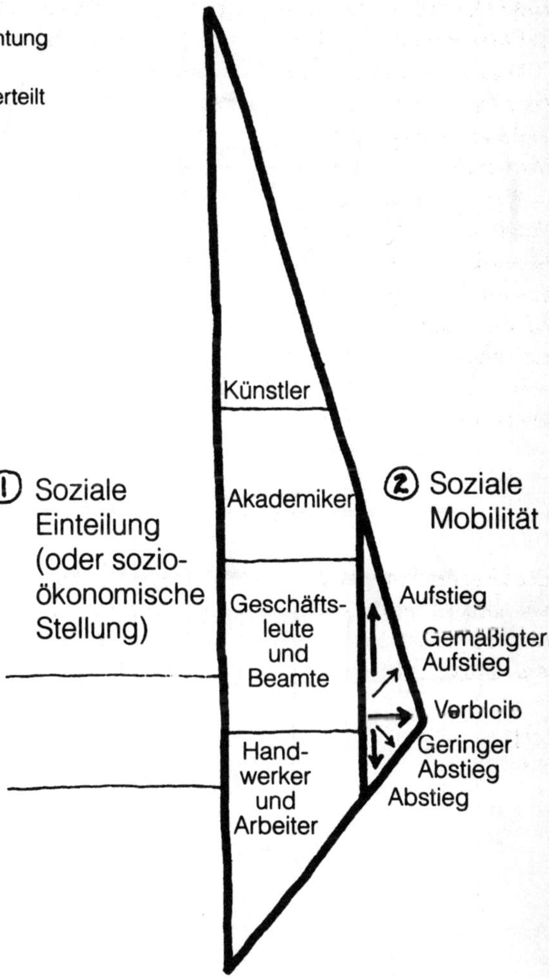

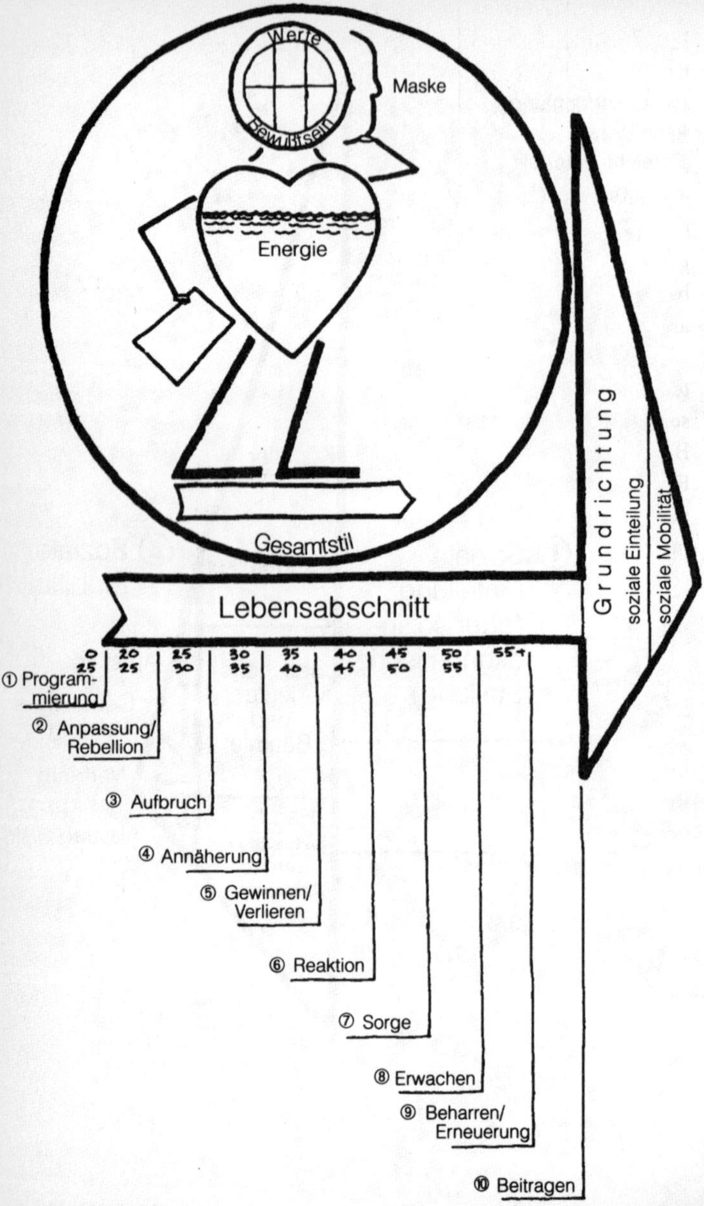
Werte
Bewußtsein
Maske
Energie
Gesamtstil
Lebensabschnitt
Grundrichtung
soziale Einteilung
soziale Mobilität
0 25
20 25
25 30
30 35
35 40
40 45
45 50
50 55
55+
① Program-mierung
② Anpassung/ Rebellion
③ Aufbruch
④ Annäherung
⑤ Gewinnen/ Verlieren
⑥ Reaktion
⑦ Sorge
⑧ Erwachen
⑨ Beharren/ Erneuerung
⑩ Beitragen

Um die Grundrichtung zu messen, vergleichen wir einfach die Herkunft eines Menschen mit seinem gegenwärtigen und wahrscheinlichen sozialen Status. Der Selfmademan von der „falschen Seite" der Stadt will gewöhnlich einer Art imaginärer Leistungsaristokratie oder einem *Verdienstadel* angehören. Die Emigranten, die von Europa nach Amerika auswanderten, teilten diese Motivation. Wer mit einem silbernen Löffel im Mund geboren wurde, hat wahrscheinlich weniger den Wunsch, in der Welt viel zu ändern. So sind auch die wohlhabenden Mittelschichten eher besorgt, nicht zurückzufallen als voranzukommen.

In Amerika werden „Aufsteiger" gepriesen und mit Lob überschüttet. Mario Cuomo, der Gouverneur des Staates New York, erinnert seine Zuhörer oft an seine Eltern, einfache Emigranten – weniger aus Bescheidenheit als aus Stolz. In England hingegen wird sozialer Ehrgeiz – und Erfolg in diesem Ehrgeiz – traditionell als etwas déclassé angesehen, vielleicht sogar als Verbrechen gegen den Allmächtigen, denn wie der viktorianische Dichter behauptet:

„Der Reiche in seinem Schloß,
Der Arme an seinem Tor,
Gott schuf sie hoch oder niedrig,
Und ordnete ihren Stand."

Letzten Endes kann man soziale Mobilität als Ergebnis der Konditionierung definieren, gepaart mit einem unterschwelligen Drang, unser Potential zu verwirklichen und einen Platz in der Gesellschaft einzunehmen, der uns irgendwie „zusteht" – gewiß Dinge, die es wert sind, nach ihnen zu streben.

Feder um Feder wird die Gans gerupft.

John Ray

Große und weniger große Manager einschätzen

Wie man alles über einen Manager herausfindet,
das man wissen muß
und immer wieder todsicher richtige
Bewertungen abgibt.

Personalentscheidungen sollten nie übereilt getroffen werden. Bedenken Sie:

- Eine amerikanische Organisation stellte kürzlich einen verurteilten Vergewaltiger ohne Wissen um seine Vorstrafe ein und wurde von einer ihrer Angestellten, die ein weiteres Opfer des Mannes wurde, mit Erfolg wegen Fahrlässigkeit verklagt.
- George Bush glaubte, Dan Quayle sehr genau überprüft zu haben, bevor er ihn als Vizepräsidenten mitkandidieren ließ. Doch irgendwie offenbarte diese Überprüfung weder Mr. Quayles mittelmäßige akademische Leistungen noch die politisch umstrittene Tatsache, daß er seinem Land nicht in Vietnam gedient hatte.
- Einer meiner Kunden stellte eine Frau ein, die am selben Tag aus einer psychiatrischen Anstalt gekommen war und leider nach nur drei Monaten wieder dorthin mußte.

Jemand muß solche Leute natürlich einstellen, und das sollte auch geschehen. Aber kluge Manager wissen um die juristische und ethische Pflicht – und geschäftliche Notwendigkeit –, die Lehre von der gebotenen Sorgfalt einzuhalten und sich Mühe zu geben herauszufinden, wer die Leute sind, *bevor* sie sie einstellen.

Allerdings kann es schwierig und heikel sein, alle Informationen zu bekommen, und so entstehen immer wieder Fehleinschätzungen über Manager aus dem Versäumnis, eine entscheidende Information aufzudecken – *gewöhnlich, weil das fehlende Stück des Puzzles absichtlich zurückgehalten oder verschleiert wurde.* Darum vergessen Sie nicht, verehrte Leser:

- Je *mehr* Informationen Sie sammeln, desto größer ist Ihre Chance auf eine richtige Bewertung!
- Je *weniger* Informationen Sie sammeln, desto höher ist Ihr Risiko, einen Fehler zu machen!

Und all das führt uns zu der Goldenen Regel der Einschätzung von Managern, wie ich sie nenne: *Kaufen Sie keine Katze im Sack!* Unternehmen Sie vielmehr jede vernünftige Anstrengung, um irgendwie alle Informationen zu bekommen, die Sie brauchen, um eine wohlbegründete Entscheidung zu treffen!

Das Syndrom des verklärten vorschnellen Urteils

Es ist unerläßlich, jedes endgültige Urteil – besonders ein positives – über eine Person zurückzustellen, bis genug Informationen neu gesammelt wurden. Das Syndrom des verklärten vorschnellen Urteils stellt Ihnen sonst ein Bein.

Sie „verlieben sich" in ein idealisiertes Bild der Person, und sehr bald können Sie es nicht ertragen, etwas Schlechtes über den geliebten Menschen zu hören. Dann werden Ihre Mitarbeiter von Ihren unklaren Gefühlen angesteckt. Auch sie können keinen Mangel entdecken, oder wenn sie es können, wollen sie Ihnen nicht die Romanze verderben und beißen sich auf die Zunge. Wenn schließlich jemand weiter Zweifel hat und obendrein die Kühnheit, diese Gefühle dem Arbeitgeber *mitzuteilen*, stellt er fest, daß entweder die unwillkommene Meinung auf taube Ohren stößt oder daß *der Überbringer der schlechten Nachricht* mit der Art Zweifel und Argwohn angesehen wird, die eigentlich dem geliebten Menschen gelten sollte.

Daher die Weisheit von Ambrose Bierces Definition für Liebe: „Ein zeitweiliger Wahnsinn, heilbar durch Heirat oder durch Entfernen des Patienten von den Einflüssen, unter denen ihn die Störung befallen hat. Sie führt manchmal zum Tode, aber häufiger beim Arzt als beim Patienten."

Es gibt viele Wege, Informationen zu sammeln. Man kann lange Gespräche mit dem Bewerber führen, bei der Arbeit, in einem gesellschaftlichen Rahmen oder in der Freizeit, vielleicht sogar bei ihm zu

Hause. Man kann Vorgesetzte, Gleichrangige, Untergebene, Kunden und Zulieferer, frühere Arbeitgeber, ehemalige Lehrer und Klassenkameraden, Nachbarn und PTA-Mitglieder, Ehepartner oder Ex-Ehepartner um Informationen bitten. Man kann eine Schufa-Auskunft einholen und den Bewerber professionell bewerten lassen. Man kann eines von diesen oder all diese Dinge tun und noch viele andere.

Doch es gibt keinen besten Weg, Informationen zu sammeln. So lange man auf ethisch vertretbare Weise vorgeht, ist die Methode nicht so wichtig – nur man muß die Information bekommen.

Die beiden Grundmethoden der Bewertung

Da die meisten Personalberater nicht wissen, welche Eigenschaften sie bei einem Bewerber suchen, wissen sie oft nicht, welche Information sie suchen und wie sie die angebotenen Daten interpretieren sollen.

Welche Information Sie suchen – und wie Sie dabei vorgehen – wird weitgehend davon abhängen, ob Sie einen schon existierenden Kollegen einschätzen oder einen potentiellen neuen Mitarbeiter. Betrachten wir dies ein wenig näher.

Es gibt zwei Grundmethoden, um einen Manager richtig zu verstehen: von außen nach innen oder von innen nach außen.

Methode 1: *Von außen nach innen arbeiten* heißt, daß man die tatsächlichen Gewohnheiten der Person beobachtet und versucht, aufschlußreiche Verhaltensmuster darin zu erkennen. So betrachten wir gewöhnlich Kollegen, Vorgesetzte und Untergebene. Dann ergänzen wir das Profil mit Kenntnissen über das Wertesystem, die wir durch soziale Interaktionen gewinnen.

Methode 2: *Von innen nach außen arbeiten* heißt, daß wir Lebensgeschichte und Werte des Betreffenden in Erfahrung bringen, ein Modell seiner Psyche formulieren und anhand des Modells seine Verhaltensmuster voraussagen. Diese Methode müssen wir gewöhnlich anwenden, um Stellenbewerber und Fremde zu bewerten. Normalerweise ergänzen wir diese Vorgehensweise durch Anrufe bei früheren Arbeitgebern, die wir um Kommentare zu tatsächlichen Verhaltensweisen bitten.

Wie man einen Mitarbeiter einschätzt

Um in der Welt Erfolg zu haben, ist es wichtiger, den Scharfsinn zu haben, um zu erkennen, wer ein Narr ist, als zu entdecken, wer ein kluger Mann ist.

Talleyrand

Eine grobe Faustregel in diesen Dingen ist, daß es schwer ist, Kompetenz – und das Potential zur Beförderung – zu entdecken. Es ist gescheiter und effizienter, *negativ zu selektieren*, d.h. die am wenigsten kompetenten Leute zu erkennen und zu verwerfen, bis man schließlich bei der Person landet, die am wenigsten wahrscheinlich ungeeignet ist.

Das mag nicht wie eine sehr mutige Art klingen, ein Geschäft zu führen, aber sie erweist sich wahrscheinlich als die effizienteste. So versucht der kluge Personalberater, wenn er einen Mitarbeiter einschätzt, sich wie folgt eine Meinung zu bilden. Dazu wird er

1. Verständnis von den unterschwelligen Ursachen der Inkompetenz entwickeln,
2. das gegenwärtige Leistungsniveau des Managers berücksichtigen,
3. verräterische Zeichen der Inkompetenz identifizieren,
4. für die Managertätigkeit zentrale Verhaltensweisen bewerten und dies, wenn möglich, durch Hintergrundmaterial über den Betreffenden ergänzen.

Die unterschwelligen Gründe der Inkompetenz verstehen

Die Geschäftsleitung ist oft verwundert, wenn sie inkompetente Manager bewertet, denn solche Leute sind gewöhnlich schon lange in der Firma, kennen die Branche, arbeiten hart und sehen gut aus. Sie erreichen nur keine Resultate. Warum? Eine gute Frage. Und hier ist die Antwort:

> Inkompetenz kommt nicht von technischen oder intellektuellen Defiziten, sondern von emotionellen Faktoren. Gleichgültig, wie gut er aussieht, irgendwie hat der inkompetente Manager einfach keinen klaren Kopf.

Doppelt schwer ist das unterschwellige Problem zu erkennen, wenn das Syndrom des „Mutlosen Löwen“ vorliegt, wie ich es nenne. Wie der „Feige Löwe“ auf seinem Weg ins Land Oz gibt sich der inkompetente Manager besondere Mühe, wie ein harter Macho-Manager zu wirken, doch die tapfere Fassade verdeckt gewöhnlich Passivität, Abhängigkeit und Angst.

Dieses ganze Syndrom ist gut sichtbar an der Geschichte einer Frau, die Arbeit beim Zirkus suchte. Sie bekam ein Löwenkostüm und wurde beauftragt, in einem Löwenkäfig hin- und herzuschleichen und den Kindern und Eltern, die bezahlt hatten, um den Löwen zu sehen, Angst zu machen. Die Arbeit erwies sich als angenehm, bis sie eines Tages mitten im Schleichen und Knurren merkte, daß die Tür zwischen ihrem Käfig und dem Käfig eines wilden Bengalischen Tigers aufgegangen war. Der entsetzte „Löwe“ sprang sofort an das Gitter seines Käfigs und rief sein Publikum um Hilfe: „Rettet mich, rettet mich, ich bin kein Löwe, ich bin nur eine Frau, die versucht, sich ihren Lebensunterhalt zu verdienen!“ Leider wurde aber der Tiger von dem Lärm angezogen. Er sprang sofort mit feurigen Augen und gefletschten Zähnen in ihren Käfig. Seine Klauen suchten ihren Kopf, seine Zähne ihr Ohr. Dann murmelte er: „Halt’ den Mund, du Idiotin, oder wir sind beide unseren Job los!“

Viele Firmen haben solche Mitarbeiter, und viele scheinbare Macho-„Manager“ in eleganten Anzügen sind verängstigte Waschlappen, die durch Drohgebärden versuchen, ein wenig Respekt im gefährlichen Firmendschungel zu bekommen. Wenn man ihre Maske erkennt, kann man acht Grundprobleme finden.

Lähmende unterschwellige Versagensangst. Die Angst vor dem Versagen macht oft eine sonst sehr ehrgeizige Person inkompetent. Die Versagensangst erzeugt Streß, und die Vorstellung vom Versagen macht es viel schwerer, auf den Erfolg hinzuarbeiten.

Lähmende unterschwellige Erfolgsangst. Viele Menschen vermitteln ihren Kindern eine Angst vor dem Erfolg. Das erreichen sie, indem sie subtil warnen, der Erfolg könne zum Verlust von Freunden führen. Sie vermitteln ein Gefühl der Unwürdigkeit und suggerieren, es sei nicht recht, „sich allzu hoch zu erheben“, und „je höher man steigt, desto unangenehmer wird der unvermeidliche Absturz sein“. Wer unter Erfolgsangst leidet, wird deshalb im typischen Fall entweder von der Unfähigkeit geplagt, Chancen zu nutzen, oder, wenn er Erfolg hat, von Selbstzweifel und Schuldgefühlen, die unbewußt Handlungen der Selbstsabotage provozieren.

Angst vor Uneindeutigkeit. Wie schon gesagt, leiden viele Konformisten an der Unfähigkeit, ohne strukturierte Umgebung zu arbeiten. Paradoxerweise sind solche Leute oft sehr gut ausgebildet. Sie sind harte Arbeiter, die in den niederen Chargen des Managements glänzen. Gewöhnlich leisten sie in Trainingsprogrammen, wo die Situation ähnlich wie im Klassenzimmer ist, Hervorragendes.

Alarmierende Neigung zu Wunschdenken. Angesichts von Schwierigkeiten reagieren viele zu abhängige Manager mit etwas, das sie „positives Denken“ nennen. Ihr scheinbarer Optimismus kann anstecken und sogar als „Nerven wie Drahtseile“ mißverstanden werden. Tatsächlich reflektiert solche Fröhlichkeit meist ein schwaches Urteilsvermögen und eine innere Unfähigkeit, sich der Realität zu stellen. Der kluge, gut angepaßte Manager hingegen unternimmt trotz der Notwendigkeit, gute Miene zu machen, realistische, praktische Schritte, um seine Ziele zu erreichen.

Chronischer Perfektionismus. Ein Perfektionist wurde als jemand definiert, der sich und anderen große Mühe macht. Wie wahr! Perfektionisten werden von dem neurotischen Bedürfnis getrieben, ihre Unsicherheiten zu leugnen, setzen daher unrealistisch hohe Maßstäbe und machen sich dann verrückt, um ihnen gerecht zu werden. Gewöhnlich rationalisieren sie ihre Neurose als „Drang, besonders gut zu sein". Sie erwarten die gleiche Einstellung von anderen, und wenn sie sie nicht antreffen, neigen sie zum Verurteilen und zum Zorn. Ihre schlechte Meinung von den Maßstäben anderer erschwert es ihnen generell zu delegieren und Entscheidungen zu treffen. Sie zögern es hinaus, ein Projekt in Angriff zu nehmen, weil sie fürchten, es nie ganz richtig hinzubekommen, und sie verlieren Zeit bei ihrer überwältigenden Suche nach der „richtigen" Entscheidung. Am Ende läuft ihnen die Zeit davon, und weil von *niemandem* in irgend etwas Perfektion zu erwarten ist, fühlen sie sich berechtigt einzugreifen und treiben alle an, wie verrückt zu arbeiten und den scheinbar unmöglichen Termin zu schaffen. Und so geht es weiter . . .

Manager-Senilität. Viele Manager verlieren im Laufe der Zeit geistige Fähigkeiten, werden starr und unfähig, mit neuen Vorstellungen zurechtzukommen. Sie haben Angst vor Veränderungen, Ressentiments gegen jüngere Manager, sind defensiv und schlicht überfordert, in einer sich wandelnden Welt zu denken und zu handeln.

Keine Lust, die Arbeit zu tun. Manchmal kann ein Mensch zu sehr im Gleichgewicht sein, um ein Bedürfnis zu haben, besondere Leistungen zu zeigen. Paul M. war ein solcher Mensch. Er wurde von einer produzierenden Organisation eingestellt und legte soviel Managertalent an den Tag, daß er sich bald in den höheren Ebenen des Managements befand. Die Firma wollte ihn noch weiter befördern, aber er lehnte ab und erklärte, seine gegenwärtige Stellung fülle ihn voll aus; sie beinhaltete übrigens die Aufsicht über eine große Gruppe von Handwerkern wie sein Vater. Er hatte mehr Geld, als er brauchte, und er wollte einfach seine Freizeitinteressen ausweiten und seine Familie genießen.

Ambivalenz gegenüber der Arbeit oder dem Arbeitgeber

Dies ist mit der fehlenden Lust verwandt, aber komplexer. Viele intelligente, gut ausgebildete, aber emotionell zu abhängige Leute werden von den Belohnungen und der scheinbaren Kollegialität großer Firmen angezogen. Sie stellen jedoch bald fest, daß sie es in einem Wettbewerb um Profit und Beförderung, in dem der Stärkste überlebt, mit tatkräftigen Kollegen aufnehmen müssen, und daß sie für den Wettbewerb mit ihnen wenig geeignet sind. Die zu abhängigen Manager landen gewöhnlich nur auf der unteren mittleren Ebene, aber sie bleiben wegen der Sicherheit und des Ansehens. Recht bald werden sie über ihre eigene Abhängigkeit wütend, beneiden ihre früheren Kollegen, die es weitergebracht haben, und haben wegen ihres Dilemmas Ressentiments gegen die Firma. Äußerlich scheinen solche Leute, die oft langjährige Mitarbeiter werden, zu den Loyalsten zu gehören. Innerlich jedoch hassen sie die Firma oft, verabscheuen ihre eigene Arbeit und rächen sich, indem sie ihr mehr als minimale Kompetenz standhaft vorenthalten.

Das gegenwärtige Leistungsniveau berücksichtigen

Generell zeigen Plus-Manager gute und Minus-Manager schlechte Ergebnisse. Manchmal kann ein im wesentlichen inkompetenter Minus-Manager sehr gute Resultate erzielen, aber gewöhnlich auf große persönliche Kosten, entweder seiner Gesundheit oder persönlicher Beziehungen. Ein wirklich kompetenter Mensch sollte nicht zusammenbrechen oder sterben, wenn die Aufgabe erfüllt ist.

Insgesamt jedoch sind Ergebnisse ein gutes Maß der Kompetenz. Gleichgültig, wie groß sie aussehen oder wie viele Alibis sie vorbringen: Manager, die vernünftige Ziele konsistent nicht erreichen, sind wahrscheinlich inkompetent.

Verräterische Zeichen der Inkompetenz identifizieren

Der inkompetente Minus-Manager ist oft höchst geschickt darin, ohne übermäßigen Gesichtsverlust Verantwortung zu meiden. Verbreitet sind folgende Taktiken:

Plausible Vorwände. Anderweitig inkompetente Minus-Manager legen oft ein atemberaubendes Talent an den Tag, kreative Rationalisierungen dafür anzubieten, daß sie unfähig sind, Resultate zu erzielen. Die Gründe können vielfältig sein, von unentschlossenen Kunden über fallende Märkte und abnehmende Attraktivität des Produkts bis zu fürchterlichen Feinden.

Den schwarzen Peter weitergeben. Dies ist die reflexartige Lieblingsreaktion der meisten inkompetenten Minus-Manager, die man in mittleren bis großen Organisationen antrifft. Es gibt natürlich viele Variationen, aber generell tun sie folgendes:

- Den Chef oder die Chefin verlocken einzugreifen und eine Lösung vorzuschlagen. Dies nennt man „nach oben delegieren“
- Das Problem an einen Ausschuß delegieren, dann warten – und warten, und warten –, daß er eine Empfehlung ausspricht.
- Eine extreme Form des demokratischen Managements praktizieren und das Problem an Untergebene delegieren – „die Insassen das Irrenhaus verwalten lassen“.
- Das Problem einer anderen Abteilung zuschieben – die „horizontale Integration der Verantwortung“.
- Einen Berater zuziehen, der als Sündenbock dient, wenn etwas schiefgeht.
- Eine Forschungsstudie in Auftrag geben. („Wir müssen alle Fakten haben, gleichgültig, wie lange es dauert.“)

Das Problem leugnen. Erklären, das Thema sei unwichtig oder schon seit langem geregelt.

Eine uneindeutige Antwort geben. „Wenn dies zutrifft, dann tun wir dies oder jenes, außer in dieser oder jener Situation; dann tun wir das Gegenteil, aber nicht immer."

Zur Vertagung auf den St.-Nimmerleins-Tag raten. „Wir müssen kriechen, bevor wir gehen, und gehen, bevor wir rennen."

Ins Detail flüchten. Zu beschäftigt mit der Arbeit an dem Problem sein, um eine Entscheidung zu treffen, wie es zu lösen ist.

Die Antwort im Buch suchen. „Die Wonne des Bürokraten", denn er muß tun, was das Buch sagt. Und wenn die Umstände von dem Buch nicht abgedeckt werden, kann natürlich nichts unternommen werden!

Das Problem in Alkohol ersäufen. Den Mut zur Entscheidung in einer Flasche finden. Durch ein solches Prisma betrachtet, sieht die Welt viel weniger bedrohlich aus.

Krank werden. Ein durch Streß verursachtes Leiden bekommen, etwa Migräne oder ein Magengeschwür. Solche psychogenen Leiden führen unweigerlich zu fünf Reaktionen:
- dazu, daß der Minus-Manager eine Weile Ruhe vor dem Problem hat, entweder um heimzugehen oder vielleicht um einen Urlaub zu genießen.
- schirmen den Minus-Manager gegen die Erkenntnis der wahren Natur seiner Inkompetenz ab. Er sagt: „Ich kann meine Arbeit nicht leisten, weil ich dieses Magengeschwür habe." Tatsächlich hat er das Magengeschwür, *weil* er die Arbeit nicht leisten kann.
- erwecken Mitleid bei den Kollegen. Die gesellschaftlichen Konventionen schreiben vor, daß alle nett zu ihm sind und insbesondere nicht versuchen, über seine unterschwellige Inkompetenz zu sprechen.

- strafen ihn, indem sie eine spezifische Krankheit gegen eine zuvor generalisierte Angst austauschen.
- schieben die Schuld für die Krankheit – und die unterschwellige Inkompetenz – dem Arbeitgeber zu. „Ich war gnadenlos überarbeitet."

Vom Ort des Geschehens flüchten. Abwesend sein, bis die Krise vorüber ist, aus der Stadt gerufen werden, an einer Reihe dringender Konferenzen teilnehmen, an einer Reihe von Seminaren teilnehmen, ein „Sabbatical" nehmen oder im Idealfall eine Stelle bei der Konkurrenz annehmen.

Für die Managertätigkeit zentrale Verhaltensweisen bewerten

Eine nützliche Methode, um die Einschätzung eines Managers zu beginnen, ist, sein aktuelles Verhalten mit Verhaltensmustern zu vergleichen, die gewohnheitsmäßig bei erfolgreichen Plus-Managern beobachtet werden. Man kann auch andere wichtige Leute – darunter den Betreffenden selbst – die Häufigkeit solcher Verhaltensweisen bewerten lassen.

Das Schöne an der Einbindung des Betroffenen in die Bewertung ist, daß man ihm seine „blinden Stellen" vor Augen führen und ihn an ihrer Korrektur arbeiten lassen kann.

Die Sage von Sidney Shell

Sidney Shell trat als Verkäufer in die kleinste Filiale einer jungen, wachsenden Immobilienfirma ein. Mit seiner direkten, offenen Art war er bei Kunden und Kollegen beliebt. Seine Verkaufsleistung war nicht überwältigend, aber er war sehr lebhaft. Als der Filialleiter eines Tages ging, bekam Sidney seinen Posten.

Sidney genoß seine Autorität, sah aus wie ein richtiger Führer und war glücklich, lange Stunden für die Verwaltung seiner Filiale zu arbeiten. Bald bombardierte er die Unternehmensführung mit Memos, in denen er seine Ideen für die Gesamtexpansion darlegte. Sehr kritisch beurteilte er die Leistung einer größeren Filiale in der Region, die seiner Meinung nach keine ausreichenden Resultate erzielte. Sidneys Filiale hatte nur bescheidene Erträge erzielt, aber, wie Sidney schnell erklärte, dies lag an dem sehr kleinen Markt, mit dem er arbeitete. Eines Tages rief der Vizepräsident der Gruppe Sidney an, nachdem er wieder ein Memo erhalten hatte, in dem Sidney die Hauptfiliale der Firma kritisierte. „Sie haben recht", sagte er. „Die Leistung dieser Filiale ist durchschnittlich. Würden Sie sie gern übernehmen?" Sidney ließ sich in diese neue, große Stadt versetzen.

Sidney beschloß, ein paar neue Ideen durchzuführen. Er installierte ein neues System und feuerte ein paar „alte Klepper" – Verkäufer, die gleichmäßige Leistungen gezeigt hatten, aber nicht in das Image paßten, das Sidney der Filiale geben wollte. Eine externe Unternehmensberatung wurde beauftragt, sich um das Image zu kümmern, das die Firma am Markt genoß. Außerdem modernisierte er die Räumlichkeiten, so daß sie besser zu der gehobenen Klientel paßten, die das Unternehmen seiner Meinung nach ansprechen sollte. Die Gesamtergebnisse wurden nicht besser, aber alle waren sich einig, daß Sidney sich in der Funktion offenbar wohlfühlte und die Leitung gut machte. Dann begann der Mann, der Sidneys alte Filiale übernahm, wie Sidney sagte, „die Früchte all meiner harten Arbeit zu ernten": Er schrieb ausgezeichnete Zahlen und machte die Filiale zu einer der profitabelsten.

Als der Vizepräsident der Gruppe bei einem Autounfall starb, waren sich alle einig, daß Sidney der logische Nachfolger war. Er war gereift, sah mehr denn je wie ein Führer aus, konnte sich durchsetzen, war gern verantwortlich und ein guter Verwalter. Sicher, er hatte keine großen Gewinne erzielt, aber das war nicht seine persönliche Schuld. Es hatte einen Konjunkturrückgang gegeben, und wenn der Aufschwung käme, meinten alle, würde Sidneys Filiale Zahlen schreiben, die zu seiner Statur und Haltung als Führer paßten. Und da Sidneys eigenes Einkommen an den Gewinn gekoppelt war, schien er eine starke Motivation zu haben, gut abzuschneiden.

Sidney bekam die Position; aber leider kam der Aufschwung nie. Statt dessen ging es weiter bergab. Seine Filiale begann Umsatz zu verlieren. Plötzlich verwickelte sich Sidney mit dem Buchprüfer der Firma in einen Streit über Buchhaltungsprozeduren, die nach Sidneys Meinung die Gewinne nicht richtig reflektierten. „Entweder er geht oder ich", sagte Sidney.

Ein externer Berater wurde beauftragt, das Problem zu klären, und er faßte es so zusammen:

***Resultate:** Sidneys tatsächliche Resultate legen eine unterschwellige Inkompetenz nahe. Ein echter Führer würde nicht ständig mittelmäßige Ergebnisse produzieren.*

***Verhaltensweisen:** Sidney ist gut in vielen führungsrelevanten Verhaltensweisen, läßt es aber an einigen der wichtigeren fehlen. Darunter:*

- *Ziele vorgeben und auf Resultate drängen. Er gibt konsistent niedrige Ziele vor.*
- *Beziehung zu Vorgesetzten. Sidney verträgt sich ausgezeichnet mit seinen Vorgesetzten. Tatsächlich besitzt er ein erhebliches Geschick, von seinen bescheidenen Leistungen abzulenken.*
- *Kundenkontakt. Sidney macht anfangs einen guten Eindruck bei Kunden, gewinnt aber langfristig kein Vertrauen.*
- *Prioritäten setzen. Er konzentriert sich nicht auf die Notwendigkeit, aus dem Büro herauszugehen und Umsatz zu bringen.*
- *Mit Uneindeutigkeit zurechtkommen. Sidney ist anscheinend unfähig, mit abstrakten Dingen umzugehen oder neue Strategien in einer sich wandelnden Umgebung zu entwickeln.*

***Wahrung des Gesichts:** Taktiken zur Wahrung des Gesichts sind:*

- *Einsatz seiner imposanten körperlichen Präsenz, um Fragen zum Verstummen zu bringen;*
- *Produktion von Memos zum Ablenken;*
- *Konzentration auf Schein statt auf Sein;*
- *dem gesamten wirtschaftlichen Umfeld die Schuld geben.*

Innere Ursachen und Deutung: *Sidney ist ein erstgeborenes Kind mit von Natur aus dominantem Stil. Er sieht aus und benimmt sich wie ein natürlicher Führer. Tatsächlich ist er ein sehr konformistischer Mann, dem es an der Fähigkeit fehlt, Information in einer sich wandelnden Welt zu verarbeiten. Obwohl seine Motivation Macht ist, kümmern ihn tatsächliche Ergebnisse relativ wenig. Er hat einen sehr bescheidenen Lebensstandard mit entsprechend niedrigem finanziellem Zufriedenheitsniveau. Es ist weder sein Bedürfnis noch sein Wunsch, viel Geld zu verdienen. Er kann seine Unfähigkeit, tatsächlich etwas zu leisten, nicht länger ertragen und sucht unbewußt einen Ausweg.*

Diese Methode, Verhalten „von außen nach innen" zu bewerten, versucht nicht, emotionelle Beschaffenheit, unterschwellige Ziele oder Lebensabschnitt des Managers auszuleuchten. Dies kann man entweder später ergänzen oder manchmal auch bleibenlassen. Wenn Sie aber daran denken, den Manager in eine neue, anspruchsvollere Position zu befördern, wollen Sie wahrscheinlich mehr Informationen sammeln, indem sie die unten beschriebene zweite Methode anwenden und „von innen nach außen" vorgehen.

Einen neuen Bewerber einschätzen (und/oder das Wertesystem des Mitarbeiters besser verstehen)

Bringt mir Männer für meine Berge,
bringt mir Männer für meine Ebenen,
Männer mit Weltreichen in ihrem Willen,
und neuen Epochen in ihrem Denken.

Sam Walter Foss

Wenn man in der Praxis eine Stelle besetzen will, ist es klug, eine Reihe von Gesprächen mit dem Bewerber zu führen, um die benötigten Informationen zu erhalten.

Stellen Sie *niemals* einen Manager aufgrund eines einzigen Gesprächs ein, denn mittelmäßige Leute können bei nur einem Treffen großartig aussehen, und ganz hervorragende Leute können außerhalb ihres Terrains langsamer wirken. Für ideal halte ich vier Gespräche in mindestens drei verschiedenen Umgebungen. Natürlich werden viele Kandidaten schon nach dem ersten Gespräch ausscheiden, und die meisten werden sich vor dem vierten verabschieden – freiwillig oder nicht.

Der Hauptzweck mehrerer Gespräche ist, hinter die Maske zu schauen und die Person zu erkennen. Ihre Identität entfaltet sich oft, während man von einem Interview zum anderen kommt, speziell von der Formalität des Büros zur scheinbar informellen Atmosphäre eines gesellschaftlichen Treffens. Ich schlage folgende vier Gespräche vor:

1. Ein kurzes „informelles" Gespräch. Ein guter Personalberater kann oft in etwa 20 Minuten eine enorme Fülle von Informationen sammeln. Nie genug, um schon über eine Einstellung zu entscheiden, aber oft genug, um das Interesse zu verlieren.
2. Ein „formelles" Gespräch im Büro, das eine Stunde, zwei Stunden oder länger dauern kann. Dabei kann man den Bewerber auch einigen eventuellen Kollegen vorstellen.
3. Ein „gesellschaftliches" Gespräch, vielleicht beim Mittagessen, beim Golf oder dergleichen. Dies ist übrigens eine wunderbare Art, mehr über einen Kollegen zu erfahren!
4. Schließlich, wenn Sie noch interessiert sind und wenn es möglich ist, ein Gespräch bei dem Bewerber zuhause, im Beisein der Partnerin, des Partners oder der Partner. Auch diese Chance hat man oft bei bereits vorhandenen Mitarbeitern.

Möglicherweise versuchen Sie auch, das Bild durch Überprüfen einiger Referenzen zu vervollständigen. Der Wert solcher Referenzen kann, wie gesagt, zweifelhaft sein, aber die gebotene Sorgfalt verlangt, daß Sie diese Anrufe machen. Darauf kommen wir später zurück.

Zwei entscheidende Fragen und die fünffache Bewertung

Bevor Sie das Gespräch beginnen, sollten Sie wissen, was Sie eigentlich herausfinden wollen. Ich habe das schon recht ausführlich behandelt, aber gehen wir es noch einmal kurz durch. Sie wollen zwei Fragen beantworten:

- *Kann diese Person die Arbeit tun?* Was jemand tun kann, liegt zumeist in Ausbildung und Erfahrung begründet. Ein kurzer Blick auf den Lebenslauf könnte den größten Teil der Informationen liefern, die Sie brauchen, um diese Frage zu beantworten.
- *Wird diese Person die Arbeit tun?* Diese Frage ist weit schwerer zu beantworten. Die Antwort hängt von fünf Aspekten der Wertestruktur, der Persönlichkeitszüge und der emotionellen Beschaffenheit ab.
  1. *Ziele.* Was will oder braucht (oder beides) der Bewerber? Was ist die unterschwellige Motivation? Und, ganz entscheidend, *kann er diese Ziele und emotionellen Bedürfnisse wirklich durch die Arbeit bei mir befriedigen?*
     Wenn die Grundbedürfnisse und -ziele des Bewerbers nicht durch die Arbeit erfüllt werden können, wird er wahrscheinlich kündigen oder zumindest bei der Arbeit unglücklich sein.
  2. *Arbeitsgewohnheiten:* Fleiß, Beharrlichkeit, Selbständigkeit und Ordentlichkeit.
  3. *Fähigkeiten im Umgang mit Menschen:* Fähigkeit, mit Vorgesetzten, Gleichrangigen, Untergebenen und Kunden zurechtzukommen. Einfühlung, Loyalität, soziale Dominanz und Takt. Gut entwickelte Fähigkeiten zuzuhören, zu diskutieren, zu schreiben und sich für etwas einzusetzen.
  4. *Gesunder Menschenverstand:* Die Fähigkeit, in kniffligen Situationen richtig zu raten.
  5. *Emotionelle Anpassung:* Das Fehlen unreifer Denkprozesse und Verhaltensmuster.

Der Sieben-Punkte-Plan

Um den Bewerber in den oben genannten Eigenschaften zu bewerten, braucht man Informationen. Man muß Fragen stellen und spezifische Antworten bekommen. Auch hier empfehle ich, systematisch vorzugehen und bestrebt zu sein, die ganze Lebensgeschichte des Bewerbers aufzudecken, von der Wiege bis zur Gegenwart. Vielleicht gelingt Ihnen dies nicht, aber je näher Sie herankommen, desto besser werden Sie Menschen einschätzen.

Man kann ein sehr lockeres, scheinbar informelles Gespräch führen, von einem Thema zum anderen schweifen, wenn man mag, solange man dabei sieben Elemente aus dem Leben des Bewerbers herausfindet. Ich nenne dies den Sieben-Punkte-Plan. Nehmen Sie einfach ein Blatt Papier und schreiben Sie die sieben Überschriften auf; dann machen Sie sich Notizen unter jeder Kategorie. Sparen Sie sich die Analyse des Bewerbers anhand der fünffachen Bewertung für später auf! Versuchen Sie nur sicherzustellen, daß Sie die folgenden sieben Bereiche seines Lebens abdecken:

1. Frühere Arbeitsverhältnisse,
2. Ausbildung,
3. Erziehung,
4. Finanzen,
5. Partner/Partnerin,
6. Gesundheit,
7. Ziele und Beschreibung der Laufbahn.

Der Zweck, all diese Themen anzusprechen, ist einfach: *Man weiß nie, was man entdecken wird, bevor man ins Gespräch kommt.* Hier kommt ein Paradoxon zum Tragen: *Weil der Bewerber weiß, was er verbergen will, wird er es umso wahrscheinlicher offenbaren* – vorausgesetzt, Sie bringen das generelle Thema irgendwie zur Sprache.

Es ist schwer, ein Geheimnis für sich zu behalten. Wir wollen – und fühlen uns oft gezwungen – uns sensiblen, verständnisvollen Menschen zu offenbaren. Das Geheimnis kommt in den Vordergrund des Bewußtseins und bettelt, mitgeteilt zu werden. Der sensible Personalberater spürt, daß der Kandidat etwas loswerden will, und macht eine nachdenkliche Pause. Das geänderte Tempo gibt dem Bewerber das Gefühl, sein Gesprächspartner habe vielleicht seine Gedanken gelesen. Und schon platzt die ganze Geschichte aus ihm heraus.

Das Gespräch im Büro

... war so klar in seinem großen Amt,
daß seine Tugenden für ihn sprechen
wie Engelstrompeten mit Zungen.

Shakespeare, Macbeth

Man führt ein kurzes, erstes Gespräch. Das reicht oft für eine Seite aus, um sich zurückzuziehen. Das Ziel hier ist, gemeinsame Ziele und vielleicht einen „guten Draht" zu entdecken. Außerdem trägt man der gesellschaftlichen Konvention Rechnung, daß kluge Menschen Fremden gegenüber nicht zuviel von sich selbst verraten. Deshalb ist dies ein Gespräch zum Kennenlernen mit der stillschweigenden Übereinkunft, daß beide Seiten die Themen kurz anreißen, um dann später bei einem tiefergehenden Gespräch darauf zurückzukommen. Lassen Sie also ruhig einige Themen auf sich beruhen und kommen Sie später darauf zurück, falls Sie interessiert sind!

Schauen wir nun, auf welche spezifischen Fragen ein kluger Personalberater Antworten haben möchte, bevor er grünes Licht für die Einstellung gibt.

1. Frühere Arbeitsverhältnisse

Junge Männer stiegen auf, über ihn hinaus,
und höher und höher;
aber er war immer ganz unten.

Charles Dickens, Dombey and Son

Nennen Sie mir bitte Ihre früheren Arbeitsverhältnisse, angefangen mit dem ersten bis zum jetzigen! Ich möchte wissen, wie Sie jede Stellung bekommen haben, von wann bis wann Sie dort waren, Ihr jeweiliges Gehalt, wie Sie mit den Leuten zurechtkamen, Ihren Management-Stil, was Ihnen gefiel und was nicht, und warum Sie gegangen sind.

Daten. Fragen Sie nach Monat und Jahr der Anstellung! Das kann sehr wichtig werden. Sie können keine Beschäftigungslücke entdekken, wenn Sie diese Daten nicht bekommen. Vorsicht, wenn der Bewerber sagt, er könne sich nicht erinnern. Versuchen Sie, seinem trägen Gedächtnis auf die Sprünge zu helfen. *Nun, sprechen wir ein wenig darüber. Haben Sie Ihre neue Stelle im Frühling oder im Herbst angetreten? Vor oder nach den Ferien?*

Gehaltsentwicklung. In der Regel bekommen die Leute das Gehalt, das sie wert sind. So macht ein Spitzenverdiener generell eine Menge richtig, und wer wenig verdient, bringt mittelmäßige Leistungen. Allerdings gibt es Ausnahmen, und meiner Erfahrung nach irrt diese Regel eher auf der Seite der zu hohen Bezahlung. So ist das Prinzip „Mehr Glück als Verstand" eher für ein hohes als ein niedriges Einkommen verantwortlich. Sowohl die Sahne als auch bestimmte Arten von Abschaum setzen sich oben ab.

Beziehungen. Leuchten Sie die vier wichtigsten Bereiche aus: mit Vorgesetzten, Gleichrangigen, Untergebenen und Kunden. Eine gut angepaßte Person hat gewöhnlich keine großen Schwierigkeiten, mit anderen auszukommen. Sie identifiziert sich mit der Organisation und ist gern Mitglied des Teams. Sie sagt: Wir haben dies und jenes getan.

Horchen Sie sorgfältig auf Zeichen der Feindseligkeit, denn selbst wenn Ressentiments angebracht sind, kritisiert eine wirklich kluge Person selten frühere Arbeitgeber! Solche Feindseligkeit ist ein schlechtes Zeichen für Menschenverstand und emotionelle Anpassung eines Bewerbers sowie für sein Einfühlungsvermögen und seine Loyalität. Bedenken Sie auch, daß Feindseligkeit leicht neue Ziele findet! Heute ist sie gegen einen früheren Arbeitgeber gerichtet, morgen vielleicht gegen Sie.

Sprechen Sie besonders ausführlich über die Beziehung mit Vorgesetzten, denn ein Vorgesetzter könnte zum größten Teil verantwortlich für die gute Leistung eines sonst mittelmäßigen Untergebenen sein! Stellen Sie fest, wie genau der Aufgabenbereich strukturiert war, und wie oft der Vorgesetzte den Fortschritt kontrollierte!

Hören Sie genau zu, wenn ein Manager oder eine Managerin ihren Management-Stil beschreibt, und versuchen Sie, ihn unter dominant, distanziert oder abhängig einzuordnen! Zucken Sie (innerlich) zusammen, wenn Manager sich selbst als Führer bezeichnen, denn ebenso wie ein Gentleman als ein Mann beschrieben werden kann, der das Wort nie benutzt, neigen auch wirkliche Führer dazu, ihre Leistungen für sich sprechen zu lassen! Werden Sie auch hellhörig, wenn jemand seine Rede mit dem Wort „aggressiv" würzt – „Ich bin ein aggressiver Manager, der sich die Ärmel hochkrempelt", „Ich bin ein anspruchsvoller Manager, der Ziele sehr aggressiv durchsetzt" –, denn hinter Machowörtern verstecken sich oft verängstigte Seelen, die zu beschönigen versuchen, daß sie unter Druck die Nerven verlieren können!

Fortschritt. Achten Sie bei Titeln und Pflichten auf Zeichen für wachsende Verantwortung und entsprechende Einkommenssteigerung bei jeder Stellung! Gute Leute werden gewöhnlich recht schnell befördert und finanziell entschädigt.

Neigungen und Abneigungen. Neigungen und Abneigungen können vieles verraten – darunter Arbeitsgewohnheiten, Fähigkeiten im Umgang mit Menschen, Anpassungsprobleme und die Fähigkeit, mit Druck fertigzuwerden, sowie emotionelle Bedürfnisse nach Autonomie, Leistung, Macht, Status und dergleichen.

Leistungen. Wenn Sie beachten, wo das Schwergewicht bei der Darstellung der Arbeitsleistungen liegt, können Sie gewöhnlich einen recht guten ersten Einblick in die Motivation eines Menschen bekommen. Der Machstrebende betont Titel und Zahl der Untergebenen; der Gemeinschaftsmensch betont vielleicht, wie er anderen helfen konnte; der Leistungsorientierte wird sich gewöhnlich auf spezifische, quantifizierbare Resultate „unterm Strich" konzentrieren.

Grund der Kündigung. Mitarbeiter kündigen aus vielen Gründen. Sie sollten herausfinden, wer genau die Kündigung forciert hat. Bedenken Sie, daß gute Leute sehr schwer zu finden sind und daß ein kluger Arbeitgeber gewöhnlich allerhand tut, um einen Plus-Manager bei Laune zu halten. Andererseits wird ein mittelmäßiger Manager gewöhnlich auf die eine oder andere Weise gedrängt, sich anderweitig umzutun. Wenn der Grund der Kündigung schwach klingt und keine Indizien für das Gegenteil vorliegen, ist es gewöhnlich klug anzunehmen, daß der Arbeitgeber clever ist und es für diesen Mitarbeiter nicht attraktiv machen wollte, auf seinem Posten zu bleiben. Manchmal irren sich natürlich auch kluge Arbeitgeber und lassen sehr gute Leute gehen. Aber nicht sehr oft.

2. Ausbildung

In finsteren Zeitaltern sind oft Männer erschienen. In jenen Tagen konnte nur ein Mann, den die Natur eigens zur Größe ausersehen hatte, groß werden. Heute, da Bildung leicht ist, werden Männer zur Größe abgerichtet wie Hunde zum Apportieren. So haben wir eine neue Art Genie entdeckt: diejenigen, die groß im Abgerichtetwerden sind. Das sind die Leute, die vor allem den Markt verderben.

Georg Christoph Lichtenberg

Es würde mich interessieren, mehr über Ihre Ausbildung zu hören. Ihre Lieblingsfächer und Ihre ungeliebtesten Fächer. Welche Noten Sie hatten, welche Themen Sie am meisten und am wenigsten mochten, was Sie außer Ihren eigenen Fächern interessierte, besondere Stipendien und Preise, Funktionen, in die Sie gewählt wurden, was Sie als Ihre größte Leistung während Ihrer Ausbildung betrachten und wie diese finanziert wurde. Vielleicht können wir mit dem Gymnasium beginnen und dann über die Universität sprechen.

Es kann nützlich sein, das Feld der Ausbildung umzupflügen. Über Ausbildung zu sprechen, eröffnet gewöhnlich auch ein generelles Gespräch über Familienleben und Einflüsse. Aufschlußreich sind:

Gesamtstil. Die Muster dominant, distanziert und abhängig können sehr früh sichtbar werden. Das damit verbundene Streben nach Macht und Status, Leistung und Autonomie, Zuneigung und Akzeptanz ist manchmal besonders leicht erkennbar.

Zeichen für Engagement und Beharrlichkeit. Fragen Sie nach dem Grund für jede etwaige Entscheidung, eine Prüfung oder einen Abschluß nicht zu machen!

Interesse an konkreten, praktischen Themen. Dazu gehören Wirtschaft, Psychologie, Naturwissenschaft und dergleichen. Die breiteren Geisteswissenschaften – Literatur, Philosophie, Geschichte – interessieren komplexe, sensible Studenten, die gern über abstrakte Fragen spekulieren. Menschen, die Erfolg in der Wirtschaft haben, sind oft eher an ihrer Meinung nach realitätsnäheren Themen interessiert.

Andere Interessen. Breite Interessen helfen eine Persönlichkeit abzurunden. Aktivitäten wie Schach, Debatten und Fotografie können von Forschungsdrang, Kreativität oder starken Bedürfnissen, besser zu werden, zeugen.

Wahl in führende Funktionen. Im Studium ergeben sich viele Chancen, in Führungsfunktionen gewählt zu werden. Eine solche Wahl kann frühe, natürliche Führungsqualitäten oder ein starkes Gemeinschaftsbedürfnis signalisieren.

Noten. Dies ist oft ein guter Gradmesser für Motivation und Leistungsbedürfnisse. Schließen Sie aber nicht voreilig, daß gute Noten gleichbedeutend mit insgesamt gutem Urteilsvermögen seien. Die beiden haben vielleicht nichts gemein.

Finanzieller Beitrag. Studenten, die Geld verdienen müssen, um durchzukommen, lernen oft schneller, selbständig und reif zu werden, als Studenten, die das nicht müssen. Der Beitrag kann die Form von Stipendien und dergleichen haben.

Aktivitäten in den Ferien. Sie können Ihnen viel über Motivation verraten. War der Bewerber am Strand, oder hat er hart gearbeitet, um sein Studium zu finanzieren? Eine wirklich kluge, zielbewußte Person hat vielleicht die Chance genutzt, im Sommer ein Praktikum in ihrem wichtigsten Interessenbereich zu absolvieren.

Neigung zum Unternehmertum. Besonders interessant ist der Student, der während des Studiums ein Unternehmen gegründet hat. Dies ist eins der sichersten Zeichen für wirkliches Managerpotential.

3. Erziehung

Der Mensch kann nicht ohne ernsthafte
Gefährdung seiner seelischen Gesundheit
zu lange im Schoß seiner Familie leben.

C. G. Jung

Wie ich sehe, sind Sie in XYZ zur Schule/Universität gegangen. Haben Sie noch Wurzeln dort? Haben Ihre Geschwister dieselbe Schule oder Universität besucht? Sehen Sie sie heute noch oft?

Das Leben der meisten Menschen wird in der Kindheit vorprogrammiert. Um diese Programmierung, den psychischen Vertrag und die potentielle krönende Leistung zu erkennen, werden Sie deshalb folgendes suchen:

- *Die sozioökonomische Position der Familie,* erkennbar an den Berufen und Interessen der Familie.
- *Die Werte, die sie vermittelt haben.* Haben sie ein Arbeitsethos vermittelt? Eine Leistungsmotivation?
- *Das emotionelle Klima in der Familie.* Eine glückliche Familie bringt gewöhnlich glückliche Menschen, eine unglückliche Familie unglückliche Menschen hervor. Trennungen und Scheidungen signalisieren oft ein unglückliches emotionelles Klima.
- *Die Beziehung zu den Eltern.* Gut angepaßte Menschen haben meist eine gute Beziehung zu beiden Eltern. Schlechte Beziehungen zu den Eltern lassen gewöhnlich auf ein unglückliches emotionelles Klima schließen.
- *Die Beziehungen der Familie zur Gesellschaft.* Scheinbar unterprivilegierte Familien haben eine enorme Fähigkeit, besonders lei-

stungsfähige Menschen hervorzubringen. Die Kinder wohlhabender Eltern sind von ganz anderen sozialen Erwartungen motiviert.

- *Die Position des Bewerbers in der Familie.* Ältestes, mittleres oder jüngstes Kind? Wie stark hat sich dies auf die Entwicklung eines umfassenden Persönlichkeitsstils ausgewirkt? Was sind die Geschwister von Beruf? Scheint der Bewerber seinen Platz in der Familie zu bewahren?

Ein kluger und subtiler Personalberater könnte Antworten auf all diese Fragen und einige mehr in jenem ersten Gespräch von zwanzig Minuten bekommen, ohne den Kandidaten unter Druck zu setzen oder auch nur diesen Eindruck zu erwecken. Mit dieser Information plus dem Wissen über Gehälter und frühere Arbeitsverhältnisse könnte der Personalberater schon nahe daran sein, den psychischen Vertrag und die wahrscheinliche Zukunft des Befragten zu verstehen.

4. Finanzen

Bringe zwei Dinge über einen Mann in Erfahrung – wie er sein Geld verdient, und wie er es ausgibt –, und du hast den Schlüssel zu seinem Charakter, denn du hast einen Suchscheinwerfer, der die innersten Winkel seiner Seele ausleuchtet. Du weißt alles, was du wissen mußt, über seine Maßstäbe, seine Motive, die Wünsche, die ihn antreiben, und seine wahre Religion.

Robert J. McCracken

Wie ich sehe, wohnen Sie in XYZ. Wie finden Sie den Weg zur Arbeit? Wie haben Sie diese herrliche Gegend entdeckt? Ich glaube, dort gibt es gute Immobilienpreise.

Die Frage nach dem Weg zur Arbeit ist wirklich sehr gut, denn sie kann wie freundschaftliches Geplänkel wirken, aber die Zeit, die man für den Weg zur Arbeit braucht, ist eindeutig ein sehr wichtiger Einstieg. Die Antwort bringt das Gespräch gewöhnlich auf ein noch wichtigeres Thema.

Finanzielles Zufriedenheitsniveau. Sie möchten herausfinden, wieviel Geld der Bewerber braucht, um seinen Lebensstandard zu finanzieren. Wird das Einkommen, das Sie anbieten, seine Ausgaben decken? Weist der Lebensstandard auf Vorsicht oder Verschwendung hin? Sind seine Bedürfnisse so gering, daß er wenig oder keinen Anreiz hat, Umsätzen und Gewinnen nachzujagen? Sind die Verdiensterwartungen realistisch?

Wohnt der Bewerber im eigenen Haus oder zur Miete? Hat er ein Haus oder mehrere? Ein Auto oder mehrere? Andere Spielsachen und schöne Dinge? Muß er Kinder ernähren, ihnen das Studium finanzieren? Welche Universität schwebt ihnen vor? Im Idealfall wollen Sie Zahlen – was das Haus oder die Häuser kosten, Höhe der Hypothek(en), annähernde monatliche Belastung und annähernder Nettowert. Gewöhnlich kann man den Bewerber dazu bringen, diese Zahlen zu nennen, oder genug Informationen, um sie ungefähr zu erraten. Falls er schweigt, machen Sie sich keine Sorgen, merken Sie sich die Zurückhaltung und gehen Sie weiter zu den anderen Themen! Wenn Sie später noch Interesse an dem Bewerber haben, holen Sie einfach eine Schufa-Auskunft ein, bevor Sie ihm eine Stelle anbieten!

Außerdem sollten Sie in Erfahrung bringen, ob der Bewerber die sozioökonomische Position seiner Eltern bereits überholt hat, und wenn ja, ob deshalb ein Nachlassen oder Ausgebranntsein zu erwarten ist.

Der Fall des Verkäufers auf Abwegen

Chancey Climbing (38), ein sehr charmanter Starverkäufer, wurde für die Beförderung zum Marketing Director in Betracht gezogen. Er hatte in seinem ersten Jahr an der Front nicht viel Umsatz gebracht, aber dies wurde einer notwendig langen Vorlaufzeit zugeschrieben. Ein Routinegespräch erbrachte, daß Chancey in den letzten beiden Jahren nicht weniger als acht Häuser ohne Anzahlung erworben hatte. Außerdem hatte er eine Jacht und einen Sportwagen gemietet. Die Kosten dieses hochfliegenden Lebensstandards waren größer als die Höchstsumme, die er verdient hätte, wenn er alle seine Umsatzziele erreicht hätte. Die Folgerung daraus war leider, daß Chanceys Statusbedürfnisse und finanzielles Zufriedenheitsniveau so hoch lagen, daß er gezwungen war, fast seine gesamte Energie seinen eigenen Interessen zu widmen – praktisch eine Immobilienfirma zu führen –, und so gut wie gar keine Zeit hatte, Umsatz zu machen. Folglich wurde er nicht befördert und nicht mehr auf Gehaltsbasis, sondern auf Provisionsbasis bezahlt. Einen Monat später verließ er die Firma.

5. Lebenspartner

Wähle deinen Mann nicht bei einem Tanz,
sondern auf dem Feld
unter den Erntearbeitern.

Tschechisches Sprichwort

Ich glaube, mit all den Bäumen und den Grünflächen könnte es ein sehr schöner Ort sein, um eine Familie heranwachsen zu sehen. Gibt es dort gute Restaurants, oder laden Sie meist zu sich nach Hause ein? Wäre ein Umzug problematisch?

Früher war ein Manager ein Mann, glücklich verheiratet mit einer Frau, die wunderbare Kinder gebar und erzog. Scheidung war verpönt, und Homosexualität ganz und gar sündig. Das hat sich geändert. Die Gesellschaft, auch die Welt der Wirtschaft, ist viel toleranter mit abweichenden Lebensstilen. Verschiedenste Menschen sind aus allen möglichen Verstecken hervorgekommen, und das Versteck der angeblich glücklich Verheirateten wurde als erstes verlassen. Heute haben viele Manager das Heiraten gleich unterlassen und leben ganz offen mit einer Partnerin. Andere sind geschieden und wiederverheiratet oder geschieden und solo. Heutzutage, wo viele Lebensstile akzeptiert werden, machen wir uns eher Sorgen um die psychische Gesundheit von Menschen, die solchen Veränderungen gegenüber in starrer Intoleranz verharren.

Wenn Sie aber einen Manager richtig einschätzen wollen, kann die Berücksichtigung seiner privaten Lebensverhältnisse recht wichtig werden, denn die Partnerwahl kann sich entscheidend auswirken auf

1. Lebensanschauung und Ziele,
2. finanzielles Zufriedenheitsniveau,
3. geographische und soziale Mobilität,
4. Fähigkeit, mit anderen zurechtzukommen,
5. Engagement für den Beruf.

Was Sie wissen müssen, ist, ob der Partner den Manager bei der Erfüllung seiner Arbeit unterstützen oder behindern wird. Der Partner hat fast sicher ein eigenes Familienschicksal zu erfüllen. Dies läßt sich schnell feststellen, indem man folgendes in Erfahrung bringt:

- die sozioökonomische Position der Eltern des Partners (oder der Partnerin).
- das Bildungsniveau des Partners,
- den Platz des Partners in der Familie (anhand dieser Information können Sie den Stil und die unterschwelligen sozioökonomischen Ziele des Partners recht gut erraten),
- gemeinsame Interessen und Aktivitäten. Zeichen für eine glückliche Beziehung, Gemeinschaftssinn und vielleicht Mobilität nach oben. Bereitschaft, Kunden zu bewirten, könnte auch von Interesse sein.
- Kinder und Ziele für die Kinder. Diese werden sich auf das finanzielle Zufriedenheitsniveau auswirken.
- ob der Partner in der Beziehung dominiert. Wenn der Partner der Untergeordnete ist, werden die Ziele des Managers wahrscheinlich Vorrang haben. Dominiert der Partner, so werden seine (oder ihre)

Ziele Vorrang haben, und Sie müssen feststellen, ob diese Ziele zu den Ihren passen.

Eine wirklich gute Frage zum Schluß ist: *Hat Ihr Partner irgendwelche Kleinigkeiten an Ihnen auszusetzen?* Diese scheinbar harmlose Frage bringt oft eine sehr aufschlußreiche Antwort, die der Manager gern gibt – nicht wissend, wie zutreffend die Klage seines Partners ist.

Ich erinnere mich an zwei derartige Antworten. Ein Mann, der sehr gut aussah, erzählte, seine Frau nenne ihn „unterwürfig und unentschlossen“. Wie recht sie hatte! Ein anderer Kandidat nannte eine andere ständige Klage: „Er kann es nicht leiden, daß ich immer recht habe, wenn wir streiten.“

„Haben Sie denn immer recht?“ fragte ich.

„Oh ja, ich habe immer recht! Und er kann es nicht ausstehen!"

Es ist tatsächlich selten schwer, ein Gespräch über Familie und Lebenspartner anzufangen. Ein solches Gespräch beginnt meist mit der Frage nach dem Weg zur Arbeit. Sobald der Bewerber hierüber spricht, ist es gewöhnlich recht einfach, einen Großteil der übrigen Informationen zu bekommen, die Sie brauchen. Wenn eine solche Plauderei gut geführt wird, kann sie sehr leger und unwichtig wirken, fast wie eine Abschweifung oder Pause von gewichtigeren Themen.

6. Gesundheit

Wer zu beschäftigt ist, um sich um seine Gesundheit zu kümmern, ist wie ein Mechaniker, der zu beschäftigt ist, um sich um sein Werkzeug zu kümmern.

Spanisches Sprichwort

Was tun Sie, um in Form zu bleiben?

Körperliche Gesundheit hat mit emotioneller Anpassung zu tun. So ist schlechte Gesundheit oft ein Zeichen für emotionelle Probleme und Schwierigkeiten im Umgang mit Streß. Wenn der Druck bei der Arbeit zu groß wird, treten oft gesundheitliche Probleme auf: Kopfschmerzen und Migräne, Asthmaanfälle und Magenkrankheiten, Geschwüre und Darmkrämpfe. Menschen behandeln diese Störungen auf vielfache Weise – mit verordneten Medikamenten, mit rezeptfreien Mitteln und natürlich auch mit Alkohol und Nikotin.

Ein guter Manager ist emotionell wahrscheinlich besser angepaßt als die meisten Menschen und neigt daher weniger zu gesundheitlichen Problemen. Letztlich achten gute Manager typischerweise auf ihre Gesundheit.

Deshalb ist die Gesundheit für die Einschätzung eines Managers wichtig, und als Faustregel kann man von zwei Annahmen ausgehen:

- *Chronische Gesundheitsprobleme können ein Zeichen für emotionelle Schwierigkeiten und Probleme im Umgang mit Streß sein.* Finden Sie heraus, welche Situation das Problem akut werden läßt! Versuchen Sie, festzustellen, welche Behandlung angewandt wird, um das Problem zu lindern!
- *Das Problem wird unter ähnlichen Bedingungen in der Zukunft wahrscheinlich wieder akut werden.* Strukturieren Sie jede Arbeit so, daß der Manager dieser Situation künftig nicht ausgesetzt ist!

Zwei verbreitete Mittel sind natürlich Nikotin und Alkohol. Deshalb ist es klug, herauszufinden, ob ein Bewerber raucht oder trinkt, und wenn ja, wie oft und wann.

Um gesundheitliche Probleme zu entdecken, rate ich zu folgendem:

- Fragen Sie höflich nach der Gesundheit, kommen Sie von da aus zu einem allgemeinen Gespräch, in dessen Verlauf Sie „nebenbei" nach Unfällen, Krankenhausaufenthalten, Migränen, Herz beschwerden und dergleichen fragen könnten!
  Es wäre töricht – und ohnehin rechtswidrig –, jemanden zu diskriminieren, weil er (oder sie) behindert, verkrüppelt, blind, epileptisch oder AIDS-infiziert ist. Interessant ist, ob ein Gesundheitsproblem infolge des Drucks akut wird, der zur Arbeit gehört.
  - Verlangen Sie eine Generaluntersuchung vor der Einstellung und eine regelmäßige jährliche Kontrolluntersuchung.

Außerdem sollte man an diesem Punkt höflich nach der Gesundheit der direkten Angehörigen fragen. Oft bringt ein kranker oder leidender Manager auch eine kranke und leidende Familie mit. Das kann völlig unwichtig sein. Andererseits kann es später zu einer sehr bedeutenden Ablenkung werden. Am besten verschafft man sich Klarheit über den Punkt.

7. Ziele und Beschreibung der Laufbahn

Steige hoch
Steige weit
Dein Ziel der Himmel
Dein Ziel der Stern.

Inschrift auf den Stufen des Hopkins-Denkmals,
Williams College

Es würde mich interessieren, von Ihrer größten persönlichen Leistung zu hören, wo Sie glauben, vielleicht gescheitert zu sein, Ihre kurzfristigen und langfristigen Ziele, auch was Sie, realistisch betrachtet, in fünf oder gar zehn Jahren zu verdienen hoffen.

Größte Leistung. Ist die Leistung arbeitsbezogen? Welche spezifischen Bedürfnisse reflektiert sie? Wenn eine nicht arbeitsbezogene Leistung genannt wird, müssen Sie prüfen, ob die Anstrengung, die dazu nötig war, in die Arbeit kanalisiert werden kann.

Leistungsorientierte konzentrieren sich gewöhnlich auf eine arbeitsbezogene Leistung. Machtorientierte konzentrieren sich auf Titel und die Zahl der Untergebenen. Gemeinschaftsorientierte betonen ihre Beziehungen, oft Ehe und Kinder.

Mißerfolge. Auch hier ist es nützlich, die Antwort anhand der Begriffe dominant, distanziert und abhängig zu überdenken. Ein dominanter Mensch bedauert oft, Macht oder Status nicht gewonnen zu haben, ein distanzierter bedauert einen Verlust an Autonomie oder Leistung, ein gemeinschaftsorientierter Mensch beklagt verlorene Chancen, Beziehungen zu entwickeln.

Vielen Menschen fällt es schwer, Mißerfolge zuzugeben; deshalb ist die Antwort auch ein Zeichen für Selbsterkenntnis und Offenheit des Befragten. Reflektiert die Antwort eine Unfähigkeit, die Realität zu akzeptieren? Ist der Bewerber ein „Alibikünstler", der sich als

Opfer sieht und versucht, anderen die Schuld zu geben, wenn etwas schiefgeht?

Kurzfristige und langfristige Ziele. Welche psychologischen Bedürfnisse werden reflektiert: Macht? Status? Leistung? Sicherheit? Autonomie? Klingen diese Ziele realistisch? Unrealistische Ziele sind ein deutliches Kennzeichen für unreife Menschen, die zu Wunschdenken neigen. Passen diese Ziele zu der Stellung und den Chancen, um die es hier geht? Wenn nein, kann ein tragfähiger Kompromiß erreicht werden?

Einkommenserwartungen. Der Befragte nennt sein erwartetes finanzielles Zufriedenheitsniveau. Klingt die Antwort realistisch? Wird die angestrebte Laufbahn die Chance bringen, soviel Geld zu verdienen? Könnte eine zu geringe Erwartung auf einen Mangel an Motivation hinweisen?

Das gesellschaftliche Gespräch

Ein Gespräch außerhalb des Büros bietet neue Möglichkeiten, Einblicke und Informationen zu bekommen. Obwohl scheinbar lockerer als das Gespräch im Büro, kann das gesellschaftliche Gespräch tatsächlich anspruchsvoller sein, und einstudierte Antworten, die im Gespräch im Büro vielleicht nicht bemerkt werden, können jetzt banal und unecht klingen. Natürlich sind auch manche Blender in dieser Situation in Höchstform, darum seien Sie vorsichtig und achten Sie darauf, harte Daten zu bekommen, nicht nur Eindrücke!

Am häufigsten werden solche Gespräche beim Mittagessen geführt. Oft wird der Bewerber auch zum Golfen eingeladen, vielleicht in einer Vierergruppe mit anderen interessierten Teilnehmern. Zu den besonderen Vorteilen des gesellschaftlichen Gesprächs gehören:

Die Uneindeutigkeit der Situation. Soziale Intelligenz und Urteilsfähigkeit kommen ins Spiel. Die Bewerber sollen die eher legere

Seite ihrer Persönlichkeit zeigen, mit ein wenig freundlichem Geplänkel und so weiter. Sie müssen schnell und sensibel auf die Nuancen von Ton und Stimmung reagieren. Wenn Golf gespielt wird, liefert das Spiel selbst natürlich eine Gelegenheit, zu sehen, was Bewerber unter Druck leisten. Wie sie mit einem ungeschickten oder peinlichen Schlag fertigwerden, wie sehr sie rauchen, fluchen, schmollen oder gar mogeln, ist von besonderem Interesse. Solche Verhaltensweisen können kein Beweis, aber ein Hinweis auf eine geringe Frustrationsschwelle oder ein hohes Leistungsbedürfnis sein. Auf jeden Fall sind es neue Informationen für den Personalberater.

Der Einfluß von Alkohol.Der Personalberater hat jetzt die Möglichkeit, dem Bewerber Fragen zu stellen, während eine bewußtseinsverändernde Droge auf ihn wirkt. Gedanken, Worte und Verhalten werden beeinflußt. Die Alltagsfassade wird mit Sicherheit verrutschen. Ein aufmerksamer Personalberater bekommt neue Einblicke und vielleicht auch neue Informationen.

Was, wenn der Bewerber nicht trinkt? Muß er das gebotene Naß trotzdem schlucken? In der Vergangenheit vielleicht. Heute ist man klüger. Und heutzutage könnte ein legeres „Haben Sie besondere Gründe?“ klingen wie eine fürsorgliche Frage. Ist der Betreffende nur eine sehr ausgeglichene, distanzierte Person, deren Leben so sehr in Ordnung ist, daß Alkohol unwichtig ist, oder könnte die Art ihrer Ablehnung ein Zeichen von Zwanghaftigkeit oder Starrheit sein? Vielleicht ist der Bewerber ein „trockener“ Alkoholiker, jemand, der sein Problem eingesehen hat und *tatsächlich etwas dagegen tut*. Ein solcher Mensch könnte eine ausgezeichnete Wahl sein. Wenn ein Manager gleichzeitig ein Glas Wein und ein Glas Mineralwasser bestellt – und dann einfach „vergißt“, den Wein zu trinken –, sollte man seine gesellschaftliche Gewandtheit registrieren. Derjenige, der die Gelegenheit wahrnimmt, ein paar Flaschen sehr teuren Wein hinunterzuschütten, ist wahrscheinlich am besten für den Verkauf geeignet – auf strikter Provisionsbasis.

Die Chance, zu zeigen, daß Ihre Organisation menschliche Züge hat! Clevere Plus-Manager wissen, daß auch Organisationen Fassaden haben, und schätzen die Gelegenheit, die wirklichen Persönlichkeiten hinter einer solchen Maske zu entdecken. Wenn beiden Seiten gefällt, was sie hinter dem Äußeren entdecken, kann der Weg zu guten Arbeitsbeziehungen wesentlich leichter werden.

Bei einem gesellschaftlichen Gespräch ist es ratsam, folgende Punkte zu beachten:

Versuchen Sie nicht, den Bewerber zu beeindrucken! Sagen Sie, wer Sie sind, und seien Sie, wer Sie sind! Behandeln Sie den Bewerber, wie Sie selbst unter solchen Umständen behandelt werden möchten! Natürlich stellen Sie sich möglichst gut dar, und Sie sind auch berechtigt, den Vorteil zu nutzen, den die Situation Ihnen gibt – jeder kluge Manager wird das verstehen. Aber seien Sie fair!

Wählen Sie das Lokal richtig! Achten Sie darauf, daß das Essen mit den Eßgewohnheiten des Bewerbers vereinbar ist! Ein Steakhouse oder ein anderes Lokal mit nur einer Art Essen, wie sie bei amerikanischen Geschäftsleuten sehr beliebt war, sind nicht immer das Richtige.

Bewirten Sie Kandidaten nicht in einem Club, in dem sie nie aufgenommen werden könnten! Sie wollen Informationen sammeln, nicht einschüchtern oder beschämen. Es ist kein besonderes Problem, in ein Restaurant zu gehen, das sich den Anstrich eines Clubs gibt, etwa den 21 Club in New York. Selbst dort kann sich jedoch das Ambiente als störend erweisen, denn oft ist es das Hauptziel einer solchen Klientel, Aufsehen zu erregen.

Reservieren Sie einen geeigneten Tisch! Der verstorbene Zeitungsmagnat der Fleet Street, Lord Thompson, stand im Ruf, Bewerber gern an einen von Londons berühmten Schnellimbissen zu einem Mittagessen im Stehen einzuladen. Diese Einfachheit war vielleicht eine inspirierte Wahl – sie reflektiert Lord Thompsons bekannt unprätentiöse Art. Dennoch lud die Sitzordnung wahrscheinlich nicht eben zum vertrauten Gespräch ein, und ich persönlich empfehle, vor einem

Mittagessen einen ruhigen Ecktisch zu reservieren, der für ein vertrautes Gespräch geeignet ist.

Seien Sie pünktlich! Kommen Sie rechtzeitig und gehen Sie pünktlich! Respektieren Sie, daß der Bewerber zurück ins Büro muß! Erweisen Sie ihm unbedingt die Höflichkeit, aufmerksam zuzuhören! Zeigen Sie, daß Ihre eigene Organisation sowohl den Wert der Zeit als auch die Bedeutung menschlicher Beziehungen zu schätzen weiß!

Drängen Sie auf Antworten bislang unbeantworteter Fragen! Der Zweck dieses Gesprächs ist, noch mehr Informationen über Leben und Werdegang des Bewerbers zu sammeln, seine Wertestruktur auszuloten und schließlich, wenn alles stimmt, zu beginnen, eine Arbeitsbeziehung zu zementieren.

Am besten eröffnet man das Gespräch mit allgemeinen Themen. Es kann sehr clever sein, Tagesmeldungen über Politiker zu diskutieren, denn Meinungen über solche Figuren reflektieren oft Grundwerte sowie die Einstellung gegenüber der Autorität. Außerdem eignet sich dieser Anlaß gut, um Erziehung, jetzige Lebensumstände, Freizeitinteressen und Gesamtziele weiter zu erforschen. Wenn unbeantwortete Fragen über die Laufbahn Ihnen weiterhin Kopfzerbrechen bereiten, sprechen Sie sie in den späteren Phasen des Gesprächs an, wenn der Bewerber entspannt und offen ist.

Das Gespräch zu Hause

Niemand greift zum Gewehr,
um eine Pension zu verteidigen.

Bret Harte

Das Gespräch zu Hause ist seit Jahren ein heißes Thema. In England galt das Heim eines Mannes immer als unverletzliche Burg und Zuflucht, und die Engländer mokieren sich noch immer gern über die Vorstellung, daß irgendein Personalberater – wahrscheinlich ein vulgärer Amerikaner – hereinspaziert, um die Familie zu taxieren.

Die pragmatischen Amerikaner hingegen haben schnell begriffen, daß die Situation im Haus eines Managers seine Leistung bei der Arbeit entscheidend beeinflußt, und haben dieses Gespräch in das Paket von Elementen aufgenommen, die routinemäßig in Frage kommen, wenn eine Führungskraft eingestellt wird.

In letzter Zeit war das Gespräch zu Hause mehr im Gerede, als es tatsächlich praktiziert wurde. Dennoch: Wenn Sie es wirklich *ernst* meinen mit der Einschätzung eines Managers, können Sie viele Informationen aus einer relativ kurzen Expedition in seine „Höhle“ gewinnen. Ein solcher Besuch gibt Ihnen vielfältige Einblicke und Informationen, die Sie sonst kaum bekämen.

Eigentlich ist es nicht schwer, zu dem Bewerber nach Hause zu kommen. Man erklärt einfach, die Anstellung habe wichtige, langfristige Folgen für Karriere und Lebensstil, sowohl für den Bewerber als auch für seinen Partner. Deshalb solle man sich um diese wichtigen Dinge kümmern. Wenn der Bewerber dann zustimmt und fragt, wie dies am besten zu bewerkstelligen sei, schlagen Sie vor, ihn zu Hause zu besuchen, um den Partner kennenzulernen – vielleicht, bevor man beide in ein Restaurant einlädt. Bei einem solchen Besuch sind folgende Faktoren zu beachten:

Die Wohngegend. Ein Plus-Manager kennt die zahlreichen Vorteile einer gehobenen Wohngegend: hoher Wiederverkaufswert, bessere

Schulen, nach oben mobile Nachbarn und so weiter. Ein früher verkommener Vorort, der jetzt im Begriff ist, schick zu werden, kann auch für das Urteilsvermögen des Besitzers sprechen.

Die Einrichtung. Es ist gewöhnlich sehr leicht, den Persönlichkeitsstil und die Ziele eines Managers von einem raschen Blick auf sein Zuhause abzulesen. Das Macht- und Statusbedürfnis des Dominanten reflektiert sich gewöhnlich in der Wahl seiner Möbel und Dekorationen. Dem Distanzierten geht es mehr um Funktion. Der Abhängige stellt Fotos von Angehörigen zur Schau. Geschmack, Urteilsvermögen, Kreativität, Arbeitsgewohnheiten und soziales Gespür zeigen sich ebenfalls in den verschiedenen Aspekten der Behausung.

Mitbewohner. Man sieht, wieviele Menschen von dem Bewerber abhängen. Das wurde vorher vielleicht nicht erwähnt. Seine Fähigkeit, diese Menschen unter einen Hut zu bringen, könnte auch besonders interessant sein. Das gleiche gilt für Haustiere: Ein sehr einsamer Manager, den ich einst kannte, tröstete sich mit zwei Dänischen Doggen, einer Siamkatze, einem großen Papagei, einer Schlange und einem ausreichenden Vorrat an weißen Mäusen.

Die Hauptperson. In einer Beziehung dominiert normalerweise ein Partner, und es ist oft recht leicht, mit einem Besuch bei ihm herauszufinden, wer die Hauptperson ist. Normalerweise kontrolliert sie die Finanzen, entscheidet über größere Anschaffungen, wählt die Gäste, Aktivitäten im Urlaub und so weiter. Ist Ihr Bewerber nicht die Hauptperson, müssen Sie sichergehen, daß die Herausforderungen der Position, die Sie anbieten, zu den Zielen der Hauptperson passen und daß sie den Bewerber unterstützt. Hierzu kann es sehr nützlich sein, die Hauptperson nach ihren eigenen Werten zu fragen und was sie über den „idealen" Job für ihren Partner denkt.

Die Wohnsituation des Bewerbers einzuschätzen, erfordert vom Personalberater bestimmt Urteilsvermögen, aber letzten Endes braucht man oft nur eine Frage zu beantworten: *Wird die Wohnsituation die Arbeitsleistung des Bewerbers fördern oder behindern?*

Der Meister sprach: Schau genau auf seine Ziele,
beobachte, mit welchen Mitteln er sie verfolgt,
finde heraus, was ihn zufriedenstellt – und kann der
wahre Wert des Menschen dir verborgen bleiben,
kann er dir verborgen bleiben?

Analekten des Konfuzius

Die gesammelten Informationen deuten und das Puzzle des Manager-Profils zusammensetzen

Die gesammelten Informationen
deuten und das F[illegible] des
V[illegible] offensichtlich [illegible]

Vor langer Zeit sollte ich einen Verkaufsmanager bewerten, der für die Beförderung zum Chef einer großen Passagierschiffahrtsgesellschaft in Betracht kam, und bat ihn, einen kurzen Lebenslauf zu schreiben. Ich war in Übersee, als er eintraf, und so ging er direkt an meinen Kollegen Dr. (Doc) Robert McMurry. Bald war er am Telefon. „Was du hier hast", sagte er mit erheblicher Erregung, „ist ein hinterhältiger, skrupelloser Schweinehund, der seiner eigenen Großmutter die Kehle durchschneiden würde, nur um in der Welt voranzukommen."

„Hab' ich?"

„Ja, du hast einen von Statusbewußtsein vorangetriebenen, schmeichlerischen Verkäufer, der vor nichts zurückschreckt."

„Vor nichts?"

„Vor nichts!"

„Du hast einen von diesen Ur-New Yorkern, der alle Winkel kennt und jeden beiseiteschubsen würde, um zu kriegen, was er will."

„Hör mal, Doc. Vielleicht hast du recht, aber woher hast du das alles?"

"Hast du je *What Makes Sammy Run* gelesen?"

„Nein, Doc, nicht daß ich wüßte."

"Na, das solltest du dir mal vornehmen, denn was du hier hast, ist ein zweiter Sammy Glick."

Das war es! Doc hatte das Material absorbiert, den Stil des Dominant-Abhängigen erkannt und weiter in die Unterkategorie eines Sammy Glick verfeinert – Bud Shulbergs rücksichtslosen, käuflichen Zeitungsjungen, der es durch Charme, Gerissenheit, Frechheit und Betrug letztlich zum Chef eines großen Hollywood-Filmstudios bringt. (Wenn Sie mehr über diesen Untertyp und viele andere wissen möchten, vgl. Gonnabee in *Wareham's Basic Business Types*, New York, Atheneum 1987.)

Einen Manager einschätzen ist wie ein Puzzle, wenn man nicht weiß, wie das Bild am Ende aussehen wird und nicht alle Teile hat.

Die meisten Menschen wollen das Puzzle zu schnell lösen. Sie sammeln nicht alle verfügbaren Teile und versuchen ungeschickt, die wenigen Stücke, die sie haben, zusammenzuzwingen, „ob sie wollen oder nicht". Kein Wunder, daß sie meist völlig schiefliegen!

Wer clever ist, sammelt am Anfang so viele Puzzleteile wie möglich (auch wenn es nie alle sein können). Dann untersucht er die Teile, überlegt, wie das Gesamtbild aussehen könnte, und legt die Teile hin, um zu sehen, ob sie in dieses Bild hineinpassen. Wenn die Teile nicht passen, wird er von vorn anfangen. Wenn schließlich das richtige Profil identifiziert ist, werden die Lücken mit eigener Phantasie ausgefüllt.

Der clevere Personalberater tut etwas ganz Ähnliches. Er sammelt so viele Informationen wie möglich über den Betreffenden, analysiert, untersucht und überdenkt sie, zwinkert ein paarmal – und voilà, ein Gesamtbild des Betreffenden erscheint auf seinem inneren Bildschirm. Zum Schluß geht er zurück zu den Ausgangsdaten und reinterpretiert sie im Rahmen des Gesamtbildes, so daß das Porträt der Persönlichkeit und die Leistung des Kandidaten sich abrunden.

Der kluge Personalberater bringt also den unbewußten, kreativen Prozeß ins Spiel. Das Unbewußte nimmt die Daten auf, läßt sie den riesigen Speicher des unbewußten Gedächtnisses durchlaufen, vergleicht sie mit allen Menschen, die er je gekannt hat, findet das Profil der Person, die am besten zu passen scheint und entwickelt dann ein neues Profil aufgrund dieser Person. Das Urteil des Personalberaters ist deshalb – nicht weniger als Ihres oder meines – eng mit dem gesamten *Vokabular* von Personen verbunden, die er je gesehen und über die er je nachgedacht hat. *Ziel dieses Buches ist es, Ihnen zu helfen, Ihre Urteilsfähigkeit zu verbessern, indem es*

- Ihnen ermöglicht, Ihr *existierendes* Vokabular von Menschen in dem Modell dominant/distanziert/abhängig zu kategorisieren;
- dieses Modell als Grundlage benutzt, um *Erweiterungen* Ihres Typen-Vokabulars auszuwerten und zu klassifizieren.

Woher wissen Sie, wann Sie das Puzzle gelöst haben?

Wenn das Sammeln und Bewerten des Materials, das Finden eines Gesamtprofils und die Reinterpretation der Daten zur Abrundung des Profils gut ausgeführt sind, wird das daraus entstehende Bild so einleuchtend sein, daß Menschen, denen Sie Ihren Befund mitteilen, gewöhnlich von ganzem Herzen beistimmen und oft sogar sagen, sie hätten es schon gewußt!

Wenn Sie aber bei dem Gesamtprofil irren, werden Sie wahrscheinlich auch bei allem anderen irren. Weder Sie noch Ihr Zuhörer werden Ihrer Meinung trauen, denn Ihr eigenes Unbewußtes sagt Ihnen, daß Ihr Bild irgendwie schief oder unscharf ist. Dies geschieht gewöhnlich, wenn Ihr Unbewußtes nicht genug Material aufgenommen hat, um ein stimmiges Gesamtprofil zu finden. Dann müssen Sie zurückgehen und weitere Informationen einholen – mehr Teile für das Puzzle finden.

Schritt für Schritt das Puzzle lösen

Fassen wir den Prozeß noch einmal in einfachen Schritten zusammen:

- Sammeln Sie möglichst viele Informationen über Ihren Kandidaten!
- Sichten Sie das gesamte Material!
- Versuchen Sie, die wichtigste Motivation zu identifizieren!
- Bedenken Sie den Komplex von Bedürfnissen!
- Versuchen Sie, den *Gesamtstil* festzustellen!
- Gehen Sie zurück zu den Ausgangsinformationen und interpretieren Sie sie noch einmal, diesmal im Rahmen des Gesamtprofils!
- Wenn das resultierende Bild falsch zu sein scheint, *gehen Sie zurück und holen Sie mehr Informationen ein* – wiederholen Sie den ganzen Prozeß noch einmal!
- Hören Sie erst auf, wenn Sie glauben, ein realistisches *Porträt des Kandidaten* erstellt zu haben!

Wie Sie das Bild des Puzzles identifizieren können

Ein Porträt des Kandidaten zu finden, ist ein unbewußter Prozeß, aber den Prozeß in Gang zu bringen, erfordert nur eine bewußte, systematische Anstrengung:

- das wichtigste Bedürfnis und den wahrscheinlichen Komplex von Bedürfnissen zu identifizieren;
- die Persönlichkeit des Bewerbers anhand des Modells dominant/distanziert/abhängig zu analysieren;
- das wahrscheinliche Familienschicksal herauszufinden einschließlich psychischer Vertrag und Lebensabschnitt.

Hierzu empfehle ich, die folgende chronologische Checkliste von Schlüsselinformationen über das Leben des Bewerbers durchzugehen:

1. *Sozioökonomische Position der Eltern.*
2. *Platz in der Familie.* Sozioökonomische Position der Geschwister, falls vorhanden. Wie hat sich dies auf die Entwicklung und Erwartungen des Bewerbers ausgewirkt?
3. *Der psychische Vertrag.* Die zentralen Werte. Die elterliche Grundanweisung. Die vorausgesetzten Kriterien für ein erfolgreiches Leben. Die Erwartungen an den Lebensstandard.
4. *Emotionelles Klima in der Familie.* Beziehungen zu den Eltern. Der unterschwellige emotionelle Zustand. Könnte dies dem Bewerber einen goldenen Stachel oder einen Phaeton-Faktor mitgegeben haben?
5. *Ausbildung.* Verhaltensmuster in Schule und Hochschule. Interessen, Leistungen, soziale Integration.
6. *Erklärte Ziele.* Was könnte die krönende Leistung sein? Das unterschwellige Bedürfnis? Die Erwartungen an den Lebensstandard? Das finanzielle Zufriedenheitsniveau?
7. *Maske und Auftreten.* Welchen Eindruck möchte der Bewerber am meisten machen?
8. *Wahl der Laufbahn und Werdegang.* Bedenken Sie Branche, Funktion und welche Bedürfnisse gerade diese Laufbahn befriedigen könnte!

9. *Erklärter Managementstil.* Managementstil und Gesamtpersönlichkeit sind gewöhnlich sehr ähnlich.
10. *Besitz.* Haus, Auto und andere wichtige Dinge im Besitz des Kandidaten reflektieren gewöhnlich seine Persönlichkeit.
11. *Partner.* Welche unterschwelligen emotionellen Bedürfnisse reflektiert die Partnerwahl des Bewerbers?
12. *Goldener Stachel.* Gibt es einen intensiven inneren Drang, der ein besonderes, „brennendes Verlangen“ nach großer Leistung verursacht haben könnte?
13. *Klingt der Bewerber wie ein Gewinner oder wie ein Verlierer?* Gewinner erreichen ihre Ziele und erfüllen den psychischen Vertrag. Verlierer bleiben hinter den Zielen zurück, erfüllen den Vertrag nicht und geben gewöhnlich anderen die Schuld. Wenigstens-Typen erreichen ihre Ziele beinahe und bringen halbe Entschuldigungen vor.

Der Fall des Emigranten, der sich nicht wohl fühlte

Betrachten wir hier ein reales Beispiel. Nehmen wir an, Sie sollen einen Bewerber für eine leitende Stellung im Marketing einer großen amerikanischen Organisation bewerten. Er hat zur Zeit einen ähnlichen Posten bei einem Wettbewerber in Südafrika, wo er aufgewachsen ist. Er hat von der freien Stelle gehört und sein Interesse bekundet.

Lesley Hartford (39) ist in Südafrika als einziger Sohn von vier Kindern geboren. Er sagt, sein Vater, ein hoher Armeeoffizier, der später ausschied, um eine Wohnwagenkolonie zu kaufen und zu leiten, war „ein guter Mann, aber etwas herrisch“. Seine Mutter, eine ehemalige Lehrerin, sei „allerliebst, entzückend“ gewesen. Von Lesleys Schwestern wurde eine Krankenschwester, eine Lehrerin und eine Sekretärin.

Lesley besuchte eine Privatschule am Ort und studierte dann Buchhaltung an der örtlichen TH. Nach seinem Diplom finanzierten seine

Eltern ihm ein weiteres, zweijähriges Studium, das er mit einem Diplom in Betriebswirtschaft abschloß.

Mit 25 verließ Lesley sein Elternhaus und begann, als Kostenanalytiker und Buchsachverständiger zu arbeiten. Zwei Jahre später wurde er zum Betriebsrevisor befördert; diese Position hatte er drei Jahre inne.

Mit dreißig, sagte Lesley, zog es ihn zum Verkauf. Er bewarb sich um eine Stelle im Verkauf seiner Firma, bekam sie und war außerordentlich erfolgreich; er verkaufte mehr Anlagen als jeder Gleichrangige und verdoppelte sein Einkommen. Drei Jahre später wechselte er zu einem Konkurrenzunternehmen, wo er ein weit höheres Grundgehalt und bessere Provisionen bekam. Zwei Jahre danach wurde er zum Verkaufsleiter befördert. Die Firma hatte ein „heißes" Produkt. Drei Jahre lang war der Absatz hoch, dann brachte die Konkurrenz ein gleichwertiges Produkt heraus, und der Absatz flachte ab. Der Vizepräsident für Marketing wechselte zu einem Konkurrenzunternehmen, und Lesley übernahm seinen Posten. Er hatte 100 Angestellte in Marketing, Verkauf, Kundendienst und Manager für Übersee unter sich. Der Absatz war stabil, aber die Firma verlor weiterhin viele Marktanteile.

Lesley kritisiert das kurzfristige Denken seiner Vorgesetzten. Er findet, die Unternehmensleitung lähme das Marketing, weil sie ihm nicht das Budget gibt, das er braucht, um eine Gewinnerposition am Markt zu erobern. Seiner Ansicht braucht die Firma dringend ein neues heißes Produkt.

Lesley ist seit dreizehn Jahren verheiratet. Seine vier Jahre ältere Frau, eine ehemalige Krankenschwester, beschreibt er als „aus sehr guter Familie, ein gesellschaftlicher Gewinn, und unseren drei kleinen Kindern eine gute Mutter".

Lesley und seine Frau haben ein großes Haus, das sie aufwendig renoviert haben; es ist zu 70% seines Schätzwertes mit Hypotheken belastet. Sie haben zwei Autos, einen Porsche aus zweiter Hand und einen VW. Außerdem gehören ihnen eine kleine Jacht und 30% eines Ski-Chalets. Ihr Nettovermögen entspricht der Höhe des Eigenanteils an ihrem Haus.

Zu Lesleys Freizeitinteressen gehören Skifahren und die Mitgliedschaft in der örtlichen Junior Chamber of Commerce, wo er sich intensiv an Debatten beteiligt.

Vor kurzem ließ Lesley mehrere „Headhunter" wissen, daß er gern die Firma wechseln und eine Stellung in Übersee annehmen würde.

Lesley bezeichnet sich als sehr gesundheitsbewußt und treibt gern regelmäßig Sport. Er ist Nichtraucher, trinkt aber „ein paar Gläser Wein zum Abendessen". Er hat eine leichte Akne im Gesicht, die, wie er sagt, „kommt und geht", dazu „gelegentlich leichte Verdauungsstörungen" und „ganz gelegentlich Migräne".

Im Lauf des Gesprächs bemerkt er weiterhin:

- *Meine Eltern wollten, daß ich Buchhalter werde, eine sichere Zukunft plane und mich finanziell selbständig mache. Mein Vater war ein richtiger Mann und groß in männlichen Dingen und im Planen. Aber er war sehr konservativ. Mein eigenes Ziel ist die Selbständigkeit, denn da kann man richtig verdienen, und ich glaube, ich könnte außerordentlich erfolgreich sein. Ich brauche nur ein paar Chancen.*
- *Ich bin ein demokratischer, aber sehr aggressiver Manager. Ich bin ein guter Führer. Die Leute mögen mich. Sie bewundern und achten mich. Sie wissen, ich bin ein Gewinner.*
- *Ich habe die Nase ziemlich voll von meinem jetzigen Arbeitgeber. Ich trete auf der Stelle. Sie begreifen den Markt nicht richtig und halten mich zurück. Sie leben in einer Traumwelt und erwarten unmögliche Resultate. Wie kann man besser als die anderen verkaufen, wenn man kein besseres Produkt hat?*
- *Ich denke seit etwa einem Jahr daran, nach Übersee zu gehen. Vielleicht finde ich eine ganz neue Perspektive in einem neuen Land. Vielleicht schaue ich mir etwas völlig anderes an, als Unternehmer. Ich bin entschlossen, Erfolg zu haben. Ich weiß, ich bin ein Gewinner.*
- *Ich lange sowohl bei der Arbeit als auch beim Vergnügen richtig zu. Ich möchte die schönen Dinge des Lebens haben, bevor es zu spät ist. Ich hasse Papierkram und delegiere ihn. Ich arbeite 40–50 Stunden pro Woche. Ich bin um acht Uhr früh an meinem*

Schreibtisch; um neun, wenn ich noch spät mit Kunden unterwegs war oder sonst etwas.
- *Meine Stärken liegen im Umgang mit Menschen. Fast alle mögen mich. Ich habe ein Händchen für Menschen. Natürlich kann ich stur sein. Man muß stur sein, um Resultate zu bekommen. Ich kann so aggressiv sein wie jeder andere. Ich lasse mich von niemandem herumschubsen.*

Untersuchen wir nun dieses ganze Material auf Aussagen, die uns helfen, Lesleys Gesamtstil zu beurteilen.

Das Profil von Lesley Hartford entwickeln

1. *Sozioökonomische Position der Eltern*
   Vater hoher Armeeoffizier, hat später eine Wohnwagenkolonie gekauft. Mutter Lehrerin. *Strenger Vater, nährende Mutter.*
2. *Platz in der Familie. Sozioökonomische Position der Geschwister*
   Drei Geschwister, alle weiblich, alle älter. *Mindestens zwei nährende Schwestern.*
3. *Der psychische Vertrag. Zentrale Werte als vorausgesetzte Kriterien für ein erfolgreiches Leben. Die Erwartungen an den Lebensstandard. Die elterliche Grundanweisung*
   Werte der Mittelschicht. Zu gehobenem Beruf gedrängt. *Auch finanzielle Unabhängigkeit war offenbar ein Wert.*
4. *Emotionelles Klima im Elternhaus*
   Spricht mit großer Achtung und einiger Furcht von seinem Vater. Erinnert sich an seine Mutter als sehr liebevoll, „allerliebst, entzückend". *Ein Bedürfnis, die Achtung und Anerkennung des Vaters zu erringen?*
5. *Ausbildung*
   Örtliche Privatschule und späteres Studium der Buchhaltung an der örtlichen TH. Nach weiteren zwei Jahren Vollzeit-Studium Diplom in Betriebswirtschaft – finanziert von den Eltern.

6. *Erklärte Ziele*
„Selbständigkeit ... ich glaube, ich könnte außerordentlich erfolgreich sein ...“
7. *Maske und Auftreten*
„Ich bin fest entschlossen, Erfolg zu haben. Ich weiß, ich bin ein Gewinner.“ Ist berechnend, gefällig und für einen Neununddreißigjährigen sehr jungenhaft.
8. *Wahl der Laufbahn und Werdegang*
Großes Unternehmen. Sichere Position in der Buchhaltung. Zum Verkauf hingezogen. *Charme und natürliche Fähigkeit zu manipulieren?* Wird ins Management befördert, fährt sich fest. „Tritt auf der Stelle“. *Hat es im Management nicht geschafft. Ist wahrscheinlich überfordert.*
9. *Erklärter Managementstil*
„Demokratisch, aber sehr aggressiv ... Ich kann so aggressiv sein wie jeder andere.“ *Möchte den Leuten gefallen.*
10. *Besitz*
Ein aufwendig renoviertes Haus, zu 70 % seines Wertes verschuldet. Hat zwei Autos, einen Porsche aus zweiter Hand und einen VW; die Frau fährt den VW. Außerdem eigene Jacht und Beteiligung an Ski-Chalet. *Erhebliche Statusbedürfnisse!*
11. *Partner*
Ehefrau vier Jahre älter, Krankenschwester. Tochter nichtakademischer Eltern. *Hat seine nährende Mutter und Schwestern geheiratet!*
12. *Goldener Stachel*
Unbewußtes Bedürfnis, seine Männlichkeit zu beweisen, indem er einen besonderen Status erreicht und finanziell sichtbar unabhängig wird, so daß er seinen Vater übertrumpft.
13. *Gewinner oder Verlierer?*
Selbsternannter „Gewinner“. *Zur Zeit nicht in einer Gewinner-Situation.* Gibt jetzigem Arbeitgeber die Schuld dafür, ihn „zurückzuhalten“. Sagt, er brauche „Chancen“. *Der Arbeitgeber scheint ihm alle Chancen gegeben zu haben. Da er bereits viele Chancen hatte, wird er wahrscheinlich als Verlierer enden.*

Interpretation

Autos, Jacht und Ski-Chalet sind Zeichen für ein zentrales Statusbedürfnis, eng gefolgt von Geld, Gemeinschaft und Autonomie – der Bedürfniskomplex des unreifen Dominant-Abhängigen.

Aus Lesleys Stellung als einziger Junge und jüngstes Kind nährender Frauen kann man wohl auf eine verwöhnte Kindheit schließen. Es ist nicht überraschend, daß er eine mehrere Jahre ältere, nährende Frau geheiratet hat.

Der harte, aggressive Managementstil paßt zum Gesamtstil des unreifen Dominant-Abhängigen. Wahrscheinlich war Lesley ein starker Verkäufer, der zu hoch in die Position des Marketingleiters befördert wurde.

Trotz der Gewinner-Fassade gibt Lesley anderen die Schuld für sein Scheitern und möchte durch Auswandern einen „Neuanfang" machen. Wahrscheinlich ist er ausgebrannt und versucht unbewußt, vor seinen arbeitsbezogenen Problemen und emotionellen Abhängigkeiten zu fliehen.

Das Porträt abrunden

Nachdem wir nun ein Bild von Lesleys Gesamtstil haben, gehen wir zu seinen Antworten auf unsere Fragen zurück; mit einer Feinabstimmung unserer Deutungen können wir das Profil im Hinblick auf die entscheidenden Erfolgsqualitäten abrunden.

Ziele: Die neun zentralen Begriffe

1. *Beobachtete Bedürfnisse.*
   Status, Geld, Gemeinschaft, Autonomie.
2. *Elterliche Grundanweisung*
   Sei ein Mann.
3. *Erfolgskriterien*
   Finanziell unabhängig und selbständig zu sein.
4. *Erwartungen an den Lebensstandard*
   Wohlhabende Akademikerschicht.

5. *Zentrales Lebensinteresse*
   Verkaufsprovisionen kassieren, um ein teures finanzielles Zufriedenheitsniveau zu bedienen.
6. *Goldener Stachel*
   Zwang, die zu große Abhängigkeit zu leugnen, indem er sich als auffälliger „Gewinner" beweist; Zeichen dafür sind teure Objekte und Hobbies, die Status verleihen.
7. *Wahrscheinliche krönende Leistung*
   Eine lebensfähige Firma gründen.
8. *Finanzielles Zufriedenheitsniveau*
   Sehr hoch.
9. *Lebensabschnitt*
   Nähert sich dem Scheitern; sucht ihm zu entfliehen.

Arbeitsgewohnheiten. *Fleiß, Beharrlichkeit, Selbständigkeit, Ordentlichkeit und stabile Arbeitsverhältnisse.*

Lesley scheint von der Stimme des Gewissens getrieben. Er hat eine Geschichte stabiler Arbeitsverhältnisse, regelmäßige Arbeitszeiten und bewirtet Kunden in seiner Freizeit. Der Vater hat ihm anscheinend das Bedürfnis vermittelt zu planen, vielleicht, weil er sehen konnte, daß Lesley sich sonst nicht anstrengen würde. Außerdem ist Lesley gezwungen hart zu arbeiten, um sein hohes finanzielles Zufriedenheitsniveau und seine Statusbedürfnisse zu befriedigen. Selbständigkeit ist wahrscheinlich nicht seine starke Seite, und wir könnten uns fragen, wieviel von Lesleys offensichtlichem Erfolg das Werk seines Vorgesetzten war, der die Firma verließ. Insgesamt jedoch ein recht guter Arbeiter.

Fähigkeiten im Umgang mit Menschen. *Einfühlung, Loyalität, soziale Dominanz und Takt. Erwiesene Fähigkeit, mit Vorgesetzten, Gleichrangigen und Untergebenen auszukommen.*

Lesley verfügt über Einfühlung, Loyalität und Takt. Außerdem kann er den Charme einsetzen, um in einem persönlichen Gespräch zu erreichen, was er will. Wahrscheinlich hat er viele Freunde.

Er kann sozial dominant sein, aber eigentlich widerspricht dies seiner Erziehung und Persönlichkeit, setzt ihn unter Druck. Eine Linienposition verschärft diesen Druck und verringert seine Fähigkeit, seinen Zorn unter Kontrolle zu halten, erheblich.

Er möchte vom Chef in Ruhe gelassen werden, und dieser bewußte Wunsch nach Autonomie ist fast sicher im Konflikt mit seinem unterschwelligen Bedürfnis nach emotioneller Unterstützung und Führung. So sind seine generelle Ambivalenz und seine Ressentiments gegen die Firma verständlich. Er bezeichnet sich als demokratischen Manager, und dies paßt zu seinem Bedürfnis nach Zuneigung und Bewunderung sowie zu der damit verbundenen Angst vor Ablehnung. Da sein Arbeitgeber ihn aber jetzt offenbar von der „Überholspur" genommen und seine weitere Beförderung blockiert hat, gehen wir davon aus, daß er nach Ansicht der Firma keine weitere Managementbefähigung hat.

Intellektuelle Befähigung. *Fähigkeit zu logischem Denken. Menschenverstand und Urteilsvermögen. Phantasie und Kreativität.*

Lesleys akademische Bildung, seine Neigung zu High-Tech und seine guten Noten legen starke Fähigkeiten zu logischem Denken nahe. Seine Statusbedürfnisse und die offenbare Unfähigkeit, sich der Wirklichkeit zu stellen, lassen vermuten, daß sein Urteilsvermögen durch Wunschdenken getrübt ist. Seine zu große Abhängigkeit wird fast mit Sicherheit seine Fähigkeit einschränken, mit klarem Kopf Entscheidungen zu treffen und nach ihnen zu handeln. Sein Interesse an kreativen Beschäftigungen weist auf gewisse kreative Fähigkeiten hin.

Emotionelle Anpassung. *Das Fehlen unreifer Denk- und Verhaltensmuster. Das Fehlen kontraproduktiver Neurosen.*

Lesleys Erziehung, Lebensstil und Auftreten reflektieren Zeichen von Unreife. Seine Kompetenz wird sehr wahrscheinlich durch seine Abhängigkeitsbedürfnisse, seine Neigung zu Wunschdenken, seine unrealistischen Ziele und sein Bedürfnis geschmälert, anderen die Schuld für seine gegenwärtige, mißliche Lage zu geben.

Obwohl Lesley auf seine Gesundheit achtet, scheint sie nicht stabil.

Akne, leichte Migräne und Verdauungsstörungen sind fast mit Sicherheit streßbedingt, und der regelmäßige tägliche Alkoholkonsum – den er wahrscheinlich verharmlost hat – zeugt von Schwierigkeiten, mit Druck fertigzuwerden. Insgesamt scheint es nicht überraschend, daß Lesley versucht, vor seinen Problemen davonzulaufen und in einem anderen Land nach Ruhm und Reichtum zu streben.

Zusammenfassung der Bewertung: Lesley Hartford

STIL	**DOMINANT-ABHÄNGIG**
LEBENSABSCHNITT	Nähert sich dem frühen mittleren Alter. Einige Anzeichen des Ausgebranntseins
Gewinner/Verlierer/ Wenigstens-Typ	Verlierer/Wenigstens-Typ
Ziele	
Der psychische Vertrag	Sich als Mann beweisen, Unabhängigkeit
Die krönende Leistung	Erfolgreiche Selbständigkeit
Gesellschaftliche Bedürfnisse	Akademische Mittelschicht
Finanzielle Bedürfnisse	Über 100 000 Dollar im Jahr

	Kaum	Wenig	Mittel	Viel
Emotionelle Bedürfnisse				
Leistung		x		
Status				x
Macht			x	
Autonomie				x
Weiterentwicklung			x	
Akzeptanz/Gemeinschaft			x	

	Kaum	Wenig	Mittel	Viel
Arbeitsgewohnheiten				
Fleiß			x	
Beharrlichkeit		x		
Selbständigkeit	x			
Ordentlichkeit		x		
Stabile Arbeitsverhältnisse			x	
Fähigkeiten im Umgang mit Menschen				
Einfühlungsvermögen			x	
Loyalität			x	
Soziale Dominanz		x		
Takt			x	
Beziehungen mit:				
Vorgesetzten gemischt				
Gleichrangigen gemischt				
Untergebenen gemischt				
Kunden stark				
Intellektuelle Befähigung				
Folgerichtiges Denken			x	
Urteilsvermögen	x			
Phantasie und Kreativität			x	
Emotionelle Anpassung *(wichtige Zeichen der Unreife):*				
Emotionelle Abhängigkeit			x	
Wunschdenken			x	
Ignorieren von Konsequenzen			x	
Undiszipliniert			x	
Zu konformistisch	x			
Neigung zum Prahlen			x	
Vergnügungssucht			x	
Destruktive Tendenzen	x			

Die endgültige Beurteilung

Nun wissen Sie also *viel* über Ihren Bewerber. Jetzt müssen Sie schließlich eine Entscheidung treffen: Geben Sie dieser Person eine Führungsposition in Ihrer Organisation oder nicht? Müssen Sie beim Abwägen dieser Entscheidung noch andere Dinge berücksichtigen? Ja!

Suchen Sie nach Bedürfnissen des Bewerbers, die in der Position befriedigt werden! Sie können ein Pferd zum Wasser führen, aber es trinkt nur, wenn es durstig ist. Vergewissern Sie sich, daß die von Ihnen angebotene Stellung ein Ziel oder ein Bedürfnis befriedigt (aber nicht stillt), das dem Bewerber wichtig ist *und nicht schon außerhalb der Arbeit befriedigt wird!* Einen geldhungrigen Menschen als Verkäufer auf Provisionsbasis einzustellen, ist oft ein kluger Schachzug. Wenn der Bewerber jedoch eine große Erbschaft erwartet, könnte der Drang, weiter Umsatz zu machen, aufhören.

Das beste Bedürfnis ist eines, das innere, dem Betreffenden vielleicht sogar unbewußte Antriebe kanalisieren kann. So leisten narzißtische Menschen wahrscheinlich am meisten in sehr exponierten Funktionen. Menschen, die in irgendeinem Bereich außerordentlich erfolgreich sind, erfüllen sich mit ihrer Funktion wahrscheinlich tiefe Sehnsüchte, die ihnen in der Kindheit vermittelt wurden. So erfüllte der Sohn des *Penthouse*-Herausgebers seinen psychischen Vertrag – und schaffte den gesellschaftlichen Aufstieg –, indem er eine eigene Zeitschrift für die musikalischen Interessen seiner Generation gründete, *Spin*. Der Vater des Chrysler-Chefs Lee Iacocca besaß einmal eine Flotte von Mietwagen. Oft fühlen sich Konzern-Favoriten zu Großfirmen hingezogen, weil ihnen Sicherheit und Konformismus in der Kindheit als Werte vermittelt wurden.

Ignorieren Sie das Gerede des Bewerbers! Oft ist ein Mensch so scharf auf den Status und Verdienst einer Führungsposition, daß er seine Fähigkeiten überschätzt und einen ahnungslosen Arbeitgeber überredet, diesen Mangel an Realismus mitzumachen. Ein Arbeitgeber rationalisiert solche Fehler oft mit Aussagen wie: „Die Bewerberin wollte den Job wirklich haben, deshalb dachte ich, sie würde damit fertig." Welch ein Trugschluß! Ein solcher Arbeitgeber verwechselt Wollen mit Können. Einen Golfball gerade, richtig und lang schlagen zu *wollen* – und an seine Fähigkeit zu glauben, das zu tun –, ist nicht dasselbe wie es zu tun. Dem Golfball selbst ist es völlig schnurz, wie sehr Sie an sich glauben oder wie weit Sie ihn schlagen wollen – er reagiert nur auf die Geschwindigkeit und Richtung, die der Golfschläger ihm mitteilt.

Lassen Sie sich nicht von bloßer technischer Kompetenz trügen! Amateur-Headhunter gehen fast immer in die Falle, technische Kompetenz überzubewerten. Sie meinen, wenn ein Bewerber auf einem bestimmten Gebiet Bescheid weiß und Erfahrung hat, wird dies emotionelle Defizite irgendwie kompensieren. Das ist kaum je der Fall. Kluge, gut angepaßte Leute können technische Fähigkeiten schnell lernen. Aber bloßen Technikern emotionelle Ausgeglichenheit, Klugheit oder die Fähigkeit zum Führen einzuflößen ist praktisch unmöglich.

Schließen Sie nicht zuviel aus früheren Erfolgen! Ein Sprichwort der Personalpolitik lautet, der beste Führer zu künftigen Leistungen sei die frühere Leistung. Daran ist viel Wahres, und gewiß wiederholen sich gewöhnlich Verlierer-Gewohnheiten. Dennoch ist es ein *großer* Fehler vorauszusetzen, daß auch frühere Erfolge sich wiederholen. Für diese Annahme hatten die Griechen ein Wort – sie nannten sie *Hybris*. Warum, könnte man fragen, sollte ein Gewinner nicht weiter gewinnen? Die Gründe finden Sie in Kapitel 2 zum Irrtum vom fortgesetzten Erfolg.

Seien Sie bereit, die Aufgabe zu modifizieren, für die Sie den Bewerber in Betracht ziehen! Um eine gute Anpassung zu erreichen, sollten Sie immer die Aufgabe ändern und nie versuchen, den Bewerber besser darzustellen. Die Chancen, daß Sie den Bewerber ändern oder verbessern können, sind gleich Null.

Aber Ihre Möglichkeit, die Aufgabe zu modifizieren, ist groß. Wenn Ihr Bewerber also wenig Fähigkeiten im Umgang mit Menschen hat, sollten Sie die Aufgabe so modifizieren, daß er weitgehend allein arbeitet. Ist seine Urteilskraft schwach, sollten sie die Arbeit so strukturieren, daß er keine wichtigen Entscheidungen treffen muß.

Im Zweifel ablehnen. Sie haben sorgfältig versucht, die wahre Person zu entdecken. Sie haben herausgefunden, soviel Sie können, vielleicht so viel, wie man überhaupt finden kann. Doch jetzt, nach all Ihren Anstrengungen, haben Sie noch immer Zweifel. Nun, bedenken Sie dies: Sie wissen wahrscheinlich *noch immer* nicht das Schlimmste! Der Bewerber hat sich die ganze Zeit von der besten Seite gezeigt, und obwohl Sie einige Bedenken hatten, wollten Sie wahrscheinlich alles glauben. Noch jetzt wollen Sie dem Bewerber vertrauen, Nägel mit Köpfen machen und ihn für eine sehr wichtige Position einstellen, damit Sie sich mit etwas anderem befassen können. Das ist ein Moment, in dem Sie ganz langsam bis zehn zählen, sich auf die römische Weisheit *Caveat emptor* besinnen und bedenken sollten, daß es recht unwahrscheinlich ist, daß der Bewerber Ihre höheren Erwartungen erfüllt.

Schließung der Akte Lesley Hartford

In diesem Fall wurde dem Kunden empfohlen, Lesley nicht einzustellen, oder wenn man ihn unbedingt haben wollte, ihm weniger Verantwortung zu übertragen. Tatsächlich entschloß sich der Kunde, Lesley einzustellen, weil seine Branchenkenntnisse erstklassig seien und seine Verkaufsleistung ebensogut. Man war so klug, ihn nicht, wie geplant, in die Marketing-Führung zu berufen, sondern zum Leiter eines kleinen Verkaufsteams. Lesley arbeitete ein Jahr in dieser Position, ließ sich aber von einem Headhunter abwerben und nahm eine weit höhere Position bei einem anderen Arbeitgeber an. Neun Monate danach wurde er gekündigt. Er und ein einige Jahre älterer Partner überredeten dann private Investoren, ein eigenes Unternehmen zu finanzieren, das letztlich scheiterte.

Der Fall des ordentlichen Mannes in einer grenzenlosen Welt

Jeremy Wau (44) kam nicht zufällig zu seiner ungewöhnlichen Namenskombination. Er wurde als ältestes von vier Kindern in Hongkong geboren. Seine chinesischen Eltern waren nach dem Zweiten Weltkrieg aus der Volksrepublik China nach Hongkong ausgewandert. Jeremys Vater fand Arbeit als Büroangestellter und stieg zum Manager auf. Seine Mutter widmete sich ganz der Familie. Seine Geschwister wurden Buchhalter(in); Lehrer(in) und Sozialarbeiter (in). Jeremy spricht mit Hochachtung von seinen Eltern. Er erinnert sich, daß sie ihn drängten, bei allem, was er tat, „der Beste zu werden“.

Jeremy verbrachte seine ersten Schuljahre in Hongkong in einem Umfeld und einem Bildungssystem, das britischer als die Briten war. Seine Lieblingsfächer waren Mathematik und Naturwissenschaften, und zu seinen Interessen gehörten Debattieren, Verse rezitieren und Musik. Seine Eltern schickten ihn zum Studium in die USA, wo er Naturwissenschaften und Betriebswirtschaft belegte. Sein erster Abschluß war ein Bachelortitel in Naturwissenschaften. Seine Eltern zahlten ihm das erste Jahr. Jeremy verdiente das Geld für den Rest mit Teilzeitjobs. Fünf Jahre später schloß er mit Nachtarbeit ein Diplom in Betriebswirtschaft ab. Zu seinen Interessen an der Universität gehörten Fotografie, Musik und Automechanik. Er wurde zum Präsidenten des International Club gewählt.

Insgesamt arbeitete Jeremy für drei US-Unternehmen. Seine Laufbahn begann bei einem Computerhersteller. Zunächst arbeitete er in der Buchhaltung, dann im Herstellungsbetrieb. Zwei Jahre nach Jeremys Einstellung ging die Firma pleite. Jeremy ging zu einer großen produzierenden Organisation und übernahm dort ständig wachsende Verantwortung im Marketing. Nach vierzehn Jahren bei der Firma wurde er zum weltweiten Vertriebsleiter befördert. Ende der 80er Jahre erlitt die Firma eine Rezession, und Jeremy war einer von etlichen Topmanagern, die sich in „Weitervermittlungsprogrammen" wiederfanden. Er fand schnell einen Posten als Abteilungsleiter bei einer anderen Organisation. Sein Einkommen stieg in den nächsten zwei Jahren erheblich, aber die Firma fusionierte mit einer anderen, und Jeremy wurde überflüssig. Damals verdiente er ein hübsches sechsstelliges Jahresgehalt plus Zulagen.

Jeremy heiratete mit 22. Seine amerikanische Frau ist Lehrerin und Tochter von Nichtakademikern. Sie haben drei Söhne im Alter von 20, 19 und 17; die beiden älteren studieren, der Jüngste geht noch zur Schule. Die Waus leben seit fast zehn Jahren im eigenen Haus. Die Hypothek beträgt weniger als ein Viertel vom Wert des Hauses. Sie haben vier Autos: einen Range Rover, einen Triumph TR2, einen Alfa-Sportwagen und einen Saab. Es wurde ein wenig in Aktien investiert und ein ansehnliches Nettovermögen erwirtschaftet. Zu Herrn Waus Freizeitinteressen gehört die Mitgliedschaft in einem Oldtimerclub. Nebenher erwähnt er auch, daß seine Eltern von amerikanischen Missionaren ausgebildet und bekehrt wurden und daß er im Gemeinderat seiner episkopalischen Pfarrei sitzt. Er ist Nichtraucher und trinkt „gelegentlich". Seine Gesundheit bezeichnet er als ausgezeichnet.

Weiter sagte er im Lauf des Gesprächs:

- *Meine Eltern waren beide wunderbar, und mein Vater war ein erstaunlicher Mann, der dafür sorgte, daß wir alle eine ausgezeichnete Ausbildung bekamen. Meine Eltern drängten mich beide, ein möglichst guter Mensch zu sein. Ich habe immer ein glückliches Familienleben gehabt. Meine Frau und ich – sie ist übrigens Amerikanerin europäischer Abstammung – sind sehr glücklich miteinander. Sie ist ein wunderbarer Mensch und gibt mir unglaublich viel Unterstützung.*
- *Meine größte Leistung war die Konsolidierung und die Kosteneinsparungen, die ich für meine vorletzte Firma erreichte. Ich hoffe, in zehn Jahren mein größtes Potential verwirklicht zu haben. Wenn ich eine Sorge habe, dann die, mittelmäßig zu wer-*

den, deshalb bemühe ich mich besonders, meine Fähigkeiten und Kenntnisse zu erhalten.

- *Man sagt, ich sei sehr kompetent, und ich versuche mit Sicherheit, weit mehr als das zu sein. Ich mag Herausforderungen. Ich bin wirklich leistungsfähig. Ich möchte mein ganzes Potential verwirklichen. Ich sehe, was getan werden muß, und dann mache ich mich an die Arbeit. Ich arbeite nicht für Geld. Im Leben gibt es mehr als Geld. Es ist schön gut zu leben, aber man muß auch die Perspektive behalten. Wenn ich eine andere Laufbahn zu wählen hätte, wäre ich gern Dirigent.*
- *Ich vertrage mich mit allen gut. Ich mag Menschen. Um ehrlich zu sein: Ich brauche Leute, die mir helfen, um erfolgreich zu sein. Ich führe gern andere. Ich setze hohe Ziele und sorge dafür, daß meine Untergebenen meine Erwartungen kennen. Druck macht mir nicht übermäßig zu schaffen. Ich überlege, wie ich am besten damit fertigwerde, und dann tue ich, was getan werden muß. Ich tue nicht gern Dinge, die keinen Sinn haben. Und ich kann sehr frustriert werden, wenn Leute nicht ihr Bestes geben. Es gibt Zeiten, in denen ich mir wünschte, weit mehr erreichen zu können. Aber was soll's, ich mache mich ziemlich gut.*

Das Profil von Jeremy Wau entwickeln

1. *Sozioökonomische Position der Eltern*
   Vater Angestellter. Aufstrebend, möchte, daß seine Kinder etwas werden. Mutter unterstützend und nährend. *Eltern haben erhebliche Hindernisse überwunden, wollen offenbar, daß ihre Kinder nach oben mobil sind.*
2. *Platz in der Familie. Sozioökonomische Position der Geschwister*
   Erstgeborener Sohn. Alle Geschwister Mittelschicht bis obere Mittelschicht. *Jeremy wird hart arbeiten müssen, um seine Stellung als Sohn Nummer 1 zu halten.*

3. *Der psychische Vertrag. Zentrale Werte. Elterliche Grundanweisung. Die vorausgesetzten Kriterien eines erfolgreichen Lebens. Erwartungen an den Lebensstandard.*
   Stark leistungsorientiert. Legt Wert auf Mobilität nach oben. Motiviert, Respekt für Leistung in der „Neuen Welt" zu erringen. *Hat wahrscheinlich den Drang, Respekt in der Welt der Wirtschaft und in der Gesellschaft allgemein zu erringen. Möchte als leistungsstark gesehen werden. Weniger an Geld interessiert als an Respekt und Selbstachtung.*
4. *Emotionelles Klima im Elternhaus*
   Spricht voll Hochachtung von seinem Vater. Erinnert sich an ihn als erstaunlich leistungsfähigen Mann. Spricht voll Hochachtung von seiner Mutter. *Wird hart arbeiten wollen, um die erwartete Leistung zu erbringen.*
5. *Ausbildung*
   Hat anspruchsvolle Fächer bevorzugt und ausgezeichnete Noten bekommen. Wurde in Führungsrollen gewählt. Breit gefächerte Interessen. Hat sich zumeist selbst finanziert mit *harter Arbeit. Intelligent, sensibel, kreativ.*
6. *Erklärte Ziele*
   Mißt seinen Erfolg an der Leistung bei der Arbeit. Sagt, er möchte herausgefordert werden, um sein volles Potential zu verwirklichen . . . ein Orchester dirigieren! *Sehr starke Bedürfnisse nach Leistung, Weiterentwicklung und Sichtbarkeit.*
7. *Maske und Auftreten*
   „Man sagt, ich sei sehr kompetent . . ." „Ich bin leistungsfähig . . ." „Im Leben gibt es mehr als Geld." *Stellt sich als ausgeglichen und leistungsfähig dar.*
8. *Wahl der Laufbahn und Werdegang*
   Hat gern Position im Linien-Management großer Unternehmen. Praktisches Verständnis für Maschinen und starkes Marketing-Flair. *Man muß sich wundern, daß er für drei Firmen gearbeitet hat, die in Schwierigkeiten gerieten. War das Pech?*
9. *Erklärter Managementstil*
   Setzt hohe Ziele. Drängt auf Resultate. *Ist wahrscheinlich recht*

demokratisch, aber insgesamt werden seine Leistungsbedürfnisse alles andere überwiegen, so daß er ein wenig zu aggressiv scheinen könnte.

10. *Besitz*
Hat vier Autos, zwei Sportwagen, davon ein Oldtimer, plus ein Range Rover und ein Saab. *Hier ist ein gewisses Statusbedürfnis, vielleicht sogar eine gewisse Tendenz zum Perfektionismus.*
11. *Partner*
Ehefrau Lehrerin, Tochter von Nichtakademikern. Lernte sie an einer amerikanischen Hochschule kennen. *Hat wahrscheinlich eine attraktive, wie er selbst nach oben mobile Person geheiratet. Möglicherweise hat er in die Neue Welt eingeheiratet.*
12. *Goldener Stachel*
Könnte seine Emigration in die USA und der Eifer, mit dem er westliche Werte, Religion, Lebensstil übernimmt und propagiert, sogar seine Ehefrau sucht, nicht einen tiefen, unterschwelligen Drang nahelegen, die Vergangenheit auszulöschen, in einer ganz neuen Welt aufzugehen und dort rückhaltlosen Respekt zu erringen?
13. *Gewinner oder Verlierer?*
Kein Typ, der jammert. Sieht zuversichtlich in die Zukunft. Klingt realistisch in seinen Erwartungen. *Fast mit Sicherheit ein Gewinner.*

Interpretation

Die Autos und das Interesse, vor einer Gruppe zu erscheinen, legen Bedürfnisse nach Status und Sichtbarkeit nahe. Außerdem gibt es reichlich Anzeichen für das Bedürfnis, akzeptiert zu werden – zu Hause, bei der Arbeit und in der Freizeit. Dieser erstgeborene Sohn scheint darauf bedacht, seine Stellung in der Familie zu wahren, und dies, indem er sein Potential verwirklicht und sich als leistungsfähiger Linienmanager in der Wirtschaft beweist. Er ist jedoch gut erzogen, verläßt sich auf sein eigenes Engagement und nimmt Rücksicht auf andere. Nicht allzu drängend oder aggressiv ist sein Stil durch Pragmatismus gemildert. Von besonderem Interesse ist, daß Jeremy die ideale Art „Anpassungsproblem" aufweist: Er ist sicher in sich selbst, wird aber auch von einem Goldenen Stachel getrieben, sich der Welt insgesamt zu beweisen.

Eine sorgfältige Analyse läßt vermuten, daß Jeremy ein Pragmatiker ist, dessen Management-Stil zwar recht direkt ist, sich aber nach der jeweils gegebenen Situation richtet. So müssen wir ihn unserem Modell gemäß als Erwachsenen bezeichnen, und deshalb ist die Ursache seiner Arbeitslosigkeit wahrscheinlich reines Pech.

Das Porträt abrunden

Ziele. Die neun zentralen Begriffe:

1. *Beobachtete Bedürfnisse*
   Leistung, Weiterentwicklung, Akzeptanz, Status.
2. *Elterliche Grundanweisung*
   Verwirkliche dein Potential und gewinne Akzeptanz in der westlichen Kultur!
3. *Erfolgskriterien*
   Leistung erbringen und akzeptiert werden.
4. *Erwartungen an den Lebensstandard*
   Wie ein in der Wirtschaft tätiger Akademiker.
5. *Zentrales Lebensinteresse*
   Selbstverwirklichung und Akzeptanz in der Welt der Wirtschaft im besonderen und in der „Neuen Welt" im allgemeinen.
6. *Goldener Stachel*
   Die Vergangenheit hinter sich zu lassen und durch herausragende Leistung Erfolg, Akzeptanz und persönliches Wachstum in einer neuen Kultur zu erreichen.
7. *Wahrscheinliche krönende Leistung*
   Geschäftsführer eines Unternehmens.
8. *Finanzielles Zufriedenheitsniveau*
   Relativ hoch. Lebt gern mit Stil. Hat drei Kinder, deren Studium finanziert werden muß, und vier attraktive Autos.

9. *Lebensabschnitt*
Nähert sich dem Gewinnen.

Arbeitsgewohnheiten. *Fleiß, Beharrlichkeit, Selbständigkeit, Ordentlichkeit und stabile Arbeitsverhältnisse.*

Von der Stimme des Gewissens getrieben, ein harter Arbeiter. Guter Planer. Eigenständig. Wahrscheinlich ein kluger Arbeiter. Geschichte stabiler Arbeitsverhältnisse.

Fähigkeiten im Umgang mit Menschen. *Einfühlung, Loyalität, soziale Dominanz und Takt. Erwiesene Fähigkeit, mit Vorgesetzten, Gleichrangigen und Untergebenen auszukommen.*

Verfügt über Einfühlung, Loyalität und Takt. Möchte nachhaltigen Eindruck machen. Ein Teamspieler, für den Akzeptanz wichtig ist. Von Natur dominant, jedoch gemildert durch Vernunft und große Höflichkeit. Treibt seine Untergebenen voran, um Resultate zu erzielen. Ist nicht autokratisch, aber man spürt seine ziemlich beharrliche Präsenz.

ZUSAMMENFASSUNG DER BEWERTUNG: JEREMY WAU

STIL	**ERWACHSEN**
LEBENSABSCHNITT	Nähert sich dem Ziel
Gewinner/Verlierer/ Wenigstens-Typ	Gewinner
Ziele	
Der psychische Vertrag	Werte der westlichen Wirtschaft übernehmen, Leistung erbringen und in der „Neuen Welt“ akzeptiert werden
Die krönende Leistung	Geschäftsführer

Gesellschaftliche Bedürfnisse	obere Schicht der Akademiker in der Wirtschaft
Finanzielle Bedürfnisse	obere Schicht der Akademiker in der Wirtschaft

	Kaum	Wenig	Mittel	Viel
Emotionelle Bedürfnisse				
Leistung				x
Status			x	
Macht			x	
Weiterentwicklung				x
Akzeptanz/Gemeinschaft				x
Arbeitsgewohnheiten				
Fleiß				x
Beharrlichkeit				x
Selbständigkeit			x	
Ordentlichkeit				x
Stabile Arbeitsverhältnisse				x
Fähigkeiten im Umgang mit Menschen				
Einfühlungsvermögen				x
Loyalität				x
Soziale Dominanz				x
Takt				x
Beziehungen mit:				
Vorgesetzten stark				
Gleichrangigen stark				
Untergebenen stark				
Kunden stark				
Intellektuelle Befähigung				
Folgerichtiges Denken			x	
Urteilsvermögen			x	
Phantasie und Kreativität			x	

	Kaum	Wenig	Mittel	Viel
Emotionelle Anpassung *(wichtige Zeichen der Unreife):*				
Emotionelle Abhängigkeit	x			
Wunschdenken	x			
Ignorieren von Konsequenzen	x			
Undiszipliniert	x			
Zu konformistisch	x			
Neigung zum Prahlen		x		
Vergnügungssucht		x		
Destruktive Tendenzen	x			

Intellektuelle Befähigung. *Fähigkeit zu logischem Denken. Menschenverstand oder Urteilsvermögen. Phantasie und Kreativität.*

Das Interesse an Naturwissenschaften läßt starke Fähigkeit zu logischem Denken vermuten. Fähigkeit, bei allen Arbeitgebern aufzusteigen, deutet auf grundsätzlich gutes Urteilsvermögen hin, ebenso wie die gesunde finanzielle Situation. Interesse an Fotografie, Oldtimern und Musik zeugt von Sensibilität und nützlichen kreativen Talenten.

Emotionelle Anpassung. *Das Fehlen unreifer Denk- und Verhaltensmuster sowie kontraproduktiver Neurosen.*

Hatte eine gesunde, glückliche, produktive Kindheit. Wurde zu großer Leistung angespornt. Keine gesundheitlichen Probleme und keine größeren psychischen Probleme, obwohl dieses Maß an Antrieb eine Tendenz zum Perfektionismus nahelegt.

Abschluß der Akte Jeremy Wau

Jeremy bekam eine führende Position im Linien-Management, erbrachte hervorragende Leistungen und ist Kandidat für die Geschäftsführung eines großen Unternehmens.

Fünf häufige Hindernisse beim sammeln notwendiger Informationen

„Ich habe drei Fragen beantwortet, und das ist genug“, sagte sein Vater; „Spiel’ dich nicht so auf! Meinst du, ich kann den ganzen Tag solches Zeug anhören? Zieh ab, oder ich helfe dir mit Tritten die Treppe hinunter!“

Lewis Carroll, Alice’s Adventures in Wonderland

Die nötigen Informationen einzuholen scheint ganz einfach. Tatsächlich ist es aus vielerlei Gründen gewöhnlich ein trickreiches, komplexes Unterfangen.

1. Als Arbeitgeber muß man häufig zwei widersprüchliche Aufgaben erfüllen: den Kandidaten *beurteilen* und ihn *überreden*, eine etwas riskante – wenn auch hochdotierte – Stellung anzunehmen. Es ist praktisch unmöglich, jemanden gleichzeitig zu befremden und zu überreden, und so läßt man oft einfach die aufdringlichen oder indiskreten Fragen weg, auf die man Antworten haben muß, um eine wirklich fundierte Entscheidung zu treffen, weil man fürchtet, solches Fragen könnte ein Affront sein.
2. Schlechte Bewerber wissen oft, daß informierte Arbeitgeber sie nicht als Manager einstellen würden, wenn ihre ganze Geschichte ans Licht käme. Mit Hilfe von professionellen Beratern studieren diese Bewerber oft sehr plausible Antworten auf Standardfragen ein, die sonst Schwierigkeiten – oder gar fürchterliche Probleme – in ihrer früheren Position offenbaren würden. Außerdem ver-

suchen sie gewöhnlich, von *jedem* Thema abzulenken, das sie in einem schlechten Licht zeigen könnte, etwa schlechte Gesundheit oder Finanzen.

3. In den USA schrecken viele Arbeitgeber wegen des Arbeitsrechts vor dem Versuch zurück, einige ganz entscheidende – und völlig legitime – Informationen einzuholen.
4. In einer prozeßfreudigen Kultur riskiert jeder, der einen Bewerber ablehnt, von jemandem verklagt zu werden, der sich einbildet, man habe ihn irgendwie diskriminiert oder seine Privatsphäre verletzt oder der sich von einem hungrigen Anwalt verleiten läßt, einen grundlosen Prozeß anzustrengen, in der Hoffnung, eine Art Abfindung zu gewinnen.
5. Der Zeitdruck scheint gegen Sie zu arbeiten. Sie haben eine Stelle zu besetzen – im Grunde schon gestern! Sie wollen jemanden einstellen, und plötzlich sehen Sie jemanden, der so toll aussieht, daß Sie in Ihrem Herzen spüren, Sie bräuchten nicht erst die Überprüfungsprozedur durchzuziehen. Jetzt kommt natürlich das Syndrom des romantisch-vorschnellen Urteils ins Spiel ...

Es ist gleichzeitig leichter und schwerer das herauszufinden, was Sie wissen müssen, wenn der Kandidat schon bei Ihnen arbeitet. Es ist leichter, weil Sie das Vorhandensein management-relevanter Verhaltensweisen nachprüfen können. Sie können den Kandidaten zum Mittag- oder Abendessen einladen – mit oder ohne Partner – und vielleicht eine gute Diskussion in Gang bringen, die bis spät abends dauert. Es ist aber auch schwieriger, weil gesellschaftliche Konventionen Ihre Möglichkeiten beschränken, Faktoren wie die Daten früherer Anstellungen, Gründe des Ausscheidens, Gehaltsentwicklung und dergleichen zu erforschen.

Zehn Gebote für ein gutes Bewerbungsgespräch

Der Meister sagte über ihn:
„Seine Rede ist durchaus vernünftig.
Doch ob er tatsächlich ein echter
Gentleman ist oder sich nur den äußeren Anschein der
Feierlichkeit gibt, ist nicht leicht zu sagen."

Analekten des Konfuzius

Entscheidend dafür, daß jemand sich offenbart, ist eine nicht bedrohliche Atmosphäre und Umgebung und ein lockerer, scheinbar entspannter Ton. Die meisten Fragen sind, so persönlich sie scheinen mögen, keine Schwierigkeit für jemanden, der eine Management-Position anstrebt. Im Idealfall will man jedoch, daß der Bewerber die präzise Information, die man braucht, freiwillig *anbietet*, ohne daß man ihn drängen muß. Es ist weder unmoralisch noch rechtswidrig, solche Informationen zu hören und sich zu merken. Damit der Bewerber anfängt zu reden und weiter redet, schlage ich folgendes vor:

1. *Sorgen Sie für eine gute Umgebung!* Nehmen Sie keine Anrufe an! Erlauben Sie keine Störungen! Vermeiden Sie unnötige Formalität! Führen Sie das Gespräch nicht über den Schreibtisch! Ich möchte nebenher bemerken, daß ich wirklich verblüfft war, welche Fülle von Zusatzinformationen meine Kandidaten mir anboten, nachdem meine Büroräume vom Rockefeller Plaza in die scheinbar entspanntere Umgebung eines vierstöckigen Stadthauses in den East 60s in Manhattan verlegt wurden.
2. *Sorgen Sie in den ersten Minuten des Gesprächs für einen guten Kontakt!* Beginnen Sie nicht mit dem Sammeln von Informationen, solange der Bewerber noch defensiv oder angespannt ist! Führen Sie lockere Konversation, bis er sich entspannt! Jeder bekennt sich mit Worten zu dieser Idee, aber wirklich kluge Leute *tun* es. Ihr Ziel ist, daß der Bewerber sich als Teilnehmer an

einem Gespräch fühlt statt als Opfer eines Verhörs – obwohl das letztere manchmal zutreffender sein kann.

3. *Zeigen Sie nie Mißbilligung auf eine Antwort!* Alles, was der Bewerber Ihnen sagt, ist unglaublich interessant. Wenn Sie nicht wissen, was Sie sagen sollen, nicken Sie mit dem Kopf, lächeln Sie und/oder lassen Sie ein freundliches Brummen hören!
4. *Sorgen Sie dafür, daß der Bewerber anfängt zu reden – und dabei bleibt!* Sie werden von den Lippen des Bewerbers lernen, nicht von Ihren eigenen. Wenn Sie nicht unbegrenzt Zeit haben, widerstehen Sie der Versuchung, ausführlich über sich selbst und Ihre Organisation zu sprechen. Viele tun dies in dem irregeleiteten Bestreben, dem Bewerber zu schmeicheln. Wenn Schmeichelei sein muß, *schmeicheln Sie durch Zuhören!* Zeigen Sie hingerissene Aufmerksamkeit! Lauschen Sie auf jedes Wort!
5. *Lassen Sie sich nicht ablenken!* Sorgen Sie dafür, daß Sie herausfinden, was Sie wissen müssen! Legen Sie einen Zettel mit den Themen vor sich, die Sie besprechen müssen, so daß Sie ihn sehen, und sorgen Sie dafür, daß jeder Punkt abgehakt wird! Sie müssen nicht alles in einer bestimmten Reihenfolge durchgehen. Manchmal können Sie eine Menge sehr nützlicher Informationen bekommen, indem Sie den Bewerber von einem Thema zum anderen abschweifen lassen. Kommen Sie aber schließlich wieder auf die wichtigsten Punkte zurück, bis Sie überzeugt sind, die benötigten Informationen bekommen zu haben!
6. *Machen Sie sich während des Gesprächs Notizen!* Worte verflüchtigen sich, wenn man sie nicht in Tinte konserviert. Verlassen Sie sich nicht auf Ihr Gedächtnis! Notieren Sie auch den Stil der Sprache! Das wird Ihnen später helfen, die Gesamtpersönlichkeit des Bewerbers zu erkennen. Im Gegensatz zur landläufigen Meinung bewirken Notizen während eines Gesprächs gewöhnlich, daß der Bewerber sich öffnet und sogar noch mehr sagt – das wird Ihnen jeder Reporter bestätigen. Wenn Sie es sogar arrangieren können, Ihre Gespräche mit Bewerbern vor einer Fernsehkamera zu führen, würden sie wahrscheinlich *alles* ausplaudern. (Ich empfehle allerdings, bei einer „Diskussion" mit

einem Kollegen nicht unbedingt Notizen zu machen, hier sind die Konventionen anders.)

7. *Nennen Sie einen Bewerber nie einen Lügner!* Wenn Sie glauben, daß man Ihnen nicht die Wahrheit sagt, wiederholen Sie, was der Bewerber Ihrem Verständnis nach gesagt hat. Wird die offenbare Unwahrheit wiederholt, dann überprüfen Sie die Fakten noch einmal! Wenn er *wirklich* gelogen hat, kann man gewöhnlich einfach darüber hinweggehen. Aber stellen Sie diese unehrlichen Leute nicht ein. Nicht nur, weil sie es mit der Wahrheit nicht so genau nehmen, denn wir lügen wohl alle einmal, wenn es sein muß, und schließlich tragen Verkäufer immer ein bißchen dick auf. Nein, das wirkliche Problem hier ist, daß Ihr Bewerber schwaches Urteilsvermögen gezeigt *und es dann wiederholt* hat. In dieser Situation war es seine Aufgabe, Ihr Vertrauen zu gewinnen, indem er alle Karten auf den Tisch legt – besonders, nachdem er eigens dazu aufgefordert wurde. Könnten Sie je einem Kollegen trauen, von dem Sie wissen, daß er versucht hat, Sie zu täuschen – zweimal – bei Ihrer ersten Begegnung?
8. *Beginnen Sie jede Diskussion mit den Themen Laufbahn und Ausbildung!* Jeder erwartet, zu diesen Themen befragt zu werden, deshalb können Sie praktisch jede Frage stellen. Lassen Sie sich nicht stören, wenn der Bewerber auf andere Themen kommt: Sie können später darauf zurückkommen. (Dieser Rat trifft bei vorhandenen Kollegen natürlich nicht zu.)
9. *Beenden Sie das Gespräch, wenn Sie genug Informationen haben, um eine intelligente Ablehnung zu begründen!* Meist ergibt eine gründliche Befragung über frühere Positionen, Ausbildung und Gesundheit Grund genug, um den Bewerber abzulehnen. Chronische Quertreiber und andere Ungeeignete sind gewöhnlich recht schnell zu erkennen. Wenn Sie schon zur Ablehnung entschlossen sind, ist eine weitere Diskussion überflüssig.
10. *Beenden Sie jedes Gespräch freundlich!* Lassen Sie einen Bewerber nie spüren, daß Sie sich schon gegen die Einstellung oder Beförderung entschlossen haben! Es ist immer das Beste, ein wenig Sympathie aufzubauen. Ein Kunde von mir erzählte ein-

mal von einem Bewerbungsgespräch für eine wichtige Stellung, in dem er etwas respektlos behandelt wurde. Fünfzehn Jahre später hatte sich das Blatt gewendet. Der unhöfliche Gesprächspartner bekam Gegenwind und bewarb sich schließlich für einen Führungsposten bei dem Großunternehmen, das mein Kunde inzwischen aufgebaut hatte. Nun führte mein Kunde das Bewerbungsgespräch. Beide hatten ihre frühere Begegnung ganz vergessen, bis sie sich plötzlich über den Schreibtisch hinweg erkannten.

Teil II

Der Weg zum Plus-Manager

Der Meister sagte:
Es gibt Triebe, deren Los es ist
aufzuschießen, aber nie zu blühen,
und andere, deren Los es ist
zu blühen, aber nie Frucht zu tragen.

Analekten des Konfuzius

Manche werden groß geboren,
manche erlangen Größe,
und manchen wird Größe aufgezwungen.

Shakespeare

Die fünf Schritte zu wirklich bemerkenswertem Erfolg

Ein Chirurg, mit dem ich befreundet bin, sagt, daß bei seinen Kollegen der Spruch beliebt ist: „Perfektion ist der Feind des Guten." Mit anderen Worten: Um groß zu werden – als Chirurg, Manager oder sonstiges –, sollten Sie nicht versuchen, perfekt zu werden, sondern *effektiv* – und das immer. Dann werden die Leute Sie bald groß nennen und Sie für immer höhere Posten handeln. Ja, eines Tages werden Sie wahrscheinlich jemandem wie mir gegenübersitzen, einer Art Guru, der von einem Unternehmen beauftragt ist herauszufinden, wie groß Sie wirklich sind.

Nehmen wir einmal an, Sie würden wirklich zur Bewertung an jemanden verwiesen. Wonach würde er wohl suchen? Meine eigene Antwort ist einfach. Ich würde Sie nach meiner fünffachen Bewertung einstufen:

1. Was sind Ihre *Grundziele*? Haben Sie vielleicht ein unterschwelliges *brennendes Verlangen*? Werden Sie Ihre Ziele erreichen können, wenn Sie für meinen Kunden arbeiten?
2. *Arbeiten* Sie hart genug – und effizient genug – um Ihre Ziele zu erreichen?
3. Haben Sie die nötigen *Fähigkeiten im Umgang mit Menschen*, um als Manager wirklich erfolgreich zu sein? Können Sie führen? Können Sie effizient mit Kunden umgehen?
4. Haben Sie die *allgemeine Intelligenz*, um Ihre Ziele zu erreichen?
5. Sind Sie *emotionell gut angepaßt*? Oder gibt es *hinderliche psychische Probleme, die zwischen Sie und Ihre Ziele treten könnten*?

Darin ist nichts Geheimnisvolles. Nur gesunder Menschenverstand. Und doch habe ich ein Leben des Arbeitens mit Menschen dazu gebraucht, um es so einfach aussehen zu lassen. Schauen wir ein wenig näher hin.

SCHRITT 1: GRUNDZIELE

Langfristig trifft man nur,
auf was man zielt.

Henry David Thoreau

Um ein großer Manager oder eine große Managerin (Plus-Manager) zu werden, müssen Sie ein großer Mensch sein. Und das geschieht, wenn Sie Ihren eigenen, persönlichen Zielen nachgehen, nicht denen eines anderen. Darum die Weisheit aus Polonius' Rat für seinen Sohn:

„Dies über alles: Sei dir selber treu.
Und daraus folgt, so wie die Nacht dem Tage,
Du kannst nicht falsch sein gegen irgendwen."

Hier eine fünfteilige Formel, die Ihnen den richtigen Weg zeigt.

Entdecken Sie Ihren psychischen Vertrag

„Erkenne dich selbst", sagt das Orakel von Delphi. Leider sagte es nicht wie. Als Einstieg empfehle ich, die folgenden Sätze zu vervollständigen:

1. Meine Eltern haben mir immer gesagt, ich sollte ...
2. Das beste Maß des persönlichen Erfolgs ist ...
3. Die wichtigste treibende Kraft in meinem Leben ist ...
4. Ich werde sicher sein, daß ich erfolgreich bin, wenn ...
5. Um einen befriedigenden Lebensstil zu genießen, brauche ich, realistisch gesehen, DM ...

Lesen Sie noch nicht weiter! Nehmen Sie sich zwei oder drei Minuten, um die Sätze zu beenden! Schauen Sie nun, was Sie entdeckt haben!

Antwort 1 ist *Ihre elterliche Grundanweisung*. Sie ist das Kernstück Ihres Gewissens.

Antwort 2 sind *Ihre maßgeblichen Kriterien für den Erfolg*. Sie zeigt wahrscheinlich eine Beziehung zu Antwort 1, auch wenn Sie vor vielen, vielen Jahren aus dem Elternhaus ausgezogen sind.

Antwort 3 offenbart *Ihr zentrales Lebensinteresse*, die Aktivität, die den größten Teil Ihres Denkens und Ihrer Energie beansprucht. Sie steht wahrscheinlich in Beziehung zu den Antworten 1 und 2.

Antwort 4 offenbart wahrscheinlich *Ihre krönende Leistung*. Wenn Sie sie erreichen, sind Sie nach den Bedingungen Ihres psychischen Vertrages ein Gewinner.

Antwort 5 ist *Ihr finanzielles Zufriedenheitsniveau*. Es steht in Beziehung zu den Erwartungen an den Lebensstandard, die Ihnen in der Jugend vermittelt wurden.

Diese scheinbar einfache Methode geht tatsächlich sehr tief. Die Antworten sind *Ihre* Antworten, stammen aus *Ihrem* Unbewußten, und die Forschung zeigt, daß die erste Antwort wahrscheinlich ebenso bedeutungsvoll ist wie jede andere – oft bedeutungsvoller. Dennoch wird es nicht schaden, die Sätze und Antworten später noch zu überdenken.

Identifizieren Sie Ihren generellen Persönlichkeitsstil

Sie könnten dies recht schnell erreichen, indem Sie nur über Ihren Platz in der Familie nachdenken und die folgenden Sätze vervollständigen:

1. Ich erziele Resultate, indem ich ...
2. Wenn ich Befehle gebe, ...
3. Wenn ich es ihnen zweimal gesagt habe, ...

Diese Sätze können auf vielerlei Weise vervollständigt werden, aber als grobe Faustregel gilt:

Dominante Menschen sagen:
1. Ich erziele Resultate, indem ich Druck ausübe.
2. Wenn ich Befehle gebe, erwarte ich, daß sie befolgt werden.
3. Wenn ich es ihnen zweimal gesagt habe, mache ich Ärger.

Distanzierte Menschen sagen:
1. Ich erziele Resultate, indem ich eine Strategie entwickle.
2. Wenn ich Befehle gebe, sorge ich dafür, daß sie klar sind.
3. Wenn ich es ihnen zweimal gesagt habe, suche ich die Ursache des Problems.

Abhängige Menschen sagen:
1. Ich erziele Resultate, indem ich die Leute einbeziehe.
2. Wenn ich Befehle gebe, klingen sie nicht wie Befehle.
3. Wenn ich es ihnen zweimal gesagt habe, versuche ich zu helfen.

Betrachten Sie Ihre Antworten. Sie sind wahrscheinlich ein wenig gemischt, aber dennoch sollte ein Muster erkennbar sein.

Entscheidend ist, daß Sie Ihren Stil mildern, aber nicht radikal verändern können. Deshalb sollten sie mit ihm zurechtkommen.

Wenn Sie von Natur aus dominant sind, wird die Aufgabe, andere zu führen, attraktiv für Sie sein und gut zu Ihnen passen. Aber Sie sollten sich vor autokratischen Neigungen hüten.

Sind Sie distanziert, sollten Sie eine Stellung finden, in der Ihre intellektuellen – und vielleicht kreativen – Fähigkeiten zum Tragen kommen.

Wenn Sie im Grunde abhängig sind, sollten Sie sich vielleicht ernsthaft fragen, ob Sie versuchen wollen, gegen Ihre Gefühle zu leben, indem Sie eine Funktion übernehmen, in der Sie sich täglich behaupten müssen. Sie sollten vielleicht lieber dort mit Menschen arbeiten, wo Ihre Gutmütigkeit geschätzt und entsprechend belohnt werden kann. Wenn Sie dennoch weitermachen wollen, tun Sie es! Bedenken Sie jedoch, daß Ihr Erfolg wahrscheinlich mit Ihrer Fähigkeit steht und fällt, andere kluge, motivierte Mitarbeiter um sich zu scharen!

Identifizieren Sie, was Sie tun sollten, um Ihr inneres Selbst zufriedenzustellen

Dies ist kein leichtes Unterfangen, aber es ist ein guter Anfang, folgende Sätze zu vollenden:

1. Ich bin am glücklichsten und zufriedensten, wenn ...
2. Wenn ich sofort eine andere Ausbildung haben könnte und jede Laufbahn wählen könnte, würde ich ...,
   weil ...

Beide Antworten sollen die spezielle Eigenschaft zeigen, die sich ausdrücken will und Ihr wahres Selbst ausmacht. Vielleicht geben Ihnen Ihre jetzige Stellung und Funktion schon maximale Zufriedenheit. Dann sind Sie einer der Glücklichen. Vielleicht hatten Sie kluge Eltern, die Sie schon früh auf den richtigen Weg brachten, indem Sie sie nicht zu sehr programmierten. Tatsächlich geschieht dies selten, denn wie Henry David Thoreau bemerkt: „Die meisten Menschen führen ein Leben stiller Verzweiflung." Wenn Sie in diese zweite Kategorie fallen, könnte dies ein guter Augenblick sein, um anzufangen, für sich selbst zu sorgen.

Folgen Sie Ihrem inneren Selbst

Die meisten Menschen machen den Fehler, der Stimme des Gewissens zu folgen statt der Stimme ihres eigenen *Selbst*. Emerson nannte diese Stimme den „inneren Strahl" und schrieb:

> *„Ein Mensch sollte lernen, auf jenen Lichtstrahl zu achten, der von innen durch sein Denken blitzt – mehr als auf den Glanz des Firmaments, auf Barden und Weise. Doch er läßt seinen Gedanken unbeachtet, weil er sein ist. In jedem genialen Werk erkennen wir unsere eigenen Gedanken: Sie kommen mit einer gewissen verfremdeten Majestät zurück zu uns. Große Kunstwerke haben keine dauerhaftere Lehre für uns als diese. Sie lehren uns, mit gutmüti-*

ger Unbeirrbarkeit bei unserem eigenen, spontanen Eindruck zu bleiben, wenn alle Stimmen für die andere Seite schreien.“

Bedenken Sie: In großen Dingen ist es wichtiger, dem inneren Strahl zu folgen als in kleinen. Die „Organisation“ des Lebens – wie man zur Arbeit kommt, Termine für Autoinspektionen und dergleichen – kann man bewußt regeln. Doch für die großen Entscheidungen des Lebens, z. B. wen man heiratet oder welchen Beruf man ergreift, folgt man am besten dem inneren Strahl. Die meisten Menschen handeln genau umgekehrt. Sie vertrauen dem inneren Strahl bei kleinen Dingen und machen den Fehler, sich bei großen Dingen mit Sorgen zu plagen. Sie sind wie der Tennisspieler, der versucht, die großen Punkte zu kontrollieren. Der Champion spielt einfach drauflos, *ohne sich zu sorgen.*

Setzen Sie neue Ziele und ändern Sie wirklich etwas in Ihrem Leben

Dem inneren Strahl folgen, heißt den Mut haben, wirklich etwas in Ihrem Leben zu ändern. Das ist nicht leicht. Sie müssen vielleicht Ihre Erwartungen an Finanzen und Lebensstandard anpassen, um Ihre Idealziele zu verfolgen. Das könnte letztlich jedoch angenehmer sein, als Sie bei Ihrem jetzigen Wertesystem zu träumen wagen.

Wenn Sie noch immer Manager sein wollen

Da das Versprechen dieses Buches lautet, Ihnen zu helfen, ein Plus-Manager zu werden, gehen wir nun davon aus, daß Sie ausgiebig über Ihr Leben nachgedacht haben und noch immer wissen wollen, wie man ein großer Manager wird. Nun, wenn das der Fall ist, sollten Ihre Hauptziele Leistung und Weiterentwicklung sein. Nicht Macht, nicht Status, nicht Sicherheit, nicht Dienst für andere oder Akzeptiertwerden. Nein, *Leistung und Weiterentwicklung* – dann folgt alles andere. Hier drei Empfehlungen für Ihre Leistungsziele:

1. *Setzen Sie sich ein großes, aber nicht unrealistisches Traumziel!* Etwas, das Ihnen wichtig ist. Es ist leichter und macht mehr Spaß, für eine große Idee zu arbeiten als für eine kleine. Bedenken Sie auch den Rat des Konfuzius: „Der Ritter, der nur daran denkt, still zu Hause zu sitzen, ist nicht würdig, ein Ritter genannt zu werden."

2. *Teilen Sie Ihr Ziel in mundgerechte Happen auf*, und setzen Sie *realistische Fristen!* Wenn Sie nicht auf realistische Ziele hinarbeiten, können Sie leicht entmutigt werden. Vergessen Sie Ihren Traum nicht, aber konzentrieren Sie sich auf die unmittelbareren Ziele, eines nach dem anderen!

3. *Machen Sie sich keine Sorgen über Ihre Beförderung zum Manager oder Ihre wirtschaftliche Sicherheit!* Arbeiten Sie weiter für Ihre Leistungsbedürfnisse, stetig und zielbewußt! Erzielen Sie Ihre Beförderung durch Leistung!

Schritt 2: Arbeitsgewohnheiten

Es ist nicht genug, große Qualitäten zu haben; man sollte auch mit ihnen umgehen können.

La Rochefoucauld

Ich nehme an, wir sind über die Werte Fleiß, Beharrlichkeit, Selbständigkeit und Ordentlichkeit einig. Nun möchte ich etwas Praktisches hinzufügen:

Es ist besser (angenehmer, weniger ermüdend, produktiver), ein intelligenter und effizienter Arbeiter zu sein als nur ein harter Arbeiter.

Das Problem mit der Mentalität „Wer keine Arbeit hat, macht sich welche“, ist, daß sie sich oft nicht auf Resultate konzentriert. Ich weiß noch, wie entsetzt ich vor vielen Jahren war, als ich als Wirtschaftsprüfer arbeitete und jede Viertelstunde des Tages angeben mußte, damit sie alle dem Kunden in Rechnung gestellt werden konnten. Ich schwor mir daraufhin, nie auf Stundenbasis zu arbeiten; ich wollte lieber nach Output als nach Zeit bezahlt werden.

Es ist also klug darüber nachzudenken, wie Sie die Elemente integrieren können, die Sie scheinbar ohne Mühe erfolgreich machen. Diese Elemente sind:
- Leistungsbedürfnisse;
- ein brennendes Verlangen, sich in einer bestimmten Branche oder Position auszuzeichnen;
- die Stimme eines Gewissens mit „Arbeitsethos“;
- ein hohes Energieniveau;
- „intelligente“ Arbeitsgewohnheiten;
- die Bereitschaft, realistische Fristen zu setzen und stetig auf sie hinzuarbeiten.

Bedürfnis nach Leistung und Weiterentwicklung. Plus-Manager zeigen immer starke Bedürfnisse nach Leistung und Weiterentwicklung. Wenn Sie diese Bedürfnisse nicht haben, zweifle ich, ob Sie erfolgreich sein werden. Sie können diese Bedürfnisse allerdings stimulieren, indem Sie:

Die Geschichten großer Menschen lesen. Solche Texte offenbaren, daß außergewöhnliche Menschen zumeist weitgehend so sind wie Sie und ich. Diese Erkenntnis kann uns anspornen, ihnen nachzueifern.

Darüber nachdenken, was Sie sich an materiellen Belohnungen vom Leben wünschen. Möchten Sie eine Jacht besitzen, ein Haus am Wasser oder ein wertvolles Gemälde, um es darin aufzuhängen? Dann holen Sie sich die Kataloge und studieren Sie sie. Wählen Sie Ihr ideales Haus, Boot, Gemälde oder was auch immer! Gehen Sie, es sich ansehen – im Idealfall, wenn möglich, anfassen! Denken Sie daran, wie es sein wird, wenn Sie es tatsächlich besitzen, es *benutzen*! Nun denken Sie darüber nach, welchen Dienst Sie der Welt erweisen werden, damit Sie die Mittel bekommen, um sich jenen süßen Gegenstand Ihres Verlangens zu eigen zu machen. Tatsache ist, daß es wahrscheinlich nicht außerhalb Ihrer Reichweite liegt, ihn zu besitzen. Wenn es das wirklich wäre, würden Sie sich wahrscheinlich gar nicht erst danach sehnen. Darum: Jetzt ist der Augenblick, sich Ihre Ziele zu setzen, Ihre Strategie zu entwikkeln und an die Arbeit zu gehen! Aber zuerst ein Caveat: *Vergewissern Sie sich, daß Sie wirklich wollen, was Sie zu wollen glauben!* Erinnern Sie sich an die ersten drei der noblen Wahrheiten Buddhas:

1. Leiden ist das Los des Menschen.
2. Die Ursache des Leidens ist Verlangen.
3. Um das Leiden zu lindern, müssen wir das Verlangen loswerden.

Trotz Buddha wäre mit der Welt ohne Verlangen wohl nicht viel los, denn wie der Dichter spricht: „Ah, ein Mensch sollte über das Erreichbare hinausgreifen, oder wozu gibt es den Himmel?“ Weit nützlicher ist der Gedanke, daß *infantiles* Verlangen – Verlangen, das auf im wesentlichen kindlichen, noch nicht überwundenen Impulsen beruht – die Ursache nutzlosen Leidens ist. Oft kann uns nur das Streben und die Erfüllung eines Verlangens von seinem Bann befreien. Ich habe mich einst danach gesehnt, eine hochseetüchtige Rennjacht zu haben. Als ich sie gekauft hatte, brachte sie mir eine Menge harte Arbeit, Kummer und Seekrankheit ein. Ich war letzten Endes recht erfolgreich bei Rennen, und es machte Spaß zu gewinnen. Schließlich aber begriff ich, daß ich es am meisten genoß, mit Familie und Freunden zu segeln, und ich verkaufte die Jacht. Wenn ich jetzt Lust auf einen Segeltörn habe, mieten wir ein Boot. Ich wollte also gar nicht wirklich eine Jacht *besitzen*, ich wollte nur segeln gehen. Das hätte mir aber niemand sagen können; ich mußte es selbst merken. Das Streben nach materiellem Besitz kann lohnend sein, wenn man auch nur in bester Predigertradition feststellt, daß alles eitel ist und daß sich viele der begehrtesten Güter des Lebens als illusorisch erweisen.

Eine Reihe von Herausforderungen des Lebens festsetzen. Dies ist der direkte Weg zum Erfolg. Was werden Sie tun? Ein Diplom in Betriebswirtschaft oder einen Doktortitel anstreben? Nicht schlecht für den Anfang, aber natürlich haben viele sehr erfolgreiche Manager keines von beiden. Oft ist es viel besser, mit einem quantifizierbaren Projekt zu beginnen: Ein Computersystem installieren, eine Erfindung entwickeln oder viel zusätzlichen Umsatz bringen.

Eine spezielle Expertise entwickeln. Es kann sehr klug sein, ein Talent auszubauen oder neu zu entwickeln. Ich war fast vierzig, als ich plötzlich begriff, daß ich wirklich die Möglichkeit hatte, eine internationale Autorität in der Analyse des unvollständigen Satzes zu werden, einer Form von psychologischem Fragebogen, die bei erfahrenen Psychologen beliebt ist. Sofort kaufte ich einen Computer und beauftragte einen Programmierer, mir zu helfen. Die Aufgabe erwies sich als viel umfangreicher als vorhergesehen, aber auch als eine sehr kluge Entscheidung. Ganz abgesehen von dem kommerziellen Wert verleiht das Verfeinern einer solchen Expertise inneres Selbstvertrauen.

Ein brennendes Verlangen entwickeln. Wie Alfred Adler als erster bemerkte, entspringt ein brennendes Verlangen oder eine großartige Besessenheit oft einem unbewußten inneren Drang, einen wirklichen oder eingebildeten Mangel zu kompensieren. So finden sich schöne Models oft ganz häßlich, Leistungsstarke fühlen sich wie Hochstapler und Psychiater bezweifeln oft ihre eigene geistige Gesundheit – sie haben die höchste Selbstmordrate unter allen Berufen. Das beste brennende Verlangen ist der Wunsch, sich selbst und die eigenen, besonderen Talente zu verwirklichen.

Das Gewissen mit Arbeitsethos. Zögern Sie nicht, Mitarbeiter einzustellen, die von der Stimme des Gewissens getrieben werden! Lassen Sie sich aber nicht übermäßig von Ihrer eigenen triezen! Wenn Sie feststellen, daß Sie zu jenen glücklichen/unglücklichen Seelen gehören, die keine Ruhe haben, solange es noch etwas zu tun gibt, dann machen Sie eine bewußte Anstrengung, den Überblick über Ihr Leben zu behalten, und *delegieren Sie*! Wenn Sie nicht von einem Gewissen mit Arbeitsethos getrieben werden, werden Sie mehr Spaß am Leben haben, aber vielleicht auch mehr Mühe, Ihre Ziele nicht aus den Augen zu verlieren. Tatsächlich werden viele kreative und effiziente Unternehmer von ihren Leistungsbedürfnissen statt von der Stimme des Gewissens vorangetrieben.

Ein hohes Energieniveau. Früher waren Manager immer müde. Jetzt hat eine ganze Generation entdeckt, daß das Energieniveau von sportlicher Betätigung und von der Ernährung abhängt. Fitneßclubs sind die Tempel der neuen Religion Gesundheit geworden, und der Wein unserer Väter ist den heiligen Wassern von Perrier, Poland Spring und Pellegrini gewichen. Sie sollten auf den fahrenden Zug aufspringen, sonst bleiben Sie zurück. Wenn Sie es mit Ihrem Leben ernst meinen:

- Treiben Sie dreimal wöchentlich 30 bis 45 Minuten Sport. Joggen ist gut, aber eine Art Spiel ist ein großartiger Ersatz, denn wie Schiller sagt: „Der Mensch ist nur ganz Mensch, wenn er spielt."
- Ziehen Sie in Betracht, mit Gewichten zu trainieren, um Ihren Oberkörper fit zu halten – auch eins der besten Mittel, um einen Bauch unter Kontrolle zu halten! Übertreiben Sie es nicht, halten Sie sich nur straff! Etwa 10 Minuten zwei- bis dreimal pro Woche sollten genügen.
- Reduzieren Sie die meisten Fleischsorten und tierisches Fett drastisch!
- Beschränken Sie Ihren Alkoholkonsum, am besten auf Abende vor arbeitsfreien Tagen!
- Rauchen Sie nicht! Eine Durchsicht der Daten meiner eigenen Firma ergab, daß weniger als 3 % der nordamerikanischen Topmanager Zigaretten rauchen. Eigentlich nicht überraschend.

Ich spreche hier mit der Leidenschaft eines bekehrten Sünders, denn als ich Anfang dreißig war, hielt ich es nicht für nötig, auf meine Gesundheit zu achten, und wurde schließlich krank durch Arbeit und Wein, Essen und Erschöpfung. Ich erinnere mich, wie ich krank dalag und mich fragte, wie ich so dumm hatte sein können. Ich schwor mir in jenem Moment, meinen Körper wieder in Schuß zu bringen, und langsam, aber sicher gelang das. Ich bin natürlich kein Fitneß-Fanatiker, aber ich achte doch auf mich.

„Intelligente" Arbeitsgewohnheiten. Intelligent arbeiten heißt maximale Ergebnisse mit scheinbar minimalem Aufwand zu erzielen. Leute, die das können, achten gewöhnlich sehr auf die folgenden Elemente:

- *Auf die Resultate kommt es an.* Nicht wieviele Stunden Sie arbeiten, sondern wieviel Sie in diesen Stunden arbeiten. Ich persönlich konzentriere mich darauf, welche Resultate herauskommen, nicht wieviele Minuten verloren werden.

- *Planen Sie, wie Sie an Ihr Ziel kommen!* Sie haben schon einen Traum definiert und ihn in mundgerechte Happen aufgeteilt. Teilen Sie diese Happen nun in Stücke von etwa 90 Minuten, und fügen Sie etwa ein Stück pro Tag in Ihren Arbeitsplan ein! Warum 90 Minuten? *Weil das eine effiziente, machbare Einheit ist.* In kürzerer Zeit können Sie nicht viel erreichen, und nach eineinhalb Stunden könnte Ihre Konzentration nachlassen. Stellen Sie sich lieber eine Aufgabe, die in eineinhalb Stunden zu schaffen ist, und *erledigen Sie sie*, statt nichts zu tun oder anzufangen und nichts fertigzubringen!
- *Führen Sie eine tägliche Liste für „Besorgungen", und haken Sie drei Punkte pro Tag ab!* Oben auf Ihrer Liste sollte mindestens eine 90-Minuten-Einheit für Ihr dringendstes Ziel stehen. Der Romancier und Vielschreiber Anthony Trollope stand morgens um 4 Uhr auf und schrieb 3 000 Worte, dann ging er um 8 Uhr zur Arbeit ins Büro – er war ein sehr erfolgreicher Beamter. Graham Greene erzählt in seiner Autobiographie *A Sort of Life,* daß er sich vornahm, 1 500 Worte pro Tag zu schreiben. Er zählte die Worte beim Schreiben, und wenn die magische Zahl erreicht war, legte er einfach den Stift aus der Hand. Wie den meisten guten Schriftstellern fiel ihm das Schreiben nicht leicht, aber er fand, daß er 1 500 Worte am Tag bewältigen konnte. Der Historiker Arnold Toynbee schrieb nur 250 Worte pro Tag, und trotzdem konnte er sein zwölfbändiges Meisterwerk *A Study of History* abschließen.

  Als zweiten Punkt auf Ihrer Liste sollte jeden zweiten Tag wenigstens etwas sein, das Sie als *wichtig, aber nicht dringend* einstufen. Geben Sie solchen Punkten nicht ausdrücklich Priorität, dann werden Sie vielleicht nie dazu kommen, sie zu erledigen. Wenn Sie arbeitssüchtig sind, vergessen Sie nicht, Familie und persönliche Belange in dieser Rubrik zu berücksichtigen! Diese letzten beiden Punkte auf Ihrer Liste müssen natürlich nicht jeweils 90 Minuten in Anspruch nehmen. Doch was Sie auch auf die Liste setzen: Erledigen Sie es!
- *Belohnen Sie sich für Ihre Erfolge!* Setzen Sie Kaffeepausen und andere Annehmlichkeiten so an, daß sie nach Erledigung jedes

Punktes auf Ihrer Liste kommen! Verstärken Sie Ihre eigenen guten Angewohnheiten!

- *Gehen Sie pfleglich mit Ihrer psychischen Energie um!* Psychische Energie läßt sich definieren als die Energie, die Sie aufwenden, wenn Sie sich konzentrieren. Es kostet Anstrengung, eine tiefe Konzentration zu erreichen, und diese Energie wird stark erschöpft durch erzwungenes Abschweifen, durch *Störungen*. Der Plus-Manager plant darum seinen Tag so, daß Perioden der Konzentration maximiert und Störungen minimiert werden.

  Drei gute Methoden, dies zu tun, sind:

  Setzen Sie eine „ruhige Zeit" fest! Bestimmen Sie eine Stunde am Tag, in der Sie *keinerlei* Unterbrechung erlauben! Sie brauchen Zeit, um Ihren Kopf klarzubekommen, zu planen, Organisatorisches zu erledigen, zu korrespondieren, nachzudenken.

  Setzen Sie eine „Antwortzeit" fest! Sparen Sie Zeit und Energie, indem Sie alle zeitverschwendenden Dinge bündeln und gleichzeitig erledigen! Erwidern Sie den größten Teil der Anrufe, die hereingekommen sind, zu einer bestimmten Stunde des Tages! Außerhalb dieser Zeit könnten Sie ein dringendes Gespräch entgegennehmen, aber versuchen Sie, alle weniger wichtigen Dinge in dieser Zeit zu erledigen!

  Regelmäßige Arbeitszeiten. Man hat mir einmal gesagt, daß die Leute, die die Welt regieren, um 8 Uhr früh an ihren Schreibtischen sind. Nicht um 6 oder um 7, denn sie brauchen nicht zu übertreiben. Und auch nicht um 9, denn sie wollen eine Zeit der Ruhe haben, bevor sie sich ins Tagesgeschäft stürzen. Wie Schopenhauer sagt: „Verkürze nicht den Morgen durch spätes Aufstehen; betrachte ihn als die Quintessenz des Lebens, als gewissermaßen heilig."

  Natürlich muß diese Methode Ihrem eigenen Arbeitsstil angepaßt werden, denn schließlich arbeiten verschiedene Menschen zu verschiedenen Tageszeiten am besten. Dennoch halte ich es für klug, regelmäßige Arbeitszeiten zu haben und dafür zu sorgen, daß man genug ruhige Zeit hat.

- *Lernen Sie mit einem Textsystem umgehen!* Ein Sekretär oder eine Sekretärin ist eine wunderbare Hilfe, aber die moderne Technologie hat eigene Reize. Ich habe einen PC, Laserjet-Drucker und Faxgerät direkt hinter mir. Ich kann einen Brief schneller als fast jede Schreibkraft tippen und korrigieren und ihn in etwa zwei Minuten überallhin auf der Welt faxen oder mit der Post schicken. Ich tippe meinen eigenen Kram nicht immer, aber ich kann es, wenn ich will, und das ist oft.

– *Organisieren Sie Ihren Schreibtisch!* Eine Schreibtischfläche zu managen, ist schwieriger als man denkt, und viele Leute bekommen es nie in den Griff. Doch diese Fläche wird jeden Tag Ihres Berufslebens vor Ihnen liegen. Sie können Sie entweder organisieren oder zulassen, daß sie Ihren Tag, Ihr Denken und Ihr Leben in Unordnung bringt. Vorausgesetzt, Sie sind Rechtshänder, hier meine Vorschläge:

  Beschaffen Sie sich einen Schreibtisch, Ein- und Aus-Postkörbe, Schreibmaschinentisch links, Regal, Textmarker, Schreibstifte, Faxgerät und Papierkorb! Stellen Sie das Telefon dicht neben Ihre linke Hand auf den Schreibtisch, damit Ihre rechte Hand zum Schreiben freibleibt!

  Stellen Sie Ihren Terminkalender neben das Telefon! Legen Sie einen drei- oder fünfjährigen Kalender in die Mitte des Schreibtisches! Stellen Sie den Ein-Postkorb rechts, den Aus-Postkorb links!

  Installieren Sie Ihren PC, Drucker und Fax auf dem Schreibmaschinentisch!

  Stellen Sie die Bücher, die Sie brauchen, in oder auf die Regale! (Ich habe meine in einem Regal in Griffweite.)

  Sortieren Sie die Korrespondenz in Ihrem Ein-Korb *nicht* in eine Postmappe ein – aus den Augen, aus dem Sinn! Sortieren Sie sie statt dessen in durchsichtige Plastikmappen, mit Farbcodes für Priorität, und legen Sie sie auf das Regal hinter sich (nachdem Sie die Dinge, die Ihre Aufmerksamkeit verdienen, mit Textmarker angestrichen haben)!

  Bewahren Sie Ihre laufenden Akten in den Aktenschubladen in unmittelbarer Griffweite auf!

– *Richten Sie ein effizientes Ablagesystem ein!* Ein Muskel ist gespeicherte Energie – ebenso ein Ablagesystem. Wenn Sie an Ihren Muskeln arbeiten, sie einsetzen, bauen Sie sie auf und stärken sie. Das gleiche gilt für ein Ablagesystem. Einer meiner Kollegen hatte die fast ehrfurchtgebietende Fähigkeit, praktisch jeden Brief, jede Information in Sekunden aufzuspüren. Es war eine großartige Qualität, und es half dem Mann, eine Menge Geld zu verdienen. Ich staunte über sein Geheimnis, bis ich herausfand, daß sein Vater *Bibliothekar* war.

  Wenn Sie ein Faible für Computer haben, werden Sie Ihre Ablage vielleicht im Computer speichern wollen. Doch es spricht viel für altmodische Ablagesysteme. Sie sind nie ausgeschaltet, und gewöhnlich ist ein Stück Papier und ein Stift griffbereit. Besser ein anwendbares System als eines, das so raffiniert ist, daß es nur mühsam betrieben werden kann. Sie brauchen Ablagen über:

  Leute: Führen Sie ein Verzeichnis mit Namen, Telefonnummern und kurzem (sehr kurzem) Hintergrund jeder Person, die Sie kennen und kennenlernen! Die Nummern werden sich mit der Zeit ändern, aber Sie werden bei Bedarf eine Möglichkeit haben, Kontakt aufzunehmen.

  Korrespondenz: Richten Sie vier oder mehr Gesamtablagen ein:
  - Allgemeine Korrespondenz.
  - Kundenkorrespondenz.
  - Muß gelesen, dann archiviert werden. Wichtige Artikel, Nachrichten und dergleichen. Auf der Heimfahrt lesen.
  - Kann gelesen, dann weggeworfen werden. Vielleicht im Flugzeug lesen.

  Finanzen: Diese Ablage sollten Sie per Computer führen oder führen lassen, denn moderne Buchhaltungsprogramme sind ausgezeichnet, flexibel und billig.

  Zeit: Planen und überwachen Sie Ihren Fortschritt in Ihrem Kalender! Legen Sie Ihre Liste der „Besorgungen“ auf den Kalender!

– *Versuchen Sie, jedes Stück Papier nur einmal in die Hand zu nehmen!* Das wird Ihnen nicht immer gelingen, aber es ist eine hervorragende Faustregel. Lesen Sie das Schriftstück, streichen Sie an, was Handeln verlangt, dann entscheiden Sie gleich, was zu tun ist:

- sofort das Nötige veranlassen;
- es muß etwas getan werden, aber erst nach weiterem Nachdenken oder Gespräch. Legen Sie es hinter sich auf das Regal!
- Interessant oder nützlich: Lesen und archivieren. In Lese-Ablage Nr. 1 legen;
- Ablage „Muß-Lektüre“;
- Ablage „Kann-Lektüre“. Mit Sicherheit wegwerfen, wenn nicht innerhalb von zwei Wochen gelesen.
- Ablage Papierkorb!

- *Seien Sie schnell!* Machen Sie keine Umstände! Schreiben Sie keine unnötigen Briefe oder Memos! Wenn möglich, streichen Sie die Anfrage mit Textmarker an, schreiben Sie Ihre Antwort von Hand daneben und faxen sie sofort zurück! Telefonieren Sie, wenn das schneller und effizienter ist! Schicken Sie keinen Brief, wenn Sie ein Fax schicken können!
- *Verwenden Sie den Papierkorb!* Werfen Sie Nutzloses schnell weg! Archivieren Sie nichts, das Sie nicht brauchen werden!
- *Bilden Sie eine Assistentin oder einen Assistenten dazu aus, den größten Teil der genannten Dinge für Sie zu tun!* Ein guter Assistent kann die meiste Routinearbeit für Sie bewältigen.

Setzen Sie sich realistische Fristen und arbeiten sie stetig darauf hin! Der schnellste Weg, die Knicke aus dem Schlauch zu kriegen, ist, das Wasser aufzudrehen. Fristen sorgen für den gleichen Druck. Wenn Sie keine Fristen haben, machen Sie sich wahrscheinlich über Ihre Grundziele etwas vor. Erinnern Sie sich an Goethes Worte:

Ist es dir ernst?
Dann beginne diese Minute,
Denn Kühnheit hat Kraft
Und Magie.
Geh ans Werk! Jetzt!

Eine Frist sagt, daß Sie etwas ernsthaft in Angriff nehmen und zu Ende führen wollen. Wenn Sie Fristen setzen, werden Sie automatisch mit einem Gefühl der Dringlichkeit arbeiten. Die Frist zwingt Sie zu arbeiten, selbst wenn Ihnen nicht danach zumute ist. Viele Leute verschieben es, sich Fristen zu setzen, und warten, daß die „richtige Stimmung" sie überkommt. Die „richtige Stimmung" ist freilich eine Illusion. Zahllose kreative Menschen haben bemerkt, daß ihre Stimmung praktisch keinen Unterschied für die Qualität ihrer Leistung macht. Der berühmte W. S. Gilbert von Gilbert & Sullivan sagt: „Wenn ich gewartet hätte, daß die Muse über mich kommt, hätte ich nie etwas geschrieben." Tatsächlich kommt die Muse selten über irgend jemanden, bevor er mitten im Projekt ist.

Es ist natürlich wichtig, *realistische* Fristen zu setzen. Versuchen Sie nicht, zu viel zu tun, es könnte mit einer Enttäuschung enden! Halten Sie vielmehr ein gleichmäßiges Tempo! Bringen Sie sich in Schwung, und bleiben Sie dann dabei!

Schritt 3: Fähigkeiten im Umgang mit Menschen

Im Umgang mit Menschen sollten wir bedenken, daß wir es nicht mit logischen Wesen zu tun haben. Wir haben es mit emotionellen Wesen zu tun, Wesen, die von Vorurteilen strotzen und von Stolz und Eitelkeit motiviert sind.

Dale Carnegie

Ronald Reagan sagte einmal, Erfolg im Leben sei die Fähigkeit, ein Publikum von besserer Qualität zu fesseln. Diese witzige, einsichtsvolle Bemerkung des früheren Präsidenten offenbart, daß die Qualität des Publikums mit der Qualität der Darbietung zusammenhängt.

Plus-Manager wissen obendrein, daß ihr Erfolg von der Fähigkeit abhängt, mit einem interaktiven Publikum von Gleichrangigen, Vorgesetzten, Untergebenen und Kunden oder Außenstehenden zurechtzukommen. Sie erinnern sich: Mit diesen Menschen zurechtzukommen, erfordert zumindest ein gewisses Maß der vier menschlichen Eigenschaften – Einfühlungsvermögen, Loyalität, soziale Dominanz und Takt – sowie von vier der wichtigsten Kommunikationsfähigkeiten – Zuhören, Diskutieren, Schreiben und sich für etwas einsetzen.

Meiner Erfahrung nach ist es gewöhnlich recht nutzlos, die Fähigkeiten eines Managers im Umgang mit Menschen mit „frommen Ermahnungen“ entwickeln zu wollen, wie mein verstorbener Vorstandsvorsitzender zu sagen pflegte. Werfen wir statt dessen einen Blick auf die kognitive Therapie.

Kognitive Therapie und Fähigkeiten im Umgang mit Menschen

In der kognitiven Therapie geht es darum, Menschen zu helfen, ihr Denken zu ändern. Für unsere Zwecke hier bedeutet das, jemandem vollkommen einsichtig zu zeigen, daß es *intelligent* ist, mit Menschen auszukommen. Wenn wir das begriffen haben, wird es ein leichteres Unterfangen, die Marotten in unserem Verhalten abzulegen. Schauen wir einmal, welche Punkte der sozialen Intelligenz das Verhalten von Plus-Manager bestimmen:

- Die Welt wird kleiner, und die Menschen begegnen einander häufiger als je zuvor. Deshalb ist es klug, *alle* Menschen zu behandeln, als wäre man zukünftig auf eine wichtige, unerwartete Gefälligkeit von ihnen angewiesen.
- Sowohl Freunde als auch Feinde gewinnen im Laufe der Zeit fast immer an persönlicher Macht.
- Freundschaften kommen und gehen, aber Feinde bleiben erhalten.
- Gute Freunde werden oft erbitterte Feinde.
- Gegenwärtige Kollegen werden wahrscheinlich künftig einmal um entscheidende Gefälligkeiten gebeten.
- Ein früherer Chef wird wahrscheinlich zu Kompetenz und persönlichen Eigenschaften seiner Untergebenen gefragt, auch ohne deren Wissen.
- Es ist besser, wenn andere für Sie Stimmung machen als gegen Sie.
- Es ist eine klare psychologische Tatsache, daß Menschen andere generell so behandeln, wie sie behandelt werden. Daher die Weisheit der Regel: „Was du nicht willst, daß man dir tut, das füg' auch keinem andern zu!“
- Wenn man Menschen gut behandelt, reagieren sie auf die gleiche Weise.

Wenn man Menschen schlecht behandelt, werden sie sich, wenn sich die Gelegenheit ergibt, rächen.

- Menschen behandeln uns so, wie wir es verdienen.
- Es ist gewöhnlich unklug, sich Feinde zu machen.
- Es ist dumm, sich unnötig Feinde zu machen.

- Es ist gewöhnlich sinnlos zu kritisieren.
- Mit Honig fängt man mehr Fliegen als mit Essig.
- Was ungesagt bleibt, erregt am wenigsten Ärgernis.
- Menschen sind emotionelle, nicht logische Wesen.
- Menschen tun das, was sie als das Beste für sich ansehen.
- Die meisten Menschen wollen helfen und freuen sich über Dank.
- Reife Freunde und Kollegen freuen sich für Sie, wenn Sie Erfolg haben. Unreife Freunde und Kollegen würden Sie lieber in Ihrem Mißerfolg bedauern.
- Der beste Grund, Menschen zu behandeln, als wären sie wichtig, ist, daß sie es sind.

Was mich betrifft, so gehen mir in heiklen persönlichen Situationen folgende Gedanken durch den Kopf:

- Ich muß dazu beigetragen haben, daß ich es jetzt mit dieser Person und Situation zu tun habe.
- Wenn ich diese Situation geschickt bewältige, kann ich Wohlwollen aufbauen.
- Abgesehen davon, was ich hier und jetzt will, könnte ich in Zukunft einmal eine entscheidende Gefälligkeit von dieser Person wollen.
- Dieser Mensch wird etwas über mich sagen, nachdem wir uns getrennt haben.
- Ich will versuchen, Kooperation und Hilfe von diesem Menschen zu erhalten.
- Was will dieser Mensch wirklich? Wie kann ich diesem Bedürfnis entgegenkommen oder es erfüllen?
- Worum geht es in der *Sache*?
- Was will ich? Wie kann ich mein Bedürfnis im Hinblick auf die Bedürfnisse des anderen ausdrücken?
- Wie können wir uns so einigen, daß wir beide bekommen, was wir wollen?
- Besprechen wir dies ruhig und vernünftig, ohne uns zu polarisieren.

- Wenn ich ruhig und vernünftig bleibe, habe ich die größten Chancen, dies zufriedenstellend zu lösen.
- Ich kann auf eine faire Lösung drängen, ohne aggressiv zu sein.
- Wenn ich nicht bekomme, was ich will, werde ich die Fassung bewahren und mich wieder auf Wege konzentrieren, die Bedürfnisse des anderen so zu erfüllen, daß wir beide bekommen, was wir wollen.
- Wenn wir uns nicht einigen können, kann ich immer mit einem Vorgesetzten sprechen.
- Wenn ich am Ende nicht bekomme, was ich will, bin ich wahrscheinlich mit schuld daran, und ich sollte versuchen, dafür zu sorgen, daß ich nicht wieder in die gleiche Lage komme.

Nachdenken über Ihren Gesamtstil und Ihre wahrscheinlichen Probleme im Umgang mit Menschen

Eine der besten Methoden, Ihre Fähigkeiten im Umgang mit Menschen zu verbessern, ist, über Ihren eigenen Persönlichkeitsstil nachzudenken und sich mit den Arten von Fehlern auseinanderzusetzen, die jedem Typ eigen sind.

Dominant. Wenn Sie zum Typ dominant gehören, bekommen Sie wahrscheinlich sehr oft, was Sie wollen. Sie könnten es noch öfter bekommen, wenn Sie versuchten, Ihre Fähigkeit zum Zuhören und Ihre Sensibilität für die Bedürfnisse anderer zu verbessern. Sie haben eine ärgerliche Neigung, sich Ihrer Meinungen allzu sicher zu sein und anderen Ihre Ansichten aufzuzwingen. Im schlimmsten Fall sind Sie rigide, herrisch und kein besonders guter Freund. Sie haben wahrscheinlich viel Besitz, aber wenig echte Freunde. Sie sagen wahrscheinlich, das macht Ihnen nichts aus; vielleicht denken Sie sogar, es macht Ihnen nichts aus. Aber das tut es doch! Mit ein wenig Mühe könnte das Leben viel leichter und unendlich viel angenehmer sein.

Distanziert. Sie werden bewundert für Ihre Fähigkeit, einen Mittelweg einzuschlagen und einen praktischen Kompromiß zu schließen. Wenn Sie ein Problem haben, stammt es wahrscheinlich von Ihrer Überbewertung von Strategien und Plänen. Sie könnten ein wenig mehr auf das drängen, was *Sie* wollen, statt immer einen Mittelweg zu gehen. Sie könnten versuchen, die wärmere, offenere Seite Ihrer Persönlichkeit zu entwickeln. Insgesamt werden Sie jedoch wahrscheinlich einen Weg finden, von Menschen zu bekommen, was Sie wollen.

Abhängig. Sie sind eine sensible und (gewöhnlich) beliebte Person. Ihre Probleme als Manager stammen wahrscheinlich von Ihrer Überbewertung der Akzeptanz und Zustimmung anderer. Es ist Ihnen so wichtig, akzeptiert zu werden, daß es Ihnen schwerfällt, auf Resultate zu drängen. Wenn Sie versuchen sich durchzusetzen, riskieren Sie zu übertreiben und wütend zu werden. Sie sehnen sich wahrscheinlich nach mehr Status und Macht, ohne ganz zu begreifen, daß Menschen, die beides haben, Sie um Ihre Fähigkeit beneiden, Freundschaften zu schließen. Es wird nicht leicht für Sie, ein großer Manager zu sein, und in vielerlei Hinsicht lohnt es die Mühe nicht. Am besten freunden Sie sich mit einer Funktion an, in der Ihre starke Einfühlungsgabe und Loyalität zum Tragen kommt.

Der beste Rat zur Entwicklung Ihrer Fähigkeiten im Umgang mit Menschen

Die beste Methode, die ich kenne, um Ihre Fähigkeiten im Umgang mit Menschen zu entwickeln, ist ins kalte Wasser zu springen und an einer Gruppe für öffentliches Reden teilzunehmen. Ich selbst habe dies vor vielen Jahren getan, als ich an einem verkrüppelnden Stottern litt. Ich lernte mein Stottern überwinden, gewann viele Rednerpreise und wurde später gebeten, öffentliches Reden zu lehren (denn ich kannte all die Probleme und konnte jede Angst nachfühlen, die je ein nervöser Mensch empfunden hat). Ich habe nie eine Methode gesehen, die Fähigkeiten im Umgang mit Menschen oder Selbstvertrauen besser entwickelt als die Teilnahme an einem Kurs in öffentlichem Reden. In nur sieben kurzen Wochen sah ich Mauerblümchen zu üppigen Pflanzen werden. Ich sah pompöse Leute demütig werden. Ich sah regelrechte Explosionen von Mitgefühl und Verstehen.

Als Manager werden Sie oft „ein paar Worte sagen" müssen. Wenn Sie nicht im Sprechen geschult sind, werden Sie mit Sicherheit Fehler machen, denn öffentliches Reden ist eine Fähigkeit, die erworben und entwickelt werden muß. Wenn Sie nicht an dieser Fähigkeit arbeiten, werden Sie das Publikum zweifellos langweilen oder gar vor den Kopf stoßen, ohne es zu wissen. Lassen Sie sich aber schulen, so werden Sie wahrscheinlich bei jedem Anlaß großartig reden. Darum glauben Sie mir nicht nur, sondern finden Sie eine Gruppe, springen Sie hinein und hören Sie nicht auf, bevor Sie sich qualifiziert fühlen:

- zu *jedem* Thema aus dem Stegreif zu reden;
- ein informatives Referat zu halten;
- eine überzeugende Präsentation vor einer Gruppe von Kunden zu geben;
- eine inspirierende Rede vor den Menschen zu halten, die Sie führen wollen.

Schritt 4: Allgemeine Intelligenz

Ich hatte regelmäßig mit zwei Simons zu tun – Simon Gold und Simon Green. Sie sahen einander ähnlich und klangen gleich. Beide kamen von der „falschen Seite der Stadt“ und hatten es sehr eilig zu beweisen, daß sie hervorragend waren.

Simon Gold besuchte eines meiner Management-Seminare und wurde ein guter Kunde und Freund. Er war promoviert und hatte eine hervorragende akademische Karriere, bevor er eine Software-Firma gründete. Er hatte großartige Ideen und stellte fähige Leute ein. Als er in finanzielle Schwierigkeiten geriet, rettete er das Unternehmen, indem er 20 wichtige Mitarbeiter überzeugte, sechs Monate ohne Gehalt oder Lohn zu arbeiten. Sie glaubten an ihn und blieben. Sie mochten ihn, meinten aber darauf, er sei ein etwas unpraktischer Träumer – ein wunderbarer Mensch, aber zu aufrichtig und offen, um als geschickter Geschäftsmann zu gelten.

Simon Green war Kandidat für einen Geschäftsführerposten. Er war Diplomkaufmann, konnte ausgezeichnete Leistungen als Verkäufer nachweisen und nützliche Erfahrung als hoher Manager im Verkauf. Sein Lebenslauf nannte stolz seine noble Adresse in der Fifth Avenue sowie mehrere Erwähnungen im *Who's Who*. Alle waren sich einig, daß Simon Green wirklich schlau war ein gerissener, cleverer Drahtzieher, der etwas zustande brachte und immer auf die Füße fiel.

Simon Gold fusionierte seine Firma mit einer anderen, wurde zum Präsidenten ernannt und verkaufte schließlich an eine noch größere Firma, was ihm 15 Millionen Dollar einbrachte. Simon Green wurde Geschäftsführer, brachte enorm viel Umsatz, verkaufte die Firma an einen Konkurrenten – und wurde gekündigt.

Simon Gold hat eine andere Computerfirma gegründet und bisher einen Jahresumsatz von 200 Millionen Dollar erreicht. Simon Green trat nach seiner Entlassung bei einer Konkurrenzfirma ein, zog Umsätze für sie an Land – und wurde dann wieder entlassen.

Ich war fasziniert und verfolgte diese Fälle sehr genau. Mir wurde klar, daß die Menschen Simon Gold zwar für etwas naiv hielten, ihm aber vertrauten und ihm die Verantwortung überließen, weil sie sahen, daß er sich auf die jeweils anstehende Aufgabe konzentrierte und nicht nur auf seine eigenen, egoistischen Interessen. Bei Simon Green war es umgekehrt. Alle waren sich einig, daß er clever war und verkaufen konnte. Und sie fürchteten sich, ihm zu vertrauen, weil sie besorgt waren, er könnte sein enormes Geschäftswissen letztlich gegen sie einsetzen. Aus dieser Geschichte sind mindestens zwei Lehren zu ziehen:

- Man muß sehr clever sein, um seine Cleverneß zu verbergen.
- Zu clever ist blöd.

Gehen wir nun weiter und denken wir ein wenig mehr über diese Vorstellung von Intelligenz nach.

Ihre allgemeine Intelligenz erweitern

Sie können noch viel schlauer werden. Das Gehirn ist wie ein Muskel: benutzt man es, wächst es – benutzt man es nicht, atrophiert es. Als ich heranwuchs, drängte mich meine Mutter, mein Gehirn zu nähren, indem ich Fisch aß. Nein, Mutter: Was ein Gehirn nährt, sind *Gedanken*. Nehmen Sie genug davon zu sich, und Sie werden bald wunderbare eigene Gedanken haben. Wenn Sie die Qualität Ihrer eigenen Denkprozesse verbessern möchten, schlage ich vor, die folgenden sieben Bereiche zu stärken, aus denen Ihre allgmeine Intelligenz besteht.

Ausbildung. Ausbildung sollte man als lebenslangen Prozeß ansehen. Kluge Manager halten sich über ihren Bereich auf dem laufenden. Sie wissen, wenn sie sich nicht informieren, was in ihren Branchen geschieht, gibt es jemand anderen, der das tut, und wenn der Kunde wählt, bei welcher Firma er kauft, wird er sich für die beste Mausefalle entscheiden, die es gibt.

Erfahrung. Der Plus-Manager plant seine Karriere so, daß er viele und vielfältige Erfahrungen sammelt – Erfahrungen, die sowohl das intellektuelle als auch das emotionelle Wachstum anregen. Er begreift, daß er von jedem Aspekt seiner Arbeit etwas Wichtiges lernen kann, auch von den scheinbar langweiligen und banalen. Meine erste Anstellung war bei einer Bank, und ich bekam die Aufgabe, die Tintenfässer für die Kunden nachzufüllen, die Löschpapiere zu wechseln, die Portokasse und das Postregister zu führen. Es war mir peinlich, für diese Handlangerdienste eingesetzt zu werden, bis der Geschäftsführer selbst, eine silberhaarige Vaterfigur, mich beiseitenahm.

„Mr. Wareham“, sagte er (ich war damals ein sehr jugendlicher Achtzehnjähriger), „ich habe Ihnen zwei entscheidende Aufgaben übertragen, und ich werde genau hinschauen, wie Sie sie erfüllen. Erstens ist es Ihre Pflicht dafür zu sorgen, daß der Kunde zufrieden ist, sobald er zur Tür hereinkommt. Sie allein können dafür sorgen, indem Sie es ihm ermöglichen, sein Einzahlungsformular mit einem sauberen Füller, frischer Tinte und einem properen Löschblatt auszufüllen. Zweitens möchte ich, daß Sie bedenken, daß für jede Firma nichts wichtiger ist als die Korrespondenz mit dem Kunden. Für diesen Zweck werden Sie mein Wachhund sein, denn Sie werden alle ausgehenden Sendungen sorgfältig registrieren. Schließlich werden Sie mit Adleraugen über das Kleingeld wachen, denn ob Sie es glauben oder nicht, die meisten Möchtegern-Wirtschaftsverbrecher beginnen ihre Karriere mit Klauen an solchen Stellen.“ Sie können sich sicher vorstellen, liebe Leserin und lieber Leser, daß ich ehrfurchtgebietende Pflichten bekommen hatte – und eine Lektion, die ich nie vergaß!

Fähigkeit zu folgerichtigem Denken. Die Fähigkeit, folgerichtig zu denken, ist leicht zu erwerben, und dennoch stelle ich oft mit Entsetzen fest, daß ansonsten intelligente und fähige Manager außerstande sind, einen Gedanken zu Ende zu führen oder eine Argumentation bis zu ihrem logischen Schluß zu verfolgen. Aus praktischen Gründen wäre jeder Manager gut beraten, einen formalen Kurs in folgerichtigem Denken – *Logik* – zu absolvieren, denn es ist eine Disziplin, die sich leicht lernen und mit großem Nutzen in praktisch jeder Situation oder Diskussion anwenden läßt. Wenn Sie keinen ganzen Kurs darüber belegen mögen, gehen Sie einfach und kaufen Sie ein populärwissenschaftliches Buch!

Urteilsvermögen. Dies ist komplizierter. Wie wir sahen, ist Urteilskraft ein Ergebnis von Ausbildung, Erfahrung, emotioneller Reife und logischem Denken. Je breiter Ihr Gesamtwissen, desto mehr frühere Erfahrungen können Sie wahrscheinlich zu Hilfe nehmen, um in einem neuen Bereich zu einem klugen Urteil zu gelangen. Die Schlüsselbereiche, in denen Sie sehr auf Ihr Urteilsvermögen achten müssen, sind Ihre geschäftlichen Entscheidungen und Ihre Personalentscheidungen.

Geschäftliche Entscheidungen. Ich überlasse es Ihnen, den Wissensaspekt des Geschäfts zu bewältigen, das Sie sich für Ihre Karriere ausgesucht haben. Wenn es hingegen um Entscheidungen geht, schlage ich folgende Formel vor:
- Sammeln Sie möglichst viel Informationen zum Thema. Erkennen Sie an, daß es unmöglich sein wird, genug Informationen zu bekommen, und akzeptieren Sie, daß Sie ein wenig Intuition anwenden müssen!
- Sieben Sie, denken Sie nach und überschlafen Sie die Entscheidung!
- Bestimmen Sie die Grenzbedingungen, die unterschwelligen Kriterien, die Ihre Entscheidung leiten werden. Erkennen Sie, daß die Grenzbedingungen im Konflikt stehen können, und versuchen Sie, dafür zu sorgen, daß sie es nicht tun!
- Besprechen Sie die Entscheidung mit anderen, die Ihr Interesse am Ergebnis teilen!
- Treffen Sie Ihre Entscheidung!
- Überschlafen Sie sie!
- Modifizieren Sie, wenn nötig!
- Bleiben Sie dabei!

- Kontrollieren Sie Ihren Fortschritt, um sicherzugehen, daß das Resultat Ihren Vorstellungen entspricht!
- Wenn die Entscheidung nicht funktioniert, spüren Sie das Problem auf und schaffen Sie Abhilfe. *Sorgen* Sie dafür, daß Ihre Entscheidung funktioniert!
- Haben Sie keine Angst vor dem Ausstieg, wenn Sie falsch gelegen haben!

Personalentscheidungen. Für Ihre Menschenkenntnis ist eines der besten Dinge, die Sie tun können (außer, dieses Buch noch einmal zu lesen), viele große Romane und Dramen zu lesen. Denn gute Menschenkenntnis beinhaltet, fühlen zu können, was diese fühlen. Die Kunst der Schriftsteller ist es, gerade diese Emotionen in Ihnen zu wecken. Shakespeare durchschaute lange vor Sigmund Freud die Ideen, die den Wiener Professor berühmt machten. Das gleiche gilt natürlich für viele andere Autoren. Wenn Sie keine Romane lesen, dann lesen Sie wenigstens ein paar gute Biographien! Wenn es ein einfaches Patentrezept für die Einschätzung von Menschen gäbe, wären schreckliche Fehler bei Einstellungen und Beförderungen nicht so verbreitet. Aber sie sind es. Mein eigener, nicht so einfacher, aber durchführbarer Fünf-Stufen-Plan ist dieser:

1. Lesen Sie möglichst viele Romane, Dramen und Biographien, um Ihr Vokabular an Persönlichkeitsstilen (innerhalb des erwähnten Modells von dominant / distanziert / abhängig) zu erweitern!
2. Bemühen Sie sich bewußt, analytisch zu sein, wenn Sie Menschen beurteilen. Versuchen Sie jedesmal, die ganze Lebensgeschichte des Betreffenden zu erfahren!
3. Legen Sie mehr Wert auf Leistungen als auf Absichten!
4. Gehen Sie davon aus, daß unglückliche Marotten, Gewohnheiten und Resultate sich wahrscheinlich wiederholen, frühere Erfolge hingegen vielleicht nicht!
5. Wenn Sie im Zweifel sind und vom Ergebnis Geld abhängt, verbessern Sie Ihr Risiko-Nutzen-Verhältnis, indem Sie eine professionelle Meinung von außen einholen!

Kreativität. Kreativität ist die Fähigkeit, Verbindungen herzustellen, die noch nie jemand hergestellt hat. Nicht viele Menschen können das. Kreative Menschen erkennt man oft an einer Besonderheit: Sie scheinen ganz in ihren eigenen Gedanken zu leben, versunken in der Welt der Phantasie. Der Grund für ihr nach innen gewandtes Denken ist, daß Kreativität ein Produkt des Unbewußten ist. Kreativität muß jedoch in Gang gebracht werden, *indem man eine bewußte Anstrengung unternimmt, sich das jeweilige Problem vorzunehmen.*

Die Regeln für die Entwicklung Ihrer Kreativität sind denen für eine gute Entscheidung ähnlich:

- *Entwickeln Sie eine reiche Phantasie.* Ernähren Sie Ihren Geist, indem Sie Kunstausstellungen besuchen, ins Theater gehen, Romane lesen, im Haus arbeiten – viel tun, tun, tun . . .!
- *Recherchieren Sie Ihr Projekt.* Werfen Sie all dieses Material in den Speicher Ihres Unbewußten!
- *Lassen Sie Ihr Hirn ein paar Tage brachliegen.* Tun Sie etwas anderes, treiben Sie Sport, machen Sie sich keine Sorgen!
- *Bringen Sie Ihr Unbewußtes in Gang,* indem Sie sich an den Schreibtisch setzen und versuchen, eine Lösung zu finden! Dies ist, offen gesagt, der schwerste Teil der Übung, denn es ist *unmöglich*, nur durch bewußte Anstrengung eine wirklich kreative Lösung zu erreichen.
- *Geben Sie nicht auf!* Ihre ersten Lösungsversuche werden wahrscheinlich mehr schlecht als recht ausfallen und Sie in Versuchung bringen, an Aufgeben zu denken. Tun Sie's nicht!
- *Spüren Sie, wie Sie abheben!* Plötzlich bemächtigt sich Ihrer eine fremde Kraft. Plötzlich bekommen Ihre Ideen Flügel, und wunderbare Dinge beginnen zu geschehen. Plötzlich taucht die Idee, die Sie suchen, aus Ihrem Unbewußten auf, *wie ein Atoll aus dem Meer auftaucht.* Woher wissen Sie, daß Ihre Idee wirklich ein Produkt Ihres Unbewußten ist? Sie werden es sofort wissen, denn Ihre Schöpfung wird *eine Eleganz besitzen, die Sie nie bewußt hätten schaffen können.*

Schritt 5: Emotionale Anpassung

Die erste Phase in der Entwicklung einer
Führerpersönlichkeit,
der erste Schritt zur Überholspur,
ist aufzuhören, vor allem uns
selbst vorzumachen, wir seien etwas, das
wir nicht sind . . .
Wir müssen uns zu unseren Stärken und
Schwächen bekennen . . . akzeptieren, daß wir
aufgrund der Entscheidungen, die wir
getroffen haben, da sind, wo wir sind . . .
akzeptieren, daß wir unser Schicksal nicht
völlig im Griff haben . . . in der Zukunft leben
statt in der Vergangenheit.

Barbara A. Kovach

Der Schlüssel zur Größe als Manager ist ein Anpassungsproblem, das die Motivation anspornt, die Fähigkeiten aber nicht über Gebühr behindert.

Wie schon erwähnt, sind Unreife und zu große Abhängigkeit die Ursache der meisten verbreiteten Anpassungsprobleme.

Auch ein Mensch, der in der Kindheit mißhandelt oder abgelehnt wurde, kann in seiner Kompetenz letztlich behindert sein. Harvey P. ist ein Beispiel dafür. Harvey wuchs in einer unglücklichen Familie auf. Seine Eltern teilten den Besitz, aber selten die Wohnung. Seine Mutter, eine selbstbewußte, frustrierte, ehrgeizige Krankenschwester, war Eigentümerin des Hauses, und sein Vater, ein Gentleman und Beamter, wurde oft in den Schuppen hinter dem Haus verbannt. Jedesmal, wenn Harvey mit seinem Vater sprach, schmollte die Mutter und weigerte sich, mit Harvey zu sprechen, oft wochenlang.

Obwohl Harvey von Natur aus fröhlich und gesellig war, wurde er zu einem einzelgängerischen und manchmal paranoiden Erwachsenen, für den Geselligkeit mit Kollegen ungeheuer problematisch war. Angespornt durch den Ehrgeiz der Mutter setzte Harvey sich hohe Ziele, aber weil ihm Fähigkeiten im Umgang mit Menschen fehlten, konnte er sie nie erreichen.

Auch Robert F. hatte eine schwierige Beziehung zu seinem Vater gehabt. Schließlich brach die Kommunikation ganz zusammen. Robert war ein Mann von beachtlicher Begabung und Entschlossenheit. Er hatte mehrere Universitätsabschlüsse, und sein Ziel war es, freiberuflich zu arbeiten. Seine Sicherheitsbedürfnisse hielten ihn jedoch vom Sprung ins kalte Wasser ab. Er trat in eine kleine Börsenmaklerfirma ein und erwies sich als hervorragender, konsistenter, gut organisierter, fleißiger Broker. Robert hatte tiefe Ressentiments dagegen, für jemand anderen zu arbeiten, und haßte schließlich die Firma ebenso wie seinen Chef. Er leistete gute Arbeit, war aber ein so unfreundlicher, nörgelnder, negativer Einfluß, daß sein Chef ihn letzten Endes hinauswarf. Das gleiche geschah in seiner nächsten Stellung. Erst als Robert beschloß, in psychologische Behandlung zu gehen, bekam er seine eigentlichen Probleme in den Griff: die Gefühle des Abgelehntseins und der Angst, die ihn daran hinderten, sich selbständig zu machen, und seinen Haß auf seinen Vater, der ihn so unfair abgelehnt hatte.

Ihre Leistung unter Druck verbessern

Nehmen wir uns ein, zwei Minuten Zeit, um zu überdenken, wie Sie im Augenblick mit Druck umgehen, indem Sie Ihren Stift nehmen und die folgenden Sätze vervollständigen:

1. Wenn man mich unter Druck setzt, . . .
2. Wenn die Konkurrenz hart wird, . . .
3. Wenn Politik gemacht wird, . . .
4. Was mich in Schwierigkeiten bringt, ist . . .

Betrachten wir nun ein paar typische Antworten auf die ersten drei Sätze.

1. Wenn man mich unter Druck setzt,
 ... habe ich Spaß daran.
 ... leiste ich nicht so viel.
 ... arbeite ich härter.
 ... arbeite ich intelligenter.
 ... suche ich nach einem kreativen Ausweg.

Die klügsten und am besten angepaßten Manager neigen zu den Antworten, daß sie gern unter Druck arbeiten, daß sie intelligenter oder kreativer arbeiten. Wenn Sie geantwortet haben, daß Sie nicht so viel leisten oder einfach härter arbeiten, können Sie Ihre Fähigkeit, mit Druck umzugehen, vielleicht erheblich verbessern, einfach indem Sie sich die Zeit nehmen, eine Strategie dafür zu entwickeln.

2. Wenn die Konkurrenz hart wird,
 ... stört es mich.
 ... habe ich Spaß an dem Spiel.
 ... werde ich auch hart.
 ... arbeite ich härter.
 ... lasse ich mir etwas einfallen, sie zu schlagen.

Plus-Manager haben Spaß an dem Spiel und entwickeln eine Strategie, um zu gewinnen. Härter arbeiten ist eine nützliche, aber nicht immer produktive Weise, mit der Situation fertigzuwerden. Hart oder wütend zu werden *verschlechtert* wahrscheinlich die Chancen zu gewinnen.

3. Wenn Politik gemacht wird,
 ... empfinde ich Zorn oder Abscheu.
 ... mache ich mit.
 ... versuche ich mich herauszuhalten.

... lenke ich das Gespräch zurück zur anstehenden Aufgabe.

Manager, die nach oben kommen, sind gewöhnlich ziemlich gute Politiker. Sie antworten oft, daß sie „mitmachen“, oder daß sie das Gespräch dahin bringen, wo sie es haben wollen. Sich heraushalten kann nützlich sein, reflektiert aber letztlich weniger Vertrauen in die eigenen Fähigkeiten, sich für etwas einzusetzen. Zorn oder Abscheu wird natürlich niemandem viel nützen.

Sehen Sie sich nun alle Ihre Antworten noch einmal an! Sind Sie zufrieden mit dem, was Sie sehen? Oder möchten Sie sich gern die eine oder andere unglückliche Antwort abgewöhnen? Wie das? könnten Sie fragen. Ganz einfach: indem Sie ein besser angepaßter Mensch werden.

Ein besser angepaßter Mensch werden

Die meisten fehlangepaßten Manager haben wie die meisten Menschen nicht den Mut, ihre emotionellen Probleme in Angriff zu nehmen. Sie lassen sich vom Unbewußten steuern und versuchen, sich selbst und der Welt gegenüber ihre Probleme zu leugnen, oft indem sie bestrebt sind, sich als „große Nummer“ zu beweisen.

Wenn es Ihnen wirklich ernst ist mit dem Wunsch, Ihre Anpassungsprobleme in den Griff zu bekommen, müssen Sie mit einer weiteren ehrlichen Selbstprüfung beginnen. Das erste, das Sie bedenken müssen, ist Ihre Gesundheit. Leiden Sie an Herzbeschwerden, Bluthochdruck, häufigen Kopfschmerzen oder Migräne, Magengeschwüren oder häufigen Verdauungsstörungen? Rauchen oder trinken Sie mehr als dreimal pro Woche? Nehmen Sie Beruhigungsmittel oder ähnliches? Fällt es Ihnen schwer einzuschlafen oder sich zu entspannen? Haben Sie Gewichtsprobleme? Gibt es irgend etwas anderes bei Ihrer Gesundheit, das Ihnen Sorgen machen könnte?

Fast jedes gesundheitliche Problem läßt vermuten, daß Druck und Streß Ihrer Arbeit Ihren Körper übermäßig belasten. Sie können sich natürlich weiter vorwärtstreiben, aber letztlich verschwenden Sie wertvolle Ressourcen: Ihre Gesundheit und Zeit Ihres Lebens.

Als nächstes könnten Sie die Liste der Taktiken zur Wahrung des Gesichts durchgehen, die Minus-Manager vorzubringen pflegen, und prüfen, ob etwas davon auf Sie zutrifft.

Antworten Sie schließlich wirklich ehrlich auf den letzten unvollständigen Satz:

Was mich in Schwierigkeiten bringt, ist
(hierauf gibt es unendlich viele Antworten, aber dazu gehören):
... daß ich mir mehr aufbürde, als ich schaffen kann.
... daß ich anderen nicht zuhöre.
... daß ich wütend werde.
... daß ich zu ehrlich bin.
... daß ich aus der Hüfte schieße.

Sehen Sie sich Ihre Antwort, wie sie auch lauten mag, genau an! Sie ist, offen gesagt, wahrscheinlich sehr zutreffend, und es wird Sie, mich oder sonst jemanden nicht viel Analyse kosten, einen grundlegenden Fehler in Ihrem Charakter oder Ihren Gewohnheiten zu erkennen – einen Fehler, der wahrscheinlich für den Rest Ihres Lebens erhalten wird, wie ein falscher Schwung beim Golf, wenn Sie nichts dagegen unternehmen.

Nehmen wir an, Sie haben ein paar gesundheitliche Probleme identifiziert oder Sie machen sich ein wenig Sorgen über Ihre Gesamtleistung, und Sie wollen ernsthaft gegen die Marotte angehen, die Sie gerade in dem Satz mit „Was mich in Schwierigkeiten bringt" erkannt haben. Was nun?

Ich empfehle, ganzheitlich vorzugehen und viele Einstellungen und Gewohnheiten zu ändern. Dazu sollten Sie folgendes tun:

Schaffen Sie sich eine solide Grundlage! Dies war Clausewitz' erstes Prinzip der Kriegführung. Buddha hat etwas Ähnliches gesagt:

„Der Weise mache sich zu einer Insel, die keine Flut überwinden kann.“ So schaffen sich auch Plus-Manager die körperlichen, emotionellen und materiellen Ressourcen, um praktisch jeden Sturm durchstehen zu können.

Treten Sie einer Art Fitneßclub bei, der Ihnen ein maßgeschneidertes, intelligentes Trainingsprogramm bietet! Sie könnten natürlich joggen oder etwas dergleichen, aber der besondere Vorteil eines Fitneßclubs ist, daß Ihnen ein angenehmes Trainingsprogramm auferlegt wird und daß Sie darin bestärkt werden. Außerdem treffen Sie eine Menge nette Leute, die wie Sie selbst ernsthaft ihre Lebensqualität steigern wollen.

Lassen Sie sich psychologisch beraten! Es hat nicht viel Sinn, den Körper ohne den Kopf zu trainieren. Am besten versuchen Sie, die unbewußten Kräfte zu identifizieren, die Sie in die Ecke drücken. Wenn Sie meinen, so etwas sei nichts für Sie, denken Sie nur an zwei Punkte:

(1) Da die Ursache Ihrer Probleme fast mit Sicherheit in Ihrem Unbewußten eingeschlossen ist, werden Sie gezwungen sein, in klassischer Catch-22-Manier zu leugnen, daß Sie eine Behandlung brauchen.

(2) Ihre Probleme bewußt zu machen und sie zu behandeln, ist notwendigerweise ein *Prozeß* – der Prozeß der Psychoanalyse und Psychotherapie. Sie können Ihre unterschwelligen emotionellen Probleme nicht beheben, indem Sie Bücher lesen und darüber nachdenken, ebensowenig wie Sie Ihren Körper in Form bringen können, indem Sie über die Liegestütze nachdenken, die Sie machen sollten.

Selbsthilfebücher sind natürlich schön zu lesen und auch nützlich. Doch wenn Sie die Art Selbsterkenntnis wollen, die wirklich einen Unterschied machen kann, dann tun Sie ernsthaft etwas!

Verlassen Sie sich darauf, daß Ihr innerer Strahl Ihnen hindurchhilft! Wenn es hart wird und der Druck steigt, ist es tröstlich zu wissen, daß Sie sich auf etwas Größeres als Ihr bewußtes Denken verlassen können. Im Auge selbst des größten Wirbelsturms ist eine Stelle, die völlig ruhig und still ist. So können auch wir, wenn unser Denken durch Schicksalsschläge und widrige Umstände gebeutelt wird, immer zu der tiefen, ruhigen Stelle zurückgehen, die unser eigenes, wahres Selbst birgt, und uns von dem inneren Strahl leiten lassen. Große Manager kennen diese Stelle sehr gut, nicht weniger als große Sportler, Maler oder Komponisten. Sie sind schon oft dort gewesen und wissen, daß sie wieder dorthin kommen werden.

Wir können uns Ziele setzen, unsere Strategien entwickeln und unser Bestes tun. Doch am Ende wie am Anfang ist es der innere Strahl, der uns sicher zu unserem eigenen Ziel leitet.

Anhang

Schlüsselindikatoren

Für Motivationen, Reife, Arbeitsgewohnheiten
und Fähigkeiten im Umgang mit Menschen

Die folgenden Listen sollen die Gedanken intelligenter Leser anregen und einen Einblick in die Kriterien vermitteln, die erfahrene Personalberater in Betracht ziehen könnten – und manchmal doch ignorieren: An manchen Stellen sind die Listen absichtlich unvollständig, denn unangemessene Spezifizität würde nur irreführen oder eine zu starke Stereotypisierung bewirken. Die folgenden primären (und verwandten sekundären) Bedürfnisse werden aufgeführt:

Entscheidende Motivationen

- Leistung
- Macht
- Vernunft
- Gemeinschaft
- Autonomie
- Dienst
- Sicherheit
- Status
- Geld
- Forschungsdrang

Den Persönlichkeitsstilen entsprechende Bedürfniskomplexe

Persönlichkeitsstil:	**Dominant**
Bedürfniskomplexe:	Macht, Status, Einkommen, Leistung
Persönlichkeitsstil:	**Dominant/Abhängig**
Bedürfnisse ausgeprägter Typen:	Leistung, Dienst, Macht
Bedürfnisse unausgeprägter Typen:	Geld, Status, Gemeinschaft
Persönlichkeitsstil:	**Dominant/Distanziert**
Bedürfnisse ausgeprägter Typen:	Leistung, Vernunft, Macht
Bedürfnisse unausgeprägter Typen:	Status, Macht, Autonomie
Persönlichkeitsstil:	**Distanziert**
Bedürfniskomplexe:	Vernunft, Autonomie, Weiterentwicklung
Persönlichkeitsstil:	**Distanziert/Abhängig**
Bedürfnisse ausgeprägter Typen:	Vernunft, Dienst
Bedürfnisse unausgeprägter Typen:	Sicherheit, Vernunft, Status, Akzeptanz
Persönlichkeitsstil:	**Distanziert/Dominant**
Bedürfnisse ausgeprägter Typen:	Leistung, Vernunft, Macht
Bedürfnisse unausgeprägter Typen:	Status, Macht, Autonomie

Persönlichkeitsstil:	**Abhängig**
Bedürfniskomplexe:	Gemeinschaft, Dienst, Zustimmung

Persönlichkeitsstil:	**Abhängig/Dominant**
Bedürfnisse ausgeprägter Typen:	Leistung, Dienst, Macht
Bedürfnisse unausgeprägter Typen:	Geld, Status, Gemeinschaft

Persönlichkeitsstil:	**Distanziert/Abhängig**
Bedürfnisse ausgeprägter Typen:	Vernunft, Dienst
Bedürfnisse unausgeprägter Typen:	Sicherheit, Vernunft, Status, Akzeptanz

PRIMÄRE BEDÜRFNISSE UND IHRE ERKENNUNGSMERKMALE

Primäres Bedürfnis:	**Leistung**
Wahrscheinlicher Gesamtstil	Dominant oder Distanziert
Wahrscheinliche sekundäre Bedürfnisse	
– Wenn dominant	Macht/Status/Geld
– Wenn distanziert	Vernunft/Autonomie/Weiterentwicklung
– Wenn abhängig	Akzeptanz/Zustimmung
Maske	
– Wenn dominant	Gewinner
– Wenn distanziert	Leistungsstark
– Wenn abhängig	Katalysator
Selbstbild	
– Wenn Gewinner	Leistungsstark
– Wenn Verlierer	Hochstapler
Elterliche Grundanweisung	Tu dein Bestes/Sei der Beste
Verstärktes Verhalten	Gewinnen
Erworbenes Verhalten	Wettbewerb
Helden	Sporthelden; Leute, die Quantifizierbares leisten
Erfolgskriterien	Gewinnen
Im Gespräch	Nennt spezifische Leistungen, Preise
Psychischer Vertrag	Weiter gewinnen
Krönende Leistung	Herausragende Leistung
Unterschwellige Angst	Zu versagen; als Verlierer gesehen werden
Wahrscheinliches emotionelles Problem	Perfektionismus; zu große Aggressivität

Haus/Häuser	–
Auto(s)	–
Partner	–
Wahrscheinlicher Besitz	Trophäen, Preise
Ausstattung zu Hause	Trophäen, Preise, Bilder von sich selbst beim Kämpfen und Gewinnen
Bevorzugte Haustiere	Rennpferd, preisgekrönter Rassehund
Finanzen gesamt	–
Lektüre: Kaffeetisch	–
Nachttisch	–
Werdegang Schule/Hochschule	Aktiv in Wettkampfsport
Lieblingsfächer	Wirtschaft, Mathematik

Verhalten bei der Arbeit

Bevorzugte Branche	–
Wahrscheinliche Funktion	Bevorzugt Funktion, in der er/sie sich ständig weiterentwickeln kann
Zustandekommen der Bewerbung	Von Headhunter vermittelt
Grund der Bewerbung	Größere Herausforderung
Hat am meisten Spaß an	Wettbewerb, sich auszeichnen
Hat am wenigsten Spaß an	Routine
Grund der Kündigung	Sucht größere Herausforderung
Größte Leistung	Nennt spezifischen Beitrag zu Gewinn oder Wachstum
Einkommen	Gut bezahlt; nimmt festes Einkommen in Kauf für die Chance, sich auszuzeichnen

Primäres Bedürfnis:	**Macht**
Wahrscheinlicher Gesamtstil	Dominant oder Dominant/Abhängig
Wahrscheinliche sekundäre Bedürfnisse	
– Wenn dominant	Status/Autonomie/Geld
– Wenn abhängig	Akzeptanz/Zustimmung
– Wenn distanziert	Vernunft/Autonomie/Leistung
Maske	
– Wenn dominant	Führer
– Wenn distanziert	Manager
– Wenn abhängig	Harter Führer
Selbstbild	
– Wenn Gewinner	Leistungsstark
– Wenn Verlierer	Hilfloses Kind
Elterliche Grundanweisung	Die Sache in die Hand nehmen
Verstärktes Verhalten	Dominieren
Erworbenes Verhalten	Soziale Dominanz
Helden	Politische Führer; Charles De Gaulle, Margaret Thatcher
Erfolgskriterien	Zahl der Untergebenen
Im Gespräch	Nennt Zahl der Untergebenen
Psychischer Vertrag	Im Management aufsteigen
Krönende Leistung	Geschäftsführer einer mittleren/großen Firma
Unterschwellige Angst	Hilflosigkeit
Wahrscheinliches emotionelles Problem	Zu große Aggressivität
Haus/Häuser	–

Auto(s)	Jaguar, Mercedes, Range Rover
Partner	–
Wahrscheinlicher Besitz	–
Ausstattung zu Hause	Bilder von sich mit Führern aus Politik und Wirtschaft
Bevorzugte Haustiere	Schäferhund
Finanzen gesamt	–
Lektüre: Kaffeetisch	Zeitschrift *Fortune*
Nachttisch	*Leaders* von Richard Nixon, *Macbeth* von William Shakespeare
Werdegang Schule/Hochschule	Aktiv in Hochschulpolitik
Lieblingsfächer	Politologie, Geschichte

Verhalten bei der Arbeit

Bevorzugte Branche	–
Wahrscheinliche Funktion	Linien-Management
Zustandekommen der Bewerbung	Von mächtigem Verbündeten vermittelt
Grund der Bewerbung	Sucht Funktion, wo er dominieren, leiten, manipulieren kann
Hat am meisten Spaß an	Andere managen
Hat am wenigsten Spaß an	Mangel an Kontrolle
Grund der Kündigung	Sucht hohe Management-Position
Größte Leistung	Nennt Zahl der Untergebenen
Einkommen	Verzichtet für Macht auf Einkommen; gut bezahlt, wenn effiziente(r) Manager(in) und Führer(in)

Primäres Bedürfnis: Vernunft

Wahrscheinlicher Gesamtstil	Distanziert
Wahrscheinliche sekundäre Bedürfnisse	
– Wenn distanziert	Autonomie/Leistung
– Wenn dominant	Autonomie/Leistung/Macht
– Wenn abhängig	Akzeptanz/Zustimmung
Maske	
– Wenn distanziert	Vernünftig
– Wenn abhängig	Vernünftig, nicht bedrohlich
– Wenn dominant	Vernünftig, leistungsorientiert
Selbstbild	
– Wenn Gewinner	Vernünftig
– Wenn Verlierer	Mißverstanden
Elterliche Grundanweisung	Die eigene Sache machen; keinen Konflikt provozieren
Verstärktes Verhalten	Vernunft
Erworbenes Verhalten	Vermitteln
Helden	Leute, die mit Vernunft etwas leisten, Naturwissenschaftler
Erfolgskriterien	Quantifizierbare Leistung
Im Gespräch	Spezifische Themen, definiert Begriffe
Psychischer Vertrag	Eigene Sache machen
Krönende Leistung	Vernunftleistung, vielleicht strategische Kehrtwendung
Unterschwellige Angst	Zu verlieren, weil Vernunft nicht greift
Wahrscheinliches emotionelles Problem	Perfektionismus
Haus/Häuser	Funktionell

Auto(s)	Funktionell, Benzinsparer
Partner	–
Wahrscheinlicher Besitz	PC, Schachspiel
Ausstattung zu Hause	Funktionell
Bevorzugte Haustiere	keine
Finanzen gesamt	Ausgewogen, solide
Lektüre: Kaffeetisch	*Scientific American*
Nachttisch	*Harvard Business Review*
Werdegang Schule/Hochschule	Gute Noten; intellektuelle Hobbies
Lieblingsfächer	Naturwissenschaften, Sprachen

Verhalten bei der Arbeit

Bevorzugte Branche	High-Tech, Computer, Telekommunikation
Wahrscheinliche Funktion	Strategische Planung, Marketing
Zustandekommen der Bewerbung	Eigene sorgfältige Stellensuche
Grund der Bewerbung	Sucht Funktion, in der er Fähigkeiten in Planung und Management einsetzen kann, um echte Leistung zu bringen
Hat am meisten Spaß an	Probleme lösen
Hat am wenigsten Spaß an	Unklarheiten
Grund der Kündigung	Sucht größere Herausforderung
Größte Leistung	Nennt spezifische, quantifizierbare Leistungen
Einkommen	Stetig wachsend

Primäres Bedürfnis: Gemeinschaft

Wahrscheinlicher Gesamtstil	Abhängig
Wahrscheinliche sekundäre Bedürfnisse	
– Wenn abhängig	Akzeptanz/Zustimmung
– Wenn dominant	Akzeptanz/Status/Macht
– Wenn distanziert	Zustimmung/Vernunft/ Leistung
Maske	
– Wenn abhängig	Nicht bedrohlich, nett
– Wenn dominant	Harter Führer
– Wenn distanziert	Zuverlässig, vernünftig
Selbstbild	
– Wenn Gewinner	Netter Mensch
– Wenn Verlierer	Abgelehnt
Elterliche Grundanweisung	Mit allen auskommen
Verstärktes Verhalten	Geselligkeit
Erworbenes Verhalten	Einfühlung
Helden	Leute mit vielen Beziehungen
Erfolgskriterien	Zahl der Freunde und Kollegen
Im Gespräch	Spricht herzlich über die meisten Menschen
Psychischer Vertrag	Zuneigung gewinnen
Krönende Leistung	Von Freunden organisierte Überraschungsparty zum 50. Geburtstag
Unterschwellige Angst	Abgelehnt zu werden
Wahrscheinliches emotionelles Problem	Mangel an Disziplin

Haus/Häuser	Komfortabel, heimelig
Auto(s)	Gewöhnliche Familienkutsche
Partner	Dominierend
Wahrscheinlicher Besitz	–
Ausstattung zu Hause	Bilder von Freunden, Angehörigen
Bevorzugte Haustiere	Labrador
Finanzen gesamt	–
Lektüre: Kaffeetisch	Zeitschrift *People*
Nachttisch	*How to Win Friends and Influence People* von Dale Carnegie
Werdegang Schule/Hochschule	Aktiv in Clubs, Verbindungen
Lieblingsfächer	Sozialwissenschaften

Verhalten bei der Arbeit

Bevorzugte Branche	Personenorientierte Branchen, Personal, Verkauf, Reisen usw.
Wahrscheinliche Funktion	Sich für etwas einsetzen/nähren
Zustandekommen der Bewerbung	Von Freund/Kollegen vermittelt
Grund der Bewerbung	Sucht Rolle, in der er/sie Beziehungen knüpfen und pflegen kann
Hat am meisten Spaß an	Beziehungen
Hat am wenigsten Spaß an	Allein arbeiten
Grund der Kündigung	Sucht größere Chance, mit anderen zusammenzusein
Größte Leistung	Nennt Zahl und Qualität von Freunden und Kollegen
Einkommen	Kann für Arbeit mit Menschen auf Einkommen verzichten

Primäres Bedürfnis: Autonomie

Wahrscheinlicher Gesamtstil	Distanziert oder Dominant/Distanziert
Wahrscheinliche sekundäre Bedürfnisse	
– Wenn distanziert	Vernunft/Leistung/Weiterentwicklung
– Wenn dominant	Leistung/Macht/Vernunft
– Wenn abhängig	Status
Maske	
– Wenn dominant	Eigenständig, vernünftig
– Wenn distanziert	Eigenständig, vernünftig
– Wenn abhängig	Stark, hart, lebhaft
Selbstbild	
– Wenn Gewinner	Selfmade-Mann oder -Frau
– Wenn Verlierer	Von anderen abhängig
Elterliche Grundanweisung	Nicht auf andere bauen
Erworbenes Verhalten	Eigenständigkeit
Helden	Erfolgreiche Kleinunternehmer
Erfolgskriterien	Finanzielle Unabhängigkeit
Im Gespräch	Nennt Autonomiebedürfnisse
Psychischer Vertrag	Finanziell unabhängig werden
Krönende Leistung	Lebensfähiges eigenes Unternehmen gründen
Unterschwellige Angst	Kontrolle zu verlieren
Wahrscheinliches emotionelles Problem	Egoismus, Starrheit
Haus/Häuser	–
Auto(s)	–

Partner	Passiv, untergeordnet
Wahrscheinlicher Besitz	–
Ausstattung zu Hause	Porträts von sich selbst
Bevorzugte Haustiere	–
Finanzen gesamt	Recht solide
Lektüre: Kaffeetisch	Zeitschrift *Inc.*
Nachttisch	*How to Take Charge of Your Life* von Mildred Newman und Bernard Berkowitz
Werdegang Schule/Hochschule	Einzelgänger, selbstfinanziert
Lieblingsfächer	Wirtschaft

Verhalten bei der Arbeit

Bevorzugte Branche	Selbständigkeit oder Möglichkeit, ohne Aufsicht zu arbeiten
Wahrscheinliche Funktion	–
Zustandekommen der Bewerbung	Kontakt selbst hergestellt
Grund der Bewerbung	Sucht Funktion, in der er ohne Aufsicht arbeiten kann
Hat am meisten Spaß an	Autonomie
Hat am wenigsten Spaß an	Keine Kontrolle haben, anderen untergeben sein
Grund der Kündigung	Sucht größere Autonomie
Größte Leistung	Betont eigene statt Gruppenleistungen
Einkommen	Verzichtet für Autonomie auf Einkommen

Primäres Bedürfnis: Dienst

Wahrscheinlicher Gesamtstil	Abhängig
Wahrscheinliche sekundäre Bedürfnisse	
– Wenn abhängig	Akzeptanz/Zustimmung
– Wenn dominant	Leistung/Macht
– Wenn distanziert	Zustimmung/Vernunft/ Leistung
Maske	
– Wenn abhängig	Nicht bedrohlich
– Wenn dominant	Leistungsorientiert
– Wenn distanziert	Zuverlässig, vernünftig
Selbstbild	
– Wenn Gewinner	Jemand, der etwas bewirkt hat
– Wenn Verlierer	Menschen im Stich gelassen
Elterliche Grundanweisung	Gutes für andere tun
Verstärktes Verhalten	Dienst
Erworbenes Verhalten	Hilfsbereitschaft
Helden	Menschen in helfenden Berufen
Erfolgskriterien	Zahl der Menschen, denen er geholfen hat
Im Gespräch	Zeigt Fürsorge für andere
Psychischer Vertrag	Anderen dienen und helfen
Krönende Leistung	Chef einer Hilfsorganisation sein und einen Orden bekommen
Unterschwellige Angst	Abgelehnt zu werden
Wahrscheinliches emotionelles Problem	Emotionelles Ausgebranntsein; zu wenig Realismus

Haus/Häuser	Komfortabel, heimelig
Auto(s)	Gewöhnliche Familienkutsche
Partner	Dominierend
Wahrscheinlicher Besitz	–
Ausstattung zu Hause	Bilder von Pflegekindern
Bevorzugte Haustiere	Labrador
Finanzen gesamt	Sparsam
Lektüre: Kaffeetisch	–
Nachttisch	*How to Win Friends and Influence People* von Dale Carnegie
Werdegang Schule/Hochschule	Aktiv in Hilfsorganisationen
Lieblingsfächer	Sozialwissenschaften

Verhalten bei der Arbeit

Bevorzugte Branche	Dienst
Wahrscheinliche Funktion	Nährend
Zustandekommen der Bewerbung	Von Pfarrer o. ä. vermittelt
Grund der Bewerbung	Sucht Funktion, in der er anderen helfen kann
Hat am meisten Spaß an	Hilfe für andere
Hat am wenigsten Spaß an	Allein oder nur für Profit arbeiten
Grund der Kündigung	Sucht größere Chance, anderen zu helfen
Größte Leistung	Nennt Menschen, denen er geholfen hat
Einkommen	Verzichtet auf Einkommen, um zu dienen

Primäres Bedürfnis: Sicherheit

Wahrscheinlicher Gesamtstil	Abhängig oder Distanziert
Wahrscheinliche sekundäre Bedürfnisse	
– Wenn abhängig	Akzeptanz/Zustimmung
– Wenn distanziert	Vernunft/Leistung
– Wenn dominant	Macht/Status
Maske	
– Wenn dominant	–
– Wenn distanziert	–
– Wenn abhängig	–
Selbstbild	
– Wenn Gewinner	–
– Wenn Verlierer	–
Elterliche Grundanweisung	Vorsichtig sein
Erworbenes Verhalten	Sparsamkeit
Helden	Besitzer schuldenfreier Häuser
Erfolgskriterien	Wirtschaftliche Sicherheit
Im Gespräch	Fragt nach Versicherung, Pension
Psychischer Vertrag	Wirtschaftliche Sicherheit gewinnen
Krönende Leistung	Hypothek abzahlen
Unterschwellige Angst	Armut
Wahrscheinliches emotionelles Problem	Passivität
Haus/Häuser	Klein bis mittel, ordentlich, in bürgerlichem Vorort

Auto(s)	Benzinsparer
Partner	–
Wahrscheinlicher Besitz	–
Ausstattung zu Hause	Porträt von Vater oder Staatsoberhaupt
Bevorzugte Haustiere	Züchtet eventuell zum Verkauf
Finanzen gesamt	Vorsichtig, solide
Lektüre: Kaffeetisch	–
Nachttisch	*Wealth Without Risk*
Werdegang Schule/Hochschule	–
Lieblingsfächer	–

Verhalten bei der Arbeit

Bevorzugte Branche	Große, etablierte, sichere Firma
Wahrscheinliche Funktion	Mittleres Management
Zustandekommen der Bewerbung	Weitervermittlungsprogramm
Grund der Bewerbung	Sucht sichere Funktion, wahrscheinlich nicht im Verkauf
Hat am meisten Spaß an	Sicherheit
Hat am wenigsten Spaß an	Unsicherheit
Grund der Kündigung	Mehr Sicherheit
Größte Leistung	Kosteneinsparungen
Einkommen	Verzichtet für Sicherheit auf Einkommen

Primäres Bedürfnis: Status

Wahrscheinlicher Gesamtstil	Dominant oder Abhängig
Wahrscheinliche sekundäre Bedürfnisse	
– Wenn dominant	Macht/Status
– Wenn abhängig	Akzeptanz/Zustimmung
– Wenn distanziert	Autonomie/Leistung
Maske	
– Wenn dominant	Mächtiger Führer
– Wenn abhängig	Sehr erfolgreich im Verkauf
– Wenn distanziert	Unwahrscheinlich, aber dann wohl leistungsstark, vernünftig
Selbstbild	
– Wenn Gewinner	Hochstapler
– Wenn Verlierer	Paria
Elterliche Grundanweisung	Ruf und Fassade aufrechterhalten
Erworbenes Verhalten	Status zur Schau stellen
Helden	Seit langem reiche Verwandte
Erfolgskriterien	Auffallender Status
Im Gespräch	Nennt prominente Namen und Adressen
Psychischer Vertrag	Gesellschaftliche Ambitionen fördern
Krönende Leistung	Nennung im *Social Register*
Unterschwellige Angst	Nagendes Minderwertigkeitsgefühl
Wahrscheinliches emotionelles Problem	Wunschdenken

Haus/Häuser	Das kleinste in einem reichen Vorort oder das größte in einer heruntergekommenen Gegend
Auto(s)	Zwei geleaste europäische Autos
Partner	Statusobjekt
Wahrscheinlicher Besitz	–
Ausstattung zu Hause	Originalgemälde
Bevorzugte Haustiere	Siamkatze
Finanzen gesamt	Prekär
Lektüre: Kaffeetisch	*Social Register*
Nachttisch	*Architectural Digest*
Werdegang Schule/Hochschule	Durchschnittliche Leistungen in elitären Privatinstitutionen
Lieblingsfächer	Kunstgeschichte

Verhalten bei der Arbeit

Bevorzugte Branche	Glanzvoll oder erstklassig
Wahrscheinliche Funktion	Verkauf oder PR
Zustandekommen der Bewerbung	Einflußreicher Kontakt oder Weitervermittlungsprogramm
Grund der Bewerbung	Sucht sehr sichtbare Funktion in Verkauf oder Beratung
Hat am meisten Spaß an	Sichtbarkeit, Kontakte
Hat am wenigsten Spaß an	Zu wenig Status
Grund der Kündigung	Wird hinausgedrängt
Größte Leistung	Image der Firma und eigene Sichtbarkeit verbessert
Einkommen	Geldhungrig, verzichtet aber für Status auf Einkommen

Primäres Bedürfnis: Geld

	um seiner selbst willen, nicht nur zur Sicherheit und für kurzfristige Bedürfnisse
Wahrscheinlicher Gesamtstil	Dominant/Abhängig
Wahrscheinliche sekundäre Bedürfnisse	
– Wenn dominant	Status/Autonomie/Macht
– Wenn abhängig	Status/Akzeptanz
– Wenn distanziert	Status/Leistung/Autonomie
Maske	
– Wenn dominant	Erfolgreich, wohlhabend
– Wenn abhängig	Erfolgreich, wohlhabend
– Wenn distanziert	Leistungsstark
Selbstbild	
– Wenn Gewinner	Hält die Finanzen zusammen
– Wenn Verlierer	Hochstapler
Elterliche Grundanweisung	Intensiv lernen
Erworbenes Verhalten	Geldausgeben im großen Stil
Helden	Reiche Prominente
Erfolgskriterien	Geld und Status
Im Gespräch	Immobilienpreise, veröffentlichte Liste der Spitzenverdiener
Psychischer Vertrag	Finanziell Erfolg haben – oder versagen
Krönende Leistung	Forbes-Liste der Reichsten, Jacht oder Lear-Jet besitzen
Unterschwellige Angst	Armut und Abgelehntsein
Wahrscheinliches emotionelles Problem	Narzißmus, Wunschdenken

Haus/Häuser	Groß, voll Statussymbole
Auto(s)	Teure europäische Autos, geleast
Partner	Trophäe
Wahrscheinlicher Besitz	Zweites Haus, Motorboot, American Express-Platinkarte, oft genutzter Dispokredit
Ausstattung zu Hause	Originalgemälde, „namhafte" Künstler
Bevorzugte Haustiere	Trophäen-Freunde
Finanzen gesamt	Strapaziert
Lektüre: Kaffeetisch	*Architectural Digest*
Nachttisch	Zeitschrift *Forbes*
Werdegang Schule/Hochschule	sehr mäßige Leistungen in gewöhnlichen Institutionen
Lieblingsfächer	„Leichte Fächer", Wirtschaft

Verhalten bei der Arbeit

Bevorzugte Branche	Unternehmertum
Wahrscheinliche Funktion	Verkauf oder Marketing
Zustandekommen der Bewerbung	Kontakt, nachdem er von Verdienstmöglichkeiten gehört hat
Grund der Bewerbung	Mehr Geld
Hat am meisten Spaß an	Abschlüssen gegen Provision
Hat am wenigsten Spaß an	Aktivität ohne Bezug zum Einkommen
Grund der Kündigung	Will mehr Geld
Größte Leistung	Verdientes Einkommen
Einkommen	Verzichtet auf festes Einkommen für Gewinnbeteiligung, Provision

Primäres Bedürfnis: Forschungsdrang

Wahrscheinlicher Gesamtstil	Distanziert
Wahrscheinliche sekundäre Bedürfnisse	
– Wenn distanziert	Leistung/Autonomie
– Wenn abhängig	Dienst/Zustimmung
– Wenn dominant	Autonomie/Leistung/ Weiterentwicklung
Maske	
– Wenn distanziert	Nonkonformist
– Wenn dominant	Leistungsstark, vernünftig
– Wenn abhängig	Träumer
Selbstbild	
– Wenn Gewinner	Kreativ
– Wenn Verlierer	Kreativ
Elterliche Grundanweisung	Intensiv lernen
Erworbenes Verhalten	Neugier, Analyse
Helden	Naturwissenschaftler, Erfinder
Erfolgskriterien	Kreativität, Problemlösungen
Im Gespräch	Wissenschaftliche Themen; Suche nach „Wahrheit"; zitiert eigene veröffentlichte Artikel
Psychischer Vertrag	Die eigene Sache machen
Krönende Leistung	Patentierte Erfindung
Unterschwellige Angst	Zu wenig Zeit oder Ressourcen, um Interessen nachzugehen
Wahrscheinliches emotionelles Problem	Unrealistische(r) Träumer(in)
Haus/Häuser	Nichts Besonderes
Auto(s)	Klein, funktionell

Partner	–
Wahrscheinlicher Besitz	PC, gute Kamera
Ausstattung zu Hause	Funktionell
Bevorzugte Haustiere	Weiße Ratten
Finanzen gesamt	Bescheiden
Lektüre: Kaffeetisch	*National Geographic*
Nachttisch	*Scientific American*
Werdegang Schule/Hochschule	Gute Leistungen in Naturwissenschaften und Forschung; kein sonderliches Interesse an gesellschaftlicher Betätigung
Lieblingsfächer	Naturwissenschaften

Verhalten bei der Arbeit

Bevorzugte Branche	High-Tech, Pharma, Chemie, Computer
Wahrscheinliche Funktion	Forschung
Zustandekommen der Bewerbung	Kontakt selbst gesucht, nachdem er von Forschungsmöglichkeiten gehört hat
Grund der Bewerbung	Kreative Herausforderung
Hat am meisten Spaß an	Forschung, kreativer Herausforderung
Hat am wenigsten Spaß an	Täglichem Kleinkram
Grund der Kündigung	Sucht größere kreative Herausforderung
Größte Leistung	Spezifische Erfindung oder Technik
Einkommen	Verzichtet auf Geld und Macht für kreative Möglichkeiten

Indikatoren für emotionelle Unreife

Die effektivste Methode, um Reife zu erkennen, ist, Indikatoren der Unreife in Verhalten, Manieren und Reden eines Menschen zu identifizieren.

Zu große emotionelle Abhängigkeit
- Sucht eine Organisation, die ihn stützt, statt einen Arbeitsplatz
- Legt zuviel Wert auf Pension, Rang, Sicherheit
- Zieht leichte Arbeit mit wenig Anforderungen vor
- Braucht strukturierte Funktion
- Zieht Routineaufgaben vor
- Trifft nicht gern Entscheidungen
- Lange Zeiten der Arbeitslosigkeit
- Kein starkes Engagement, Arbeit zu finden
- Überläßt es anderen, offene Stellen zu finden
- Hat nicht zu Ausbildungskosten beigetragen
- Hat keinen Abschluß wegen „Geldmangel"
- Legt zuviel Wert auf Gesundheit und Wohlbefinden

Egoismus
- Geschichte der Arbeitsverhältnisse zeigt Egozentrik oder Mangel an Loyalität
- Geht nicht die Extrameile, außer wenn dafür bezahlt
- Einzelgänger(in)
- Manipuliert Menschen, nutzt sie aus
- Legt zuviel Wert auf Statusfunktionen und -symbole
- Prahlt
- Schmückt sich mit fremden Federn
- Gibt anderen die Schuld
- Reißt Gespräche an sich

Vergnügungssüchtig
- Kindlicher, natürlicher Charme
- Fröhliche(r) Gesellschafter(in), verspielt

- „Erst das Vergnügen, dann die Arbeit“
- Unregelmäßig oder kurzfristig beschäftigt
- Feiert krank
- Nimmt zu ungünstigen Zeiten Urlaub
- Arbeitet nicht an etwas, das er nicht mag
- Schiebt unangenehme Arbeit vor sich her
- Will sehr flexible Arbeitszeiten
- Zeiten der Arbeitslosigkeit, um Freizeitinteressen zu pflegen
- Hat in Schule und Hochschule „leichte“ Fächer belegt
- Hat sich nicht die Mühe gemacht, das Studium abzuschließen
- Aktivitäten in Schul- und Studienzeit hauptsächlich freizeitorientiert

Wunschdenken
- Unrealistische Erwartungen an Stellung und Gehalt
- Überschätzt Aufstiegsmöglichkeiten
- Übertreibt Bedeutung früherer Stellen, Gehälter, Untergebener
- Zeichen für schlechtes Urteilsvermögen in früheren Stellen
- Träumt von Erfolg, tut aber nichts dafür
- Hat glanzvolle Fächer belegt, aber nicht bewältigt
- Behauptet, mit positivem Denken „zaubern“ zu können
- Finanziell überfordert

Mangelnde Bereitschaft zu Verantwortung
- Gibt anderen die Schuld für persönliche Mißerfolge und Mängel
- Kündigt, ohne eine neue Stelle zu haben
- Läßt sich in der Arbeitslosigkeit treiben
- Läßt sich von anderen unterstützen
- Arbeitet nur von 9 bis 17 Uhr
- Generell nicht willens, sich selbst zu finanzieren
- Kein Interesse an Karriere
- Wenig oder kein Interesse an Weiterentwicklung
- Lebt bis weit über zwanzig im Elternhaus

Disziplinlosigkeit
- Leicht aufgeregt
- Jähzornig
- Verträgt keine Kritik
- Zeiten der Arbeitslosigkeit nach wütenden Abgängen
- Wutanfälle, die zu Unfällen führen
- Schule oder Hochschule abgebrochen
- Kein Fleiß in Schule oder Hochschule
- Zu beschützte oder verhätschelte Kindheit
- Ständige Beziehungsprobleme
- Zerbrochene Beziehungen
- Finanzen strapaziert durch impulsive Käufe
- Mißbrauch von Drogen, Alkohol oder Nikotin

Desinteresse für Konsequenzen
- Frühere Beschäftigung unregelmäßig
- Kündigt, ohne neue Stellung zu haben
- Macht impulsiv Urlaub
- Unangemessene, verantwortungslose oder unsensible Bemerkungen im Bewerbungsgespräch
- Geht nach Lust und Laune von Schule oder Hochschule ab
- Kündigt Beziehungen impulsiv auf
- Lebt über seine Verhältnisse
- Geschichte prekärer Finanzen

Überanpassung
- Konservative Erziehung
- Fromm
- Fundamentalistische Religion
- Rigide Kleiderordnung
- Bevorzugt große, sichere Firmen
- Bürokratische Funktionen
- Finanzen sehr konservativ
- Streng pünktlich
- Politisch erzkonservativ

- Zögert, eine aufrichtige Meinung zu äußern
- Zuviel Respekt vor jeder Art Autorität

Neigung zum Prahlen
- Lebt in großem Stil oder Status
- Überbewertet Statussymbole
- Bevorzugt Funktionen im Rampenlicht
- Will im Privatleben Mittelpunkt sein
- Hat Schwierigkeiten, zwischen berühmt und berüchtigt zu unterscheiden
- Braucht Publikum
- Zwanghafter Witzemacher
- Auffallende Kleidung; geschneiderte Pracht
- In Schul- und Studienzeit aktiv in Debattier- und Schauspielgruppen
- Bringt jede Party in Schwung
- Übertrieben stolz auf prätentiösen Besitz
- Dominiert beim Gespräch
- Macht mit Krankheit auf sich aufmerksam

Destruktive Tendenzen
- Pausenlose Klagen
- Unnötig rebellisch
- Überkritisch gegen andere
- Kritisiert frühere Arbeitgeber
- Kritisiert Kollegen, Lehrer
- Indizien für gefährlichen Fahrstil
- Autounfälle
- Chronische Geldprobleme
- Früherer Bankrott
- Alkohol- oder Nikotinmißbrauch

Arbeitsgewohnheiten: Übersicht

Generell positive Zeichen

Energieniveau	Hoch
Primäres Bedürfnis	Leistung
Grundanweisungen und Beispiel	Arbeite hart, zeichne dich aus, halte durch, habe Spaß, führe ein ausgeglichenes, glückliches Leben, mach dir keine vergebliche Mühe
Verstärktes Verhalten	Fleiß, Beharrlichkeit, Selbständigkeit
Erworbenes Verhalten	Hat zu den Finanzen der Familie beigetragen, ist früh ausgezogen, um sich selbständig zu machen
Helden	Harte Arbeiter
Im Gespräch	Erzählt von hart arbeitenden Eltern, überwundenen Hindernissen
Haus/Häuser	Ordentlich, gepflegt, mit Arbeitszimmer
Partner	Hart arbeitendes Kind hart arbeitender Eltern
Lebenslauf	Persönlicher Brief, nennt gute Notendurchschnitte und arbeitsbezogene Leistungen, nennt Arbeitsverhältnisse Monat für Monat, erwähnt sportliche Interessen und Leistungen

Generell negative Zeichen

Energieniveau	Niedrig
Primäres Bedürfnis	Status
Grundanweisungen und Beispiel	Habe Spaß, führe ein ausgeglichenes, glückliches Leben, mach dir keine vergebliche Mühe
Verstärktes Verhalten	Konformismus, Trägheit, Abhängigkeit; später Auszug aus dem Schoß der Familie
Erworbenes Verhalten	Wenig Initiative, Faulheit, Abhängigkeit

Helden	Vaterfiguren, Prominente, Filmstars
Im Gespräch	Spricht von notwendigem Gleichgewicht zwischen Arbeit und Vergnügen
Haus/Häuser	Unordentlich, ungepflegt
Partner	An Vergnügen orientiert
Lebenslauf	Von Vermittlungsagentur, nennt entscheidende Daten nicht, läßt Monate aus, nennt Clubs, Überbewertung von Titeln

Wichtige Verhaltensweisen

Fleiß

Schlüsselfragen

- Wird dieser Mensch von der Stimme des Gewissens getrieben?
- Ist er/sie von Leistungsbedürfnissen motiviert?
- Ist er/sie an Fleiß gewöhnt?

Wie kam es zur Bewerbung?	Eigene Initiative *Vom früheren Vorgesetzten vermittelt*
Grund der Bewerbung:	Zeigt gutes Verständnis für die Anforderungen der Stelle. Scheint keine leichte Arbeit zu suchen. Hat sich vorbereitet. *Scheint leichte Arbeit zu suchen, ist schlecht vorbereitet.*
Hat am meisten Spaß an:	Mag die meisten Aspekte der Arbeit, nicht wählerisch. *Mag leichte Arbeit, sehr wählerisch*
Hat am wenigsten Spaß an:	Zu wenig Arbeit *Zuviel Arbeit, „arbeitssüchtigem" Chef, zuviel Druck*
Arbeitszeiten:	Arbeitet mehr als 40 oder 50 Stunden pro Woche. Sieht Überstunden als Chance voranzukommen. *Arbeitet selten mehr als 40 Wochenstunden, mag keine Überstunden.*

Laufbahn:	Stetiger Fortschritt und Aufstieg. Regelmäßige Leistungsprämien. *Von Vorgesetzten „übersehen".* *Kein nennenswerter Aufstieg.*
Größte Leistung:	Nennt spezifische, quantifizierbare Arbeitsleistungen. *Nennt Verbesserung der Moral oder ähnlich „schwammige" Dinge.*
Grund der Kündigung:	Sucht größere Herausforderung *Wurde übersehen, zuviel Druck, zu hohe Anforderungen*
Einkommensentwicklung:	Stetig steigend, wird für die Branche überdurchschnittlich bezahlt. *Wenig oder sehr geringe automatische Einkommenssteigerungen.* *Verdient durchschnittlich oder unterdurchschnittlich.*
Herkunft:	Hat früh zu arbeiten begonnen, hat zu den Finanzen der Familie beigetragen. Konstruktive Freizeitinteressen, immer beschäftigt. *Verwöhnt, sucht Vergnügen.*
Schule/Hochschule:	Hat finanziell beigetragen, hat als Student ein Unternehmen betrieben, Leistungen entsprechen den Fähigkeiten. *Sehr bescheidene Leistungen, Ferien in Übersee mit den Eltern.*

Lieblingsfächer:	Schwierige Fächer. *Leichte Fächer.*
Häusliches und gesellschaftliches Leben:	Wählt konstruktive Hobbies und Interessen und erwirbt darin Fähigkeiten. Beständig in Beziehungen, arbeitet, wenn nötig, an ihnen. *Muster zerbrochener Beziehungen, hedonistische Teilzeit-Interessen.*
Finanzen:	Baut stetig Nettovermögen auf. Arbeitet hart, um nötige Darlehen zurückzuzahlen. *Prekäre Finanzen.*

Beharrlichkeit

Schlüsselfragen
- Ist dieser Mensch motiviert, Angefangenes zu Ende zu bringen?
- Ist er/sie an Beharrlichkeit gewöhnt?

Wie kam es zur Bewerbung?	Eigene Initiative
Grund der Bewerbung:	Sucht neue Herausforderung *Hat letzte Stelle einfach gekündigt*
Hat am meisten Spaß an:	Überwindung von Hindernissen, Problemlösungen *Routine, strukturierter Arbeit*
Hat am wenigsten Spaß an:	Arbeit, die keine Herausforderung ist *Zuviel Hindernissen. „Einfach unmöglicher“ Arbeit*

Arbeitszeiten:	„Solange es eben dauert, bis die Arbeit fertig ist“ *Regelmäßig von 9 bis 17 Uhr, egal was anliegt*
Laufbahn:	Bleibt an schwierigen Aufgaben dran und führt sie zu Ende, ist bei Problemen beharrlich und macht weiter *Geht, wenn es schwierig wird; gibt leicht auf*
Größte Leistung:	Nennt spezifische, quantifizierbare Arbeitsleistungen *Nennt Verbesserung der Moral oder ähnlich „schwammige“ Dinge*
Grund der Kündigung:	Herausforderung bewältigt, will neues Land erobern *„Unüberwindliche Probleme in der gegenwärtigen Position“*
Einkommensentwicklung:	Stetig steigend, wird für die Branche überdurchschnittlich bezahlt, akzeptiert aber Kürzung, um Rezession zu überstehen *Wenig oder sehr geringe automatische Einkommenssteigerungen, verdient durchschnittlich oder unterdurchschnittlich*
Herkunft:	Eltern legten Wert auf Beharrlichkeit; betonten die Notwendigkeit, die Ausbildung abzuschließen; hat Nachteile der Herkunft überwunden

Schule/Hochschule:	Hat einmal Begonnenes zu Ende gebracht; bekam Stipendium und besondere Preise; Abschluß trotz finanzieller Schwierigkeiten; Abend- oder Fernstudium *Mitten im Studium abgebrochen oder Hochschule gewechselt*
Häusliches und gesellschaftliches Leben:	Zeigt ungewöhnliche Kompetenz in Hobbies und Interessen *Muster zerbrochener Beziehungen. Unterschiedliche, flüchtige Teilzeit-Interessen*
Finanzen:	Baut beharrlich Nettovermögen auf
Gesundheit:	Hat gearbeitet, um ein gesundheitliches Problem zu überwinden oder hat es als Ansporn zur Leistung genutzt *Macht sich Sorgen, zu harte Arbeit könnte der Gesundheit schaden; entschuldigt Faulheit mit Krankheit*

Selbständigkeit

Schlüsselfragen

- Hat dieser Mensch als Kind Selbständigkeit gelernt?
- Ist er/sie an Selbständigkeit gewöhnt?

Wie kam es zur Bewerbung?	Verfolgt bestimmte Ziele, scheint den eigenen Fähigkeiten zu trauen *Kontakt von einem Freund vermittelt*

Grund der Bewerbung:	Förderung der Karriere *Sucht vor allem sicheren Arbeitsplatz*
Hat am meisten Spaß an:	Chancen, unabhängig zu denken, zu entscheiden, Verantwortung zu übernehmen *Routine, strukturierte Arbeit*
Hat am wenigsten Spaß an:	Routine, strukturierte Arbeit *Arbeiten in uneindeutigen Situationen*
Laufbahn:	Stetig wachsende Verantwortung als Entscheidungsträger mit wenig oder keiner Aufsicht; initiiert und implementiert neue Projekte *Stützt sich auf Vorgesetzte, geht nach dem Firmenhandbuch vor, Gefolgsmann*
Größte Leistung:	Hat ein bestimmtes Projekt initiiert oder maßgeblich durchgeführt *Hat bei dem Plan oder der Leistung anderer mitgemacht*
Grund der Kündigung:	Zeigt Initiative bei der Suche einer neuen Funktion; verläßt sich, falls arbeitslos, auf seine eigenen Finanzen oder Anstrengungen *Lebt von den Finanzen und Anstrengungen anderer*
Herkunft:	Eltern haben Selbständigkeit vermittelt; hat Beitrag zu Familien- oder eigenen Finanzen geleistet; hat bei Hobbies und Sport Initiative gezeigt; Mobilität

	nach oben trotz sozialer Benachteiligung; Elternhaus früh verlassen *Hat Anspruchsdenken entwickelt; alle oder die meisten Wünsche wurden von verwöhnenden Eltern erfüllt; wohnte lange bei den Eltern*
Schule/Hochschule:	Hat finanziell beigetragen; hat Hochschule und Fächer selbst gewählt; war führend an außerfachlichen Aktivitäten beteiligt *Zumeist passiver Teilnehmer, entschuldigt Versäumnisse mit Geldmangel*
Häusliches und gesellschaftliches Leben:	Zeigt Initiative bei der Pflege von Hobbies und Interessen; führende Rollen in Lokalpolitik oder sozialen Gruppen; dominant oder gleichberechtigt in der Partnerbeziehung
Finanzen:	Gesunde Finanzen; könnte schlechte Zeiten ohne Hilfe von anderen durchstehen *Abhängig vom Einkommen des Partners oder der Familie*
Gesundheit:	Übernimmt Verantwortung für die eigene Gesundheit und Fitneß, treibt regelmäßig Sport *Braucht Alkohol, Nikotin, um Launen zu kontrollieren, zu abhängig von Ärzten und Medikamenten*

Fähigkeiten im Umgang mit Menschen

Mit Gleichrangigen und allgemein

Schlüsselfragen

- Hat dieser Mensch ein realistisches Bewußtsein der Notwendigkeit, bei der Arbeit mit Menschen zurechtzukommen?
- Hat er Einfühlungsvermögen? Bin ich gern mit ihm zusammen, möchte ich das Gespräch verlängern?
- Zeigen die Antworten Takt?
- Gibt es Zeichen von offener oder latenter Feindseligkeit?
- Kritisiert er unnötig andere?
- Würde ich gern ständig mit ihm zu tun haben?
- Wenn die Person viel Charme hat: Könnte diese Maske Unreife und den Wunsch verbergen, von seiner tatsächlichen Geschichte abzulenken?
- Hat diese Person gute Beziehungen mit allen wichtigen Menschen in ihrem Leben?

Wie kam es zur Bewerbung?	Möchte Gelegenheit, neue Menschen kennenzulernen und mit ihnen zusammenzusein
Hat am meisten Spaß an:	Ist gern mit anderen zusammen *Arbeitet lieber allein*
Hat am wenigsten Spaß an:	Zeiten der Isolation *„Mit schwierigen Leuten arbeiten müssen“*
Laufbahn:	Begreift die Notwendigkeit, bei der Arbeit mit Menschen auszukommen, und bemüht sich, es zu tun; verträgt sich mit den meisten Menschen; spricht gut über frühere Kollegen *Kritisiert frühere Kollegen, äußert Zweifel an ihrer Ethik*

	oder ihren persönlichen Maßstäben
Grund der Kündigung:	*Hat ohne erkennbaren Grund gekündigt, oder weil er/sie unbeliebt war oder wegen „persönlicher Gegensätze"*
Herkunft:	Gute Beziehung zu Geschwistern; hat früh gelernt, mit anderen zu kooperieren
Schule/Hochschule:	Hat sich mit anderen Kindern vertragen; liebte Gruppenaktivitäten; führende soziale Funktionen
Häusliches und gesellschaftliches Leben:	Kommt gesellschaftlich mit Gleichrangigen zusammen; gute Partnerbeziehung, lädt Freunde zu sich ein
	Meidet gesellschaftliche Anlässe; schlechte Partnerbeziehung; mag rassistische oder sexistische Witze
Gesundheit:	Zeigt Mitgefühl für Gesundheitsprobleme anderer
	Zeigt Schadenfreude über Mißgeschicke anderer

Mit Vorgesetzten

Schlüsselfragen

- Zeigt dieser Mensch Loyalität gegenüber früheren Arbeitgebern, hat er gute Beziehungen zu ihnen, identifiziert er sich mit ihnen? War er gern „im Team"?
- Gibt es Zeichen für unterschwellige Antipathie gegen Autorität: Kritik gegen Regierung, Polizei, frühere Vorgesetzte oder Lehrer, Ehepartner, Schwiegerfamilie oder Eltern?

Wie kam es zur Bewerbung?	Von früherem Arbeitgeber empfohlen *Persönliche Gegensätze mit jetzigem Vorgesetzten*
Hat am meisten Spaß an:	Interaktion mit Vorgesetzten *„Ohne Einmischung" arbeiten*
Hat am wenigsten Spaß an:	*Unnötiger Einmischung des Vorgesetzten*
Laufbahn:	Begreift die Notwendigkeit intelligenter Führung, kam gut mit früheren Vorgesetzten aus; erwartet nicht, daß der Chef perfekt ist; genießt die Achtung früherer Vorgesetzter *Feindseligkeit gegen frühere Vorgesetzte, äußert Zweifel an ihrer Ethik, Kompetenz, Intelligenz und ihren Absichten*
Grund der Kündigung:	*Hat ohne erkennbaren Grund gekündigt, oder weil er unbeliebt war oder wegen „persönlicher Gegensätze"*
Herkunft:	Gute Beziehung zum Vater oder zu der wichtigsten Autoritätsperson

	Prekäre Beziehungen zu Eltern oder der wichtigsten Autoritätsperson; Schlüsselkind oder schwarzes Schaf
Schule/Hochschule:	Keine Probleme mit Lehrern oder mit dem „System“
	Probleme mit Lehrern, wurde von der Schule/Hochschule ausgeschlossen oder suspendiert
Häusliches und gesellschaftliches Leben:	Kommt gern gesellschaftlich mit Vorgesetzten oder älteren, höherrangigen Menschen zusammen

Mit Untergebenen

Schlüsselfragen

- Wurde dieser Mensch schon früher in Führungsrollen gewählt?
- Erweckt diese Person Vertrauen, Bewunderung und Zutrauen, so daß andere bei ihr Hilfe und Führung suchen würden?

Wie kam es zur Bewerbung?	Empfehlung von früherem Untergebenen oder Kollegen; zeigt Präsenz und realistisches Selbstvertrauen
Hat am meisten Spaß an:	Andere führen, Konflikte lösen, Menschen motivieren
	Allein arbeiten
Hat am wenigsten Spaß an:	*„Schwierige Leute führen“*
Laufbahn:	Spricht von Zielen, Strategien und Resultaten, die „wir“ erreicht haben; stetiger Aufstieg in immer verantwortungsvollere Management-Positionen; anerkennt generelle Notwendigkeit, Resultate und

	Moral im Gleichgewicht zu halten; erwartet, sich Respekt verdienen zu müssen, und zeigt sich zuversichtlich, das zu tun; hat mehr Freude an der Arbeit des Managens als am Managertitel *Wurde nicht zum Manager befördert oder von einem Managerposten degradiert; spricht von der Notwendigkeit, hart oder aggressiv zu managen; bezeichnet sich als starken Führer und spricht von Resultaten, die „ich" erzielt habe*
Grund der Kündigung:	Anspruchsvollere Managerposition nach erfolgreicher Rettungsaktion oder dergleichen *Firma erfüllte das Versprechen der Beförderung ins Management nicht, fehlende Aussichten auf Managerposten; die zuvor geleitete Abteilung war erfolglos wegen „schlechter Marktlage", schlechter Moral, oder ähnliches Alibi*
Herkunft:	Früh an Führungsrollen gewöhnt; Anzeichen für Führungsqualitäten bei Freizeitinteressen in der Kindheit
Schule/Hochschule:	In Führungsrollen gewählt, war in diesen Rollen erfolgreich

Häusliches und gesellschaftliches Leben:	Dominierende Person zu Hause, authentische Führungsfunktionen in Lokalpolitik

Mit Kunden

Schlüsselfragen

- Hat dieser Mensch Einfühlungsvermögen? Bin ich (und wäre ein Kunde) gern mit ihm zusammen, würde ich (ein Kunde) das Gespräch gern verlängern?
- Findet er das richtige Gleichgewicht zwischen Aggression und Einfühlung? Wird er verkaufen wollen oder sich nur unterhalten?

Wie kam es zur Bewerbung?	Eigene Initiative; genießt die Chance, sich selbst taktvoll zu verkaufen
Hat am meisten Spaß an:	Verkaufen; mißt Erfolg an tatsächlichen Verkaufsergebnissen
Laufbahn:	Versteht die Notwendigkeit, neuen Umsatz zu bringen; Erfolgsgeschichte als Verkäufer; hat Kundenstamm aufgebaut *Entwickelt nicht gern Verkaufsstrategien, hat wenig verkauft; zur Zeit keine persönliche Gefolgschaft oder Klientel*
Herkunft:	Hat zu Hause gelernt zu manipulieren und zu überzeugen
Schule/Hochschule:	Funktionen des Verkaufens und des Sich-Einsetzens; aktiv in Debattier- oder

	Schauspielgruppe; betätigte sich als Verkäufer oder Unternehmer, um Ausbildung zu finanzieren
Häusliches und gesellschaftliches Leben:	Gesellig, viele Freunde; knüpft mit Eifer neue Beziehungen; beliebt bei alten Freunden

Zugrundeliegendes Energieniveau

Wie kam es zur Bewerbung?	Sucht nach einer Stellung, die Energie und Schwung verlangt *Zieht anspruchslose Funktion vor*
Hat am meisten Spaß an:	Arbeitsdruck, anspruchsvoller Arbeit, die eine Herausforderung ist
Hat am wenigsten Spaß an:	Langsamerer, körperlich nicht anstrengender Arbeit
Laufbahn:	Bevorzugt Positionen, die intensive oder langfristige körperliche oder geistige Anstrengung erfordern; sucht Abwechslung, Komplexität und Tempo; etwaige unterschwellige Ängste sind Ansporn zu großem Engagement und Leistung; hatte vielleicht einmal mehrere Stellungen gleichzeitig *Arbeitet von 9 bis 17 Uhr, bevorzugt Routinearbeit*
Größte Leistung:	Erforderte hohes Energieniveau *Lebt von Finanzen oder der Leistung anderer*

Herkunft:	Eltern und Geschwister mit Energie; als Kind körperlich aktiv *Kränkliche oder schwächliche Eltern oder Geschwister; als Kind passive Interessen*
Schule/Hochschule:	Hat Studium selbst finanziert und pünktlich oder früher abgeschlossen; anstrengende körperliche Aktivitäten; breites Spektrum an Interessen
Häusliches und gesellschaftliches Leben:	Viele Aktivitäten, auch sportliche
Gesundheit:	Keine gesundheitlichen Probleme *Gesundheitliche Probleme – und häufiges Fehlen – reflektieren körperliche Verschlechterung*

Danksagung

Ich habe seit vielen Jahren an diesen Ideen gearbeitet. Schon 1964 begann ich, Manager zu rekrutieren und zu bewerten. Ich erkannte bald die Notwendigkeit einer soliden intellektuellen Basis. Deshalb war es mein Glück, daß ich 1967 den berühmten Chicagoer Psychologen Dr. Robert N. McMurry kennenlernte. 1977 ernannte ich Doc zum Vorstandsvorsitzenden meiner Firma, und er hatte diese weitgehend beratende Funktion bis zu seinem Tod 1984 inne.

Meines Wissens war Doc der erste, der das klinische Gespräch zur Bewertung von Managern einsetzte und auswertete (vgl. »Validating the Patterned Interview«, *Personnel*, Bd. 23, 4. November, American Management Association). Ich hatte Glück, daß ich Docs Arbeit als Startrampe für meine eigene benutzen konnte. Viele seiner Ideen verwandte ich bei der ersten Erstellung eines Computermodells. In den folgenden zwei Jahrzehnten ergänzte ich seinen Ansatz mit anderen psychologischen Modellen (vor allem mit dem Beenden von unvollständigen Sätzen) und baute dadurch eine große Datenbank mit Informationen auf – dieses Buch ist ihr Nebenprodukt. Es ist vielleicht auch erwähnenswert, daß meine Firma gewöhnlich langfristige Beziehungen zu Kunden hat, so daß wir nachfragen und prüfen konnten, ob unsere Voraussagen über die Leistung eines Managers in einer neuen Funktion mit dem später beobachteten Verhalten übereinstimmten. Durch diese Studien konnten wir unser gesamtes System weiter verbessern. Selbstverständlich ist nichts je perfekt, aber in den meisten Fällen können wir heute einem intelligenten Kunden helfen, Fehler bei Einstellungen und Beförderungen um 85 Prozent zu reduzieren – und das finden wir schon verdammt gut.

Das Organisationsprinzip dieses Buches einschließlich der Zeichnungen mit dem komischen Männchen fiel mir auf einem Transatlantik-Flug nach New York ein. Ich habe es an meiner Kollegin Anna-Louise Mole und meiner Frau getestet, die mich beide sehr ermutigten. Der eminente Personalpsychologe Dr. Donovan Greene aus Los Angeles, der ebenfalls mit Doc zusammenarbeitete und sein Büro an der Westküste leitete, lenkte meine Aufmerksamkeit auf die besonders nützliche Untersuchung spezifischer Verhaltensweisen, die ich in den Verhaltens-Checklisten auf den folgenden Seiten genannt habe.

Ich möchte auch meinen Kollegen bei Wareham Associates danken, von denen einige – Sir Arthur Harper, Tom Jackson und Gabrielle Ruthven – bereits verstorben sind.

Tom Morgan, Evan Whitton und Ken Bowden spielten jeweils eine entscheidende Rolle, indem sie mich vorandrängten und mir halfen, mich auf das Schreiben und Umschreiben dieses Buches zu konzentrieren. Virginia Smith war eine sehr engagierte, aufmerksame und kluge Lektorin. Auch Jonathan Ewing entdeckte Nuancen, die andere möglicherweise übersehen hätten.

Für ihre Beiträge im Lauf der Jahre muß ich besonders Torquil McLeod, Wayne Parkes, Philip Lock und Colin Evans danken, außerdem Peter Bowring, Grant Pryde, Anthony Wareham, Dan Wheeler, Joey Roberts und den vielen Menschen, die alle deren Bemühungen unterstützten und unterstützen. Ich möchte auch meinen Kunden danken, daß sie mich damit betraut haben, ihre potentiellen Mitarbeiter zu bewerten. Schließlich muß ich die wunderbaren Bewerber erwähnen, die durch die Büros meiner Firma gegangen sind: Ohne Sie gäbe es kein Buch, und meine Firma hätte keine Daseinsberechtigung – vielen Dank also!

Letzten Endes bin ich jedoch ich für die Zusammensetzung dieses Buch verantwortlich und hoffe, daß Sie es hilfreich finden und mit Vergnügen lesen.

John Wareham

Stichwortverzeichnis

Abhängiger Persönlichkeitstyp 125
Ablagesystem 240
Anpassung, emotionelle 255
Antriebe, innere 56
Arbeitsgewohnheiten 77, 232, 292
– intelligente 236
Arbeitsverhältnisse, frühere 167
Arbeitszeiten 238
Atmosphäre 217
Ausbildung 170, 250
Autonomie 276
Autoritätsperson 48

Bedürfniskomplexe 266
Bedürfnisse
– finanzielle 61
– primäre 268
– psychische 62
– soziale 61
Beharrlichkeit 78, 296
Belohnung, materiell 233
Beurteilung, abschließende 203
Bewerberbewertung 151
Bewerbergespräche 163
Bewertung, fünffache 225
Beziehungspflege 104
Bildung 70
Blinde Stellen 17

Checkliste, Verhaltensweisen, Plus-Manager 82, 102

Denken, folgerichtiges 72
Diskutieren 99
Distanzierter Persönlichkeitstyp 124
Dominanter Persönlichkeitstyp 123
Dominanz, soziale 93

Egoismus 288
Einfühlungsvermögen 92
Einsatz, persönlicher 101
Energieniveau 44, 307
Erfahrungen 71, 251
Erfolgsangst 154
Erfolgskriterien 52
Erziehung 172

Fleiß 77, 294
Forschungsdrang 286
Fristen 241
Führungsstil 89
Fünf-Stufen-Plan, Menschenkenntnis 253

Geld 284
Gemeinschaft 274
Gesamtprofil 191
Gesprächsvorbereitung 164
Gesundheit 178, 259
Gruppenbefragung 23

Herausforderung 234

Inkompetenz 26, 153
Inkompetenzanzeichen 157
Intelligenz 68, 250
– soziale 244
Interpretation, Bewerberaussagen 198, 210

Kommunikationsfähigkeiten 243
Konformist 110
Kosten, Einstellung 13
Kreativität 74, 254

Laufbahnbeschreibung 180
Lebensabschnitte 135
Lebenspartner 175
Lebensqualität 260
Leistung 233, 268
Leistungsdruck 256
Leistungsziele 230
Logik 252
Loyalität 92

Macht 270
Manipulierer 111
Maske 41
Mobilität, soziale 145
Motivation 52
– entscheidende 265

Ordentlichkeit 80

Perfektionismus 155
Persönlichkeitsstil, eigener 227, 246
Persönlichkeitsstile 118, 266
Peter-Prinzip 26
Prahlen 291
Prinzip, Gegenbild 42
Profilentwicklung 196, 208
Profilidentifikation 190
Psychischer Vertrag 51
Psychologische Tests 29
Psychotherapie 260

Schlüsselfragen
– Beharrlichkeit 296
– Fleiß 294
– Selbständigkeit 298
– soziale Kompetenz 301
Schlüsselinformationen, Porträterstellung 192
Selbständigkeit 79, 298
Selbstdisziplin 115
Selbstprüfung 258
Selbsttest 226
Selbstverwirklichung 64
Sicherheit 280
Sieben-Punkte-Plan 165
Soziale Kompetenz 85
Sport 236
Status 282
Statusbedürfnisse 53
Streß 259

Therapie, kognitive 244
Typ
– Distanziert-Abhängig 131
– Dominant-Abhängig 128
– Dominant-Distanziert 129

Überanpassung 290
Unreife, emotionale 107
Urteilsvermögen 73, 252

Verantwortung 289
Vergnügungssucht 288
Verhaltensweisen 294
Versagensangst 154
Vorgesetzte 303

Wertesystem 47
Wunschdenken 114, 154, 289

Zehn Gebote, Bewerbungsgespräch 217
Zerstörungsdrang 115
Ziele 56
Zufriedenheitsniveau 46
– finanzielles 174

Die Business-Bücher

Knaur

Ratgeber Beruf

(83004)

(83006)

(83011)

(83000)

(83001)

(83005)